gegenwart museum

Herausgegeben von
Geraldine Saherwala, Thomas Schnalke, Konrad Vanja und Hans-Joachim Veigel

im Verein mit der Berliner Gesellschaft für Anthropologie, Ethnologie und Urgeschichte,
der Medizinischen Fakultät Charité der Humboldt-Universität zu Berlin,
den Staatlichen Museen zu Berlin und der Stiftung Stadtmuseum Berlin

Zwischen Charité und Reichstag

Rudolf Virchow — Mediziner, Sammler, Politiker

Begleitbuch zur Ausstellung

„Virchows Zellen. Zeugnisse eines
engagierten Gelehrtenlebens in Berlin"

Berliner Medizinhistorisches Museum der Charité

Museumspädagogischer Dienst Berlin

Ausstellung

„Virchows Zellen. Zeugnisse eines engagierten
Gelehrtenlebens in Berlin"
Berliner Medizinhistorisches Museum der Charité,
29. August bis 27. Oktober 2002

Ausstellungsidee: Thomas Schnalke
(Berliner Medizinhistorisches Museum, BMM)

Konzeption und Realisierung: Hans-Joachim Veigel, Stiftung
Stadtmuseum Berlin, unter Mitarbeit von Marion Bertram,
Museum für Vor- und Frühgeschichte, Staatliche Museen zu
Berlin, SMB; Peter Bolz, Ethnologisches Museum SMB;
Roland Helms, BMM; Petra Lennig, BMM; Geraldine Saherwala,
SMB/Besucherdienste; Thomas Schnalke, BMM;
Konrad Vanja, Museum Europäischer Kulturen SMB

Texte: Marion Bertram (= MB), Peter Bolz (= PB),
Ulrich Creutz, Anthropologische Sammlung/
Humboldt-Universität (= UC), Roland Helms (= RH),
Thomas Schnalke (= TS), Geraldine Saherwala (= GS),
Isabell Veigel, Museum Europäischer Kulturen SMB (= IV),
Hans-Joachim Veigel (= HJV)

Ausstellungskoordination: Roland Helms, BMM

Ausstellungsgestaltung: Christian Ahlers

Kontakt: Prof. Dr. Thomas Schnalke
　　　　　Berliner Medizinhistorisches Museum der Charité
　　　　　Schumannstraße 20/21
　　　　　10117 Berlin
　　　　　bmm@charite.de

Mit freundlicher Unterstützung von
• AMGEN GmbH, München
• Freunde und Förderer der Berliner Charité e.V., Berlin
• Sanofi-Synthelabo GmbH, Berlin
• Andreas Vollbrecht Transporte, Berlin

Medienpartner: Berliner Zeitung

Öffentliche Vortragsreihe

„Zwischen Charité und Reichstag.
Rudolf Virchow: Mediziner, Sammler, Politiker"
Berliner Medizinhistorisches Museum der Charité
(Hörsaalruine), 23. April bis 25. Juni 2002

Schirmherr: Wolfgang Thierse,
Präsident des Deutschen Bundestages

Begleitbuch

gegenwart museum. Eine Schriftenreihe,
herausgegeben vom Museumspädagogischen Dienst Berlin

Redaktion: Thomas Friedrich (MD Berlin)

Koordination: Georg von Wilcken (MD Berlin)

Gestaltung: skoop, Berlin (www.skoopimnetz.de)

Mitarbeit: Lizza David (MD Berlin),
Marein Oppacher (MD Berlin)

Herstellung: enka-druck, Berlin

© 2002 by Museumspädagogischer Dienst Berlin,
　Chausseestraße 123, 10115 Berlin
© der Einzelbeiträge bei den Autoren
© der Abbildungen: siehe die Einzelnachweise

Der Druck der Publikation wurde ermöglicht durch die
Forschungskommission der Medizinischen Fakultät Charité
der Humboldt-Universität zu Berlin und die Berliner
Gesellschaft für Anthropologie, Ethnologie und Urgeschichte

ISBN 3-930929-16-3

Abbildung auf dem Umschlag: Hugo Vogel,
Dr. Rudolf Virchow. Stadtverordneter und Ehrenbürger
von Berlin, 1891. Öl/Lwd.
Rudolf Virchow Klinikum (Charité, Berlin)
© Bildarchiv Preußischer Kulturbesitz

Inhalt

Zum Geleit

Wissenschaftliche Kompetenz *und* Wahrnehmung sozialer Verantwortung – für diese
bürgerschaftliche Tugend steht das Lebenswerk von Rudolf Virchow. Der berühmte Berliner
Charité-Pathologe hat in der zweiten Hälfte des 19. Jahrhunderts vorgelebt, dass ein
Forscherleben nicht auf den Elfenbeinturm der reinen Wissenschaft begrenzt bleiben muss.
Ausgehend von seinem naturwissenschaftlichen Ur- und Kerngedanken, der Vorstellung von
gleichberechtigten Zellindividuen inmitten eines aufeinander bezogenen und angewiese-
nen Zellorganismus, schaltete sich Virchow vielmehr immer wieder in die gesellschaftlichen
Debatten seiner Zeit ein. Ob Kanalisation, Schulwesen oder Krankenhausbau – stets blieb
er im Denken und Handeln seinem liberalen Modell eines Zellenstaats verpflichtet. Dabei
engagierte er sich vornehmlich für gesundheitliche, aber ebenso für bildungspolitische und
kulturelle Fragen. Der Wissenschaftler Virchow wurde mehr und mehr zum Politiker, der das
klare Wort und den Streit in der Sache nicht scheute. Die Formulierung „Zwischen Charité
und Reichstag" bringt diese Doppelrolle treffend zum Ausdruck. In allen drei Berliner
Parlamenten – der Stadtverordnetenversammlung, dem Preußischen Landtag und dem
Deutschen Reichstag – war er Mitglied.

Rudolf Virchows Denken und Handeln hat nichts von seiner Aktualität verloren. Das
zeigen neueste biomedizinische Entwicklungen, wie die Entschlüsselung des menschlichen
Genoms und die daraus abgeleitete Konzeption gentechnischer Verfahren, aber auch die
Erprobung neuentwickelter hochwirksamer Arzneimittel. Mit der Erweiterung der Grenzen
des Machbaren stellen sich neue ethische Fragen. Hier ist die Forschung gefordert, wie
Rudolf Virchow öffentlich Stellung zu beziehen und neben der wissenschaftlichen auch
ihrer gesellschaftlichen Verantwortung gerecht zu werden.

Die vorliegende Publikation stellt die Ergebnisse der verdienstvollen Vortragsreihe zu
Virchows 100. Todestag zusammen. Durch die unterschiedlichen Perspektiven entsteht
ein interessantes, facettenreiches Bild der Persönlichkeit des Mediziners und Politikers
Rudolf Virchow. Ich wünsche dem Band eine weite Verbreitung und hoffe, dass er die
Leserinnen und Leser neugierig macht auf die Sonderausstellung „Virchows Zellen.
Zeugnisse eines engagierten Gelehrtenlebens in Berlin".

Wolfgang Thierse
Präsident des Deutschen Bundestages

Vorwort

**Rudolf Virchow – Ehrenbürger Berlins, Pathologe,
Museumsgründer, Forscher, Wissenschaftsorganisator und Politiker**

Begonnen wurde das Virchow-Gedenken mit einer Vortragsreihe am historischen Ort seines Wirkens im alten Hörsaal des Instituts für Pathologie der Charité. Das große Themenspektrum, das sich mit Virchows unermüdlichem Schaffen in Berlin befasste, wurde ausgebreitet, alle Institutionen und Forscher kamen zu Wort, die in dieser wissenschaftlich und sozial engagierten Persönlichkeit einen Anreger oder Begründer ihrer Einrichtung sahen.

Kurz vor Virchows 100. Todestag am 5. September 2002 wird dieses Wirken nun noch durch eine Gemeinschaftsausstellung im Berliner Medizinhistorischen Museum der Charité geehrt. Ein „theatrum naturae et artis" der Wissenschaftsdisziplinen bereiten unsere Museen vor, das den Wissenschaftler als Mediziner ebenso ehrt wie den Anthropologen, Volkskundler und Ethnologen, das aber auch den Kommunalpolitiker und Reichstagsabgeordneten in das Blickfeld nimmt. Damit gliedert sich diese Ausstellung auch wieder in das Spektrum der Wissenslandschaft Berlin ein und erweitert sie um einen neuen Aspekt.

Hauptveranstalter sind die Staatlichen Museen zu Berlin mit dem Museum für Vor- und Frühgeschichte, dem Museum Europäischer Kulturen und dem Ethnologischen Museum, die Stiftung Stadtmuseum Berlin und das Berliner Medizinhistorische Museum der Charité.

Dank ist abzustatten an die Initiatoren dieses Unternehmens, an Herrn Prof. Dr. Thomas Schnalke, Herrn Roland Helms M.A., Herrn Prof. Dr. Konrad Vanja, Herrn Dr. Hans-Joachim Veigel, Frau Geraldine Saherwala, Frau Dr. Marion Bertram und an den Ausstellungsgestalter, Herrn Christian Ahlers, sowie an alle Mitarbeiter der beteiligten Institutionen und die zahlreichen Leihgeber.

Möge diese Ausstellung allen Besuchern, den Berlinern wie den Gästen dieser Stadt Einblicke in eine Welt bürgerlicher Initiativen und wissenschaftlicher Anstrengungen und Erfolge des 19. Jahrhunderts geben, die auch für die heutige Zeit zu neuen kulturpolitischen Anregungen und zu gegenseitigen Vernetzungen in dieser Stadt anregt.

Manfred Dietel
Ärztlicher Direktor der Charité, Berlin

Reiner Güntzer
Generaldirektor der Stiftung Stadtmuseum Berlin

Peter-Klaus Schuster
Generaldirektor der Staatlichen Museen zu Berlin

Einleitung

Rudolf Virchow in Berlin

Sein letztes Lebensjahr zählte nur elf Monate. Am 13. Oktober 1901 feierte Rudolf Virchow, in der Welt bekannt und berühmt als Pathologe, Anthropologe, Ethnologe, Ur- und Frühgeschichtler, seinen 80. Geburtstag. Am 9. September 1902 trugen ihn die Berliner zu Grabe. Zu Tausenden folgten sie seinem Leichenzug und nahmen Abschied von ihrem Virchow. Für sie war er in erster Linie der liberale Vorkämpfer für ein besseres, menschenwürdiges Leben in der Stadt. Sie sahen in ihm den Streiter für eine moderne Kanalisation und den Erbauer von Markthallen, Schulen und Krankenhäusern. Und sie schätzten ihn als freisinnigen Politiker, der – in allen politischen Kammern Berlins zu Hause – auch den Konflikt mit Bismarck nicht scheute. Schließlich war es aber auch der Vereinsmensch Virchow und der große Popularisator, als der Virchow immer wieder die Nähe zum Volk suchte und dafür breite Anerkennung erfuhr. Aufklärung und Bildung waren die Grundpfeiler des demokratischen Kulturkampfs, für den Virchow sein Leben lang einstand. Das ungewöhnlich breite Wirkungsspektrum dieses engagierten Gelehrten verdient bis heute Respekt und Bewunderung. Der 100. Todestag bietet schließlich die Gelegenheit, sich der Lebensleistung Rudolf Virchows erneut zu nähern und ihn im Spektrum seiner Möglichkeiten im Berlin der zweiten Hälfte des 19. Jahrhunderts zu würdigen.

Der 80. Geburtstag war sein Tag. Aus der ganzen Welt versammelten sich Familienangehörige, Freunde, Kollegen und Abordnungen verschiedenster Institutionen und Länder um Rudolf Virchow. Die Feierlichkeiten begannen bereits am späten Vormittag des 12. Oktober 1901, einem Samstag, mit einem wissenschaftlichen Festakt im Hörsaal des Pathologischen Museums der Charité. Virchow war dieser Teil der Feierlichkeiten „der am meisten sympathische", denn er konnte hierzu die führenden medizinischen Fachvertreter seiner Zeit begrüßen und ihnen in seinem Museum, dem ersten, bereits seit zweieinhalb Jahren fertiggestellten Gebäudeteil des neu zu errichtenden Instituts für Pathologie der Charité, einmal mehr seine medizinisch-wissenschaftlichen Grundauffassungen vortragen. Vor allem jedoch nutzte er die Gelegenheit, nun endlich jene einzigartige Dokumentation seiner Arbeit zu präsentieren, die er als sein „liebstes Kind" bezeichnet hatte: seine 23.066 Objekte umfassende Sammlung pathologisch-anatomischer Feucht- und Trockenpräparate. Um die Mittagszeit folgte ein festliches Mahl. Danach konzentrierte sich alles auf den zentralen Festakt im Preußischen Abgeordnetenhaus.

Die Vorbereitungen für diese Ehrung auf hoher politischer Bühne liefen bereits ein knappes Jahr. Unter der Leitung des Berliner Anatomen Wilhelm Waldeyer (1836–1917) hatte sich ein Festausschuss mit sechs geschäftsführenden Mitgliedern und 18 Beisitzern konstituiert. Einen Aufruf zur Gründung auswärtiger Komitees und zur Beteiligung am Festakt unterzeichneten „600 Männer aller Lebensberufe". Befolgt wurde er von weit mehr Persönlichkeiten aus aller Welt, die Virchow am Abend des 12. Oktober im Berliner Abgeordnetenhaus mit zahllosen Geschenken, Grußadressen, Urkunden, Orden, Medaillen und Festschriften ehrten. Sie sprachen als Einzelpersonen oder als Vertreter unterschiedlicher Institutionen. Darunter fanden sich die Akademien der Wissenschaften, Universitäten und Hochschulen, Medizinische Fakultäten, die Berliner Kaiser-Wilhelms-Akademie, die Stadt Berlin, die Pommersche Geburtsstadt Virchows Schivelbein, Ärztekammern, zahlreiche medizinische, wissenschaftliche und sonstige Vereine, Anthropologische Gesellschaften, Vertreter mehrerer Länder, und nicht zuletzt eine größere Anzahl von Virchows Assistenten und Schülern.

In seiner Festrede würdigte Waldeyer seinen Berliner Freund und Kollegen als „Forscher und Gelehrten, als Meister und Lehrer Tausender und Abertausender auf dem gesamten Erdenrunde, als Förderer und unermüdlichen Vorkämpfer für Bildung und Gesittung, als treuen Hüter und Wächter für der Menschheit Wohl [...]." Waldeyer adressierte Virchow als den „bahnbrechenden Meister" der Pathologie. Auf der Grundlage seines Begriffs von der Zelle als kleinster lebendiger Einheit des Organismus habe er vor allem die Auffassungen vom Wesen der Tumoren, Gefäßleiden, der krankhaften Pigmentbildung, der degenerativen Erkrankungen der Gewebe und des Einflusses der Tiererkrankungen auf den Menschen revolutioniert. Darüber hinaus habe er sich als Vorkämpfer für eine verbesserte Gesundheitslehre und Staatsarzneikunde, als Mitglied der Wissenschaftlichen Deputation für das preußische Medizinalwesen, als Gründer von Fachgesellschaften und -zeitschriften und als Wissenschaftler, den sein Interesse an der Knochen-Pathologie schließlich weit über die Grenzen der Medizin hinaus getragen habe, die allergrößten Verdienste erworben. So führte er als Anthropologe grundlegende Untersuchungen zu Form und Gestalt des menschlichen Körpers durch. Als Ethnologe analysierte er die Lebensgewohnheiten verschiedener Völker und wandte sich schließlich als Ur- und Früh-geschichtler Zeiten zu, aus welchen keine schriftliche Quellen überliefert waren. In allen genannten Disziplinen nähme Virchow eine zentrale Stellung ein. Waldeyers Huldigung gipfelte in dem Satz: „[...] das beste, was wir wissen, haben wir von ihm gelernt."

Seinen eigentlichen Geburtstag am Sonntag, den 13. Oktober, verbrachte Virchow privat im engsten Kreise. Die Ereignisse des Wochenendes bildeten jedoch nur den Auftakt für eine Reihe von feierlichen Veranstaltungen zu Ehren des Jubilars, die sich in Berlin über mehr als eine Woche hinzogen. Die lokale Presse ehrte ihn mit längeren und häufig auch illustrierten Artikeln auf den ersten Seiten der Gazetten. Hierbei galt er „doch zuerst als unser Mitbürger und als Zierde der Stadt". Gefeiert wurde er für seinen rastlosen Einsatz für eine bessere Volkshygiene – den Ausbau der Kanalisation sowie den Bau von Schulen und modernen Krankenhäusern –, für seine Mitarbeit in „volkstümlichen Vereinen" und für seine politische Arbeit als Berliner Stadtverordneter, als Mitglied im Preußischen Abgeordnetenhaus und im Deutschen Reichstag.

Auf die Ehrungen reagierte Virchow unter anderem mit einem längeren Beitrag für „sein" Journal, das von ihm begründete *Archiv für pathologische Anatomie und Physiologie und für klinische Medizin*. So leitete er den Jahrgang 1902 mit „Blättern des Dankes" für seine Freunde ein. Darin verwies er auf eine Fülle von Glückwunschtelegrammen, die er vor und nach seinem Geburtstag erhalten hatte und die einen sehr eigenen und unverwechselbaren Zug der Persönlichkeit Rudolf Virchows beleuchten: „Die Summe der telegraphischen Depeschen beträgt allein gegen 800. Der Inhalt derselben ist so verschiedenartig, dass sie mir ein Spiegelbild meines ganzen, recht unruhigen Lebens vorgeführt haben und dass sie für jeden anderen verwirrend erscheinen mögen. Das kommt daher, dass ich im Laufe der Zeit recht verschiedene Richtungen der Forschung und der Tätigkeit eingeschlagen habe, und dass nicht bloß der Ort meines Amtssitzes gewechselt hat, sondern dass ich auch auf größeren Reisen ganz Europa und wichtige Teile von Afrika und Asien besucht habe. Von jedem dieser Plätze sind mir persönliche Beziehungen geblieben, und zwar zum großen Teil recht innige, welche durch treffliche Menschen getragen sind."

Seinen 80. Geburtstag erlebte Rudolf Virchow im Vollbesitz seiner geistigen und körperlichen Kräfte als Höhepunkt seiner Laufbahn. Knapp elf Monate später, am 5. September 1902, war er tot. Der gesundheitliche Einbruch hatte sich bereits unmittelbar nach Jahresbeginn ereignet. Am 4. Januar 1902 war Virchow beim Verlassen der elektrischen Straßenbahn gestürzt und hatte sich einen Oberschenkelhalsbruch in der linken Hüfte zugezogen. Von den mittelbaren Folgen konnte sich sein Körper nicht mehr erholen. So groß die Beteiligung an seinen Geburtstagsfeierlichkeiten gewesen war, so gewaltig erwies sich nun auch die Anteilnahme der Berliner Bevölkerung sowie der Vertreter hochrangiger politischer, wissenschaftlicher und medizinischer Einrichtungen.

Mit einer Reihe von Veranstaltungen erinnern Berliner Museen im Jahr 2002 an Virchows Leben, das wie kein zweites das Gesicht der Stadt um 1900 prägte und dessen Hinterlassenschaften sich noch heute in großer Zahl in Berlin aufspüren lassen. Den Startschuss der Kooperation zwischen dem Berliner Medizinhistorischen Museum der Charité, den Staatlichen Museen zu Berlin Preußischer Kulturbesitz und der Stiftung Stadtmuseum Berlin setzte eine öffentliche Vortragsreihe im Frühjahr 2002. Die meisten der auf diesem Forum unter dem Titel „Zwischen Charité und Reichstag – Rudolf Virchow: Mediziner, Sammler, Politiker" gehaltenen Vorträge kommen im vorliegenden Band zum Abdruck. Die Dokumentation erscheint als Begleitbuch zur Ausstellung „Virchows Zellen. Zeugnisse eines engagierten Gelehrtenlebens in Berlin", welche zwischen dem 29. August und dem 27. Oktober 2002 im Berliner Medizinhistorischen Museum gezeigt wird und die das Virchowsche Schaffensspektrum auf der Grundlage seiner in Berlin auffindbaren dinglichen Zeugnisse deutlich werden lässt.

Die Ausstellung wurde durch Leihgaben und die
Unterstützung folgender Einrichtungen ermöglicht:

Berlin-Brandenburgische Akademie der Wissenschaften ⊏⊐ Berliner Gesellschaft für Anthropologie, Ethnologie und Urgeschichte ⊏⊐ Berliner Medizinhistorisches Museum der Charité ⊏⊐ Deutsches Herzzentrum Berlin ⊏⊐ Deutsches Historisches Museum, Berlin ⊏⊐ Deutsches Technikmuseum Berlin ⊏⊐ Ethnologisches Museum, Staatliche Museen zu Berlin ⊏⊐ Freie Universität Berlin ⊏⊐ Humboldt-Universität zu Berlin ⊏⊐ Institut für Geschichte der Medizin, Berlin ⊏⊐ KDE-Verwaltungs-GmbH, Bremen ⊏⊐ Max-Planck-Institut für Wissenschaftsgeschichte, Berlin ⊏⊐ Münzkabinett, Staatliche Museen zu Berlin ⊏⊐ Museum Europäischer Kulturen, Staatliche Museen zu Berlin ⊏⊐ Museum für Kommunikation Berlin ⊏⊐ Museum für Vor- und Frühgeschichte, Staatliche Museen zu Berlin ⊏⊐ Museum im Wasserwerk Friedrichshagen, Berlin ⊏⊐ Museumspädagogischer Dienst Berlin ⊏⊐ Rathgen-Forschungslabor, Staatliche Museen zu Berlin ⊏⊐ Robert-Koch-Museum, Berlin ⊏⊐ Stiftung Stadtmuseum Berlin ⊏⊐ Zentral- und Landesbibliothek Berlin

Thomas Schnalke
Direktor des Berliner Medizinhistorischen Museums der Charité

Bilder und Texte
aus der Ausstellung

„Virchows Zellen.
Zeugnisse eines engagierten
Gelehrtenlebens in Berlin"
Berliner Medizinhistorisches Museum der Charité
29. August bis 27. Oktober 2002

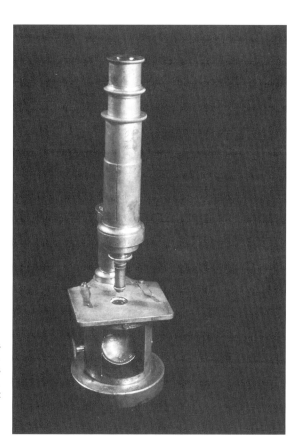

Rudolf Virchows
Mikroskop, um 1850.
Berliner Medizinhistorisches
Museum.
Photo: Christa Scholz

Kurzbiographie

„ ... die Medicin hat uns unmerklich in das sociale Gebiet
geführt und uns in die Lage gebracht, jetzt selbst an die
großen Fragen unserer Zeit zu stoßen."

RUDOLF VIRCHOW, 1848

Am 13. Oktober 1821 wurde Rudolf Ludwig Carl Virchow in Schivelbein (heute: Świdwin)
geboren, einer Kreisstadt Hinterpommerns. Aufgewachsen in kleinbäuerlichen,
finanziell beengten Verhältnissen, studierte er als Stipendiat seit 1839 an der Berliner
Militärärztlichen Akademie, der Pépinière. Zu seinen bedeutenden Lehrern gehörten
Johannes Müller und Johann Lukas Schönlein. Nach seiner Promotion war Virchow seit
1844 Assistent Robert Frorieps an der Charité. Im Mai 1846 legte er das medizinische
Staatsexamen ab und übernahm nach Frorieps Weggang die Nachfolge als Prosektor.

Von Februar bis März 1848 untersuchte Virchow im Auftrage des preußischen Kultusministeriums die Hungertyphus-Epidemie in Oberschlesien und benannte als Ursache
die menschenunwürdigen Lebensbedingungen in diesen Territorien. Während der
Märzrevolution beteiligte sich Virchow am Barrikadenbau und vertrat linksliberale,
reformerische Forderungen. Von Juli 1848 bis Juni 1849 gab er, anfangs zusammen mit
Rudolf Leubuscher, die sozialpolitische Wochenschrift *Die medicinische Reform* heraus.
1849 für sein politisches Eintreten gemaßregelt, folgte er alsbald einem Ruf als ordentlicher Professor für pathologische Anatomie nach Würzburg. Die Pathologie wurde neue
Leitwissenschaft einer naturwissenschaftlich gegründeten Medizin. 1855 hielt Virchow
Vorlesungen über Zellularpathologie und skizzierte erstmals sein neuartiges Forschungs-
paradigma für die theoretische Medizin. 1856 kehrte er nach Berlin zurück; die preußische
Regierung hatte ihm die Direktion des neugegründeten Pathologischen Instituts der Charité
angetragen. Bald gewann es Weltruf in der Pathologie und wissenschaftlichen Medizin.

In Berlin drängte es Virchow erneut, politisch mitzugestalten. Seit 1859 Stadtverordneter,
wandte er sich der kommunalpolitischen Entwicklung der rasch wachsenden Metropole
zu: Seinem Engagement verdankt Berlin eine moderne Kanalisation, den Bau städtischer
Krankenhäuser für alle Bevölkerungsschichten, die Ablösung der innerstädtischen Wochenmärkte durch Markthallen und der Schlachtungen in der Innenstadt durch den Zentralviehhof an der städtischen Peripherie. 1861 gehörte er zu den Mitbegründern der Deutschen
Fortschrittspartei, wurde Mitglied des Preußischen Landtages und war von 1880 bis 1893
Reichstagsabgeordneter.

Neben seinem Wirken als Mediziner und Politiker befasste sich Virchow nicht minder
aktiv mit der Archäologie, Anthropologie und Ethnographie: er war Mitbegründer und
Vorsitzender sowohl der Deutschen als auch der Berliner Anthropologischen Gesellschaft
und Herausgeber der *Zeitschrift für Ethnologie*. Seit 1879 beteiligte er sich an den
Ausgrabungen Heinrich Schliemanns in Troja und betrieb ethnographische Studien
im Kaukasus. Mehrere Museen Berlins ehren Rudolf Virchow als ihren Gründungsvater.
(HJV, MB)

C. Brasch,
Dr. Rudolf Virchow,
um 1890. Photographie.
Stadtmuseum Berlin

E. Salingré,
Arbeitsraum Rudolf Virchows
in Blumeshof 15, 1899.
Photographie.
Stadtmuseum Berlin

Von der Zelle zum Zellenstaat

„Omnis cellula a cellula" –
„Jede Zelle stammt aus einer Zelle"

RUDOLF VIRCHOW, 1855

Rudolf Virchow sah in der Zelle die kleinste Einheit des Lebendigen. Jede Zelle geht
nach seiner Vorstellung aus einer Zelle hervor. Jeder biologische Körper, ob Mensch,
Pflanze oder Tier, setzt sich aus Zellverbänden zusammen. In diesen Geweben, die
sich zu Organen und im Organverbund zu einem Zellenstaat formieren, agieren die
Zellen nach den Gesetzen von Physik und Chemie. Sie sind alle gleich berechtigt, aber
unterschiedlich begabt. In seinem Hauptwerk, der *Cellularpathologie* (1858), forderte
Virchow, nicht nur die Talente der gesunden Zellen zu erforschen, sondern auch nach
spezifischen Zeichen für bestimmte Leiden in erkrankten Zellen zu fahnden.
Damit bestimmte Virchow weite Teile des medizinischen Forschungsprogramms bis
heute. Gleichzeitig trug er maßgeblich dazu bei, dass sein Fach, die Pathologie, für seine
Zeit in den Rang einer medizinischen Leitwissenschaft erhoben wurde. Zudem schufen er
und seine Fachkollegen mit ihrem neuen Körperverständnis ein naturwissenschaftliches
Fundament für die Medizin. Schließlich machte Virchow mit seiner Auffassung vom
Lebendigen nicht beim Organismus eines menschlichen Individuums halt. Er zog seinen
Begriff von der Zelle bis in die Gesellschaft hinein und definierte den Staat als einen
organischen Verbund gleichberechtigter Individuen. (TS)

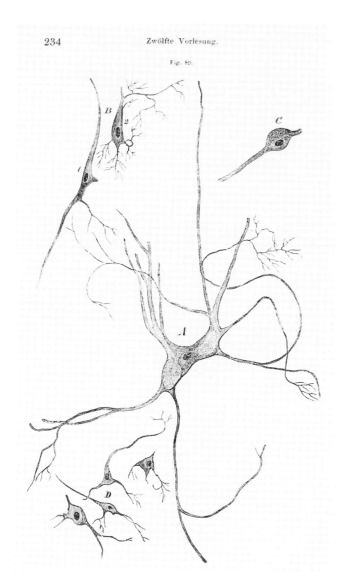

234　　　　　Zwölfte Vorlesung.

Fig. 89.

Ganglienzellen aus Rückenmark
(A, B, C) und Gehirn (D).
Aus: Rudolf Virchow,
*Die Cellularpathologie in ihrer
Begründung auf physiologische
und pathologische Gewebelehre.
Zwanzig Vorlesungen,
gehalten während der Monate
Februar, März und April 1858
im pathologischen Institute
zu Berlin*, Berlin 1858

Rudolf Virchows Präparate-Sammlung

„Nulla dies sine praeparatu"
(„Kein Tag ohne Präparate")

RUDOLF VIRCHOW, nach der Erinnerung seines ehem. Assistenten
JOHANNES ORTH, 1921

Bis zu seinem Lebensende baute Rudolf Virchow eine der größten und vollstän-
digsten Sammlungen pathologischer Präparate auf. Am 13. Oktober 1901, seinem
80. Geburtstag, zählte sie 23.066 Objekte. Ausgangspunkt für Virchows Sammel-
bemühungen war seine Forderung, auf der Grundlage seiner Zellentheorie den
kranken menschlichen Körper einer kompletten Revision, also einer vollständigen
Neubeschau, zu unterziehen. Seine Befunde wollte er nicht nur in Text und Bild,
sondern auch in der dritten Dimension, in echten Präparaten, dokumentiert wissen.
Es ging ihm darum, jedes Organ mit all seinen bekannten Erkrankungsformen in
seine Präparatesammlung aufzunehmen. Einzelne Reihen gleicher Krankheitsbilder
sollten kleinere Abweichungen oder verschiedene Verläufe aufzeigen lassen.
Krankheiten, die mehrere Organe befallen können, sollten in Präparaten der jeweiligen
Körperorte gebannt sein. Seltene Leiden, wie etwa Fehlbildungen („Monstrositäten")
sollten mehrfach dokumentiert und damit, gegen alle abergläubischen Vorbehalte,
als natürliche Erkrankungsformen respektiert werden. 1899 erhielt Rudolf Virchow
für seine große Präparatesammlung ein neues Domizil, das „Pathologische Museum".
Heute ist das Gebäude Sitz des „Berliner Medizinhistorischen Museums der Charité".
(TS)

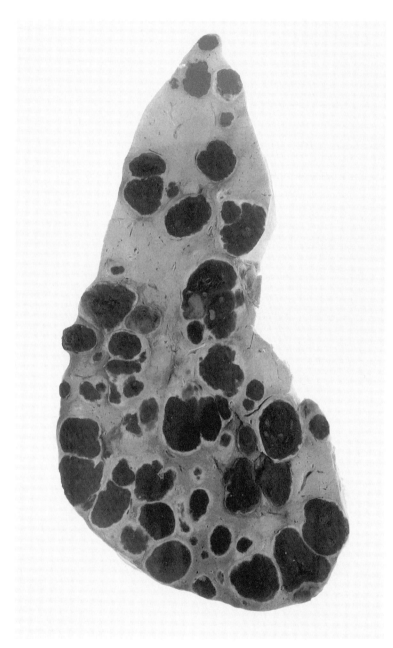

Metastasenbildung der
Leber (bei Melanom).
Berliner Medizinhistorisches Museum.
Photo: Christa Scholz

Rudolf Virchows Tod

„Ich merke mehr und mehr, daß meine Organisation dem [...] Einfluß der gehäuften Arbeiten nicht mehr den Widerstand entgegensetzen kann, an den ich gewöhnt war."

RUDOLF VIRCHOW, 1901

Seinen 80. Geburtstag erlebte Rudolf Virchow im Vollbesitz seiner geistigen und körperlichen Kräfte als Höhepunkt seiner Laufbahn. Knapp elf Monate später verstarb er. Der gesundheitliche Einbruch hatte sich bereits unmittelbar nach Jahresbeginn ereignet. Am 4. Januar 1902 war Virchow beim Ausstieg aus der elektrischen Straßenbahn gestürzt und hatte sich einen Oberschenkelhalsbruch in der linken Hüfte zugezogen. Der Bruch heilte zwar, wie er selbst vorausgesagt hatte, wieder zusammen, von den mittelbaren Folgen erholte sich Virchows Körper jedoch nicht mehr.

Der Kranke begab sich zunächst zu einer Kur in das nordböhmische Teplitz (heute: Teplice, Tschechische Republik). Mitte Juni reiste er dann in Begleitung seiner Frau und einer seiner Töchter weiter nach Bad Harzburg. Nach anfänglicher Besserung verschlechterte sich dort sein Gesundheitszustand, er litt zunehmend unter Herzbeschwerden und Atemnot. Am 31. August ließ er sich in dem Krankenwaggon eines Zuges nach Berlin zurückbringen. Die letzten Tage seines Lebens verbrachte er in seiner Wohnung in der Schellingstraße. Dort starb Rudolf Virchow am 5. September 1902 gegen 13 Uhr.

So groß die Beteiligung an seinen Geburtstagsfeierlichkeiten im Jahr zuvor gewesen war, so groß erwies sich nun auch die Anteilnahme an seinem Tod. Zahllose Kondolenzschreiben aus aller Welt trafen in der Hauptstadt ein – selbst der Kaiser schickte ein Telegramm, in dem er sein Beileid ausdrückte. Nationale und internationale Zeitungen und Fachblätter würdigten Virchows vielfältige Verdienste. Die Mitglieder der Berliner Stadtverordnetenversammlung beschlossen in einer Sondersitzung, dem Ehrenbürger ein Begräbnis auf Stadtkosten zu gewähren.

Am 9. September 1902, dem Tag der Beisetzung, ehrte man Rudolf Virchow in Gegenwart hochrangiger Vertreter politischer, wissenschaftlicher und medizinischer Einrichtungen mit einem festlichen Trauerakt im Berliner Rathaus. Den Weg zum St. Matthäus-Kirchhof in der Großgörschenstraße säumten Zehntausende. (RH)

Der Leichenwagen mit dem
Sarg Virchows beim Zug
durch die Berliner Innenstadt,
9. September 1902.
Aus: Die Woche, Berlin,
Heft 37, 13. September 1902

Unbekannter Künstler, Marmorplastik
nach der Totenmaske Rudolf Virchows.
Berliner Medizinhistorisches Museum

Rudolf Virchow und Robert Koch

„Wir müssen ein wenig vorsichtiger werden, [...] und [...] ich persönlich, soweit ich mitwirken kann, verspreche Ihnen, mit möglichster Sorgfalt darauf zu halten, dass auch der anatomische Tuberkel zu seinem vollen Recht kommt, und dass wir künftig uns wohl hüten, anatomische und bakteriologische Dinge zusammenzuwerfen."

RUDOLF VIRCHOW, 1901

Auf keinem anderen Gebiet der Wissenschaft ist Rudolf Virchow schärfer kritisiert und angegriffen worden als auf dem der Bakteriologie. Er selbst hatte schon in den 1840er und 50er Jahren durch Arbeiten zur Parasitologie Wichtiges zur Erforschung der Infektionskrankheiten beigetragen – der Begriff „Infektion" ist wahrscheinlich sogar von Virchow geprägt worden. Darüber hinaus wurden in seinem Labor bedeutende Entdeckungen gemacht, wie etwa die des Erregers des Rückfallfiebers durch seinen Assistenten Otto Obermeier. Virchows Zurückhaltung gegenüber der neuen Forschungsrichtung und sein Warnen vor unkritischer Spekulation führten jedoch zu heftigen Auseinandersetzungen mit Bakteriologen wie Edwin Klebs (1834–1913) und Emil von Behring (1854–1917).

Derartige offene Konflikte hat es mit Robert Koch (1843–1910), dem Protagonisten der deutschen Bakteriologie und späteren Nobelpreisträger (1905), nie gegeben. Koch, der schon zu Studienzeiten, 1866, einen praktischen Übungskurs bei Virchow belegt hatte, trat auch später immer wieder mit ihm in Kontakt. Das beiderseitige Interesse an Anthropologie und Archäologie ließ die beiden Wissenschaftler sogar 1875 bei der Ausgrabung einer slawischen Siedlung in Wollstein/Posen zusammen arbeiten. Auch auf medizinischem Gebiet, das heißt gegenüber den Entdeckungen Kochs von Milzbrand-, Tuberkulose- und Choleraerreger, verhielt sich Virchow nach anfänglicher Skepsis durchaus zustimmend.

Grundsätzlich kann aber, trotz häufiger Kontakte, von einer gewissen Reserviertheit im Umgang miteinander ausgegangen werden. Virchows kritische Haltung gegenüber der Bakteriologie und sein Widerstand gegen die Errichtung eines eigenständigen Hygiene-Instituts an der Berliner Friedrich-Wilhelms-Universität, dessen erster Direktor Robert Koch war, mögen dazu beigetragen haben. (RH)

Nr. 2983
Verlag: Vereinigte Verlagsgesellschaften
Franke & Co. KG., Berlin-Wilmersdorf,
Prager Platz 4a. — Kupfertiefdruck
August Scherl Nachf. Berlin SW 68
Printed in Germany
Einzelpreis in Deutschland 10 Pfennig

Rudolf Virchow
(Werner Krauß, links) und
Robert Koch (Emil Jannings)
in einer Szene des Films
„Robert Koch, der
Bekämpfer des Todes".
Aus: *Illustrierter Film-Kurier*,
Nr. 2983, 1939

Krankenhausbauten

„Die Aufnahme in ein Krankenhaus muss demnach jedem Kranken, der dessen bedarf, frei stehen, gleichviel ob er Geld hat oder nicht, ob er Jude oder Heide ist."

RUDOLF VIRCHOW, 1848

Als Virchow 1862 aus Würzburg nach Berlin zurückkehrte, gab es in Berlin noch kein städtisches Krankenhaus. Die Patienten wurden in die Charité, eine königliche Krankenanstalt, eingewiesen, oder in private, überwiegend konfessionell getragene Krankenanstalten. Bis 1909 hatte sich die Situation in Berlin grundlegend verändert. In der Stadt gab es nun sechsundzwanzig öffentliche Krankenhäuser mit 9.000 Betten, 5.400 davon in städtischen Anstalten.

Den Anstoß zum Bau des ersten städtischen Krankenhauses gab eine Schenkung des Rentiers J. J. Fasquel im Jahre 1864, die an den Neubau eines Krankenhauses geknüpft war. Der Magistrat beauftragte die Architekten Gropius und Schmieden mit Entwurf und Kostenanschlag. Die Berliner Stadtverordnetenversammlung genehmigte am 7. Juni 1867 die Pläne und beschloss, ein Krankenhaus mit 600 Betten zu erbauen. Sie berief dafür eine Deputation, der die Stadtverordneten Virchow, Neumann, Voigt und Halske angehörten. Virchow nahm hier erstmals Einfluss auf die Einrichtung städtischer Krankenhäuser.

Der Gebäudekomplex entstand 1870–1874 auf einem städtischen Grundstück im südöstlichen Friedrichshain. Konsequent wurde das Pavillonprinzip angewendet, das richtungsweisend für den Krankenhausbau in Berlin werden sollte. Die einzelnen Gebäude entsprachen modernsten medizinischen Standards: sie waren gut belüftet, zentralbeheizt und hatten eine Desinfektionsanlage. Zudem wurde die Übertragung von Keimen verringert. Das „Städtische Allgemeine Krankenhaus im Friedrichshain" versorgte vor allem Kranke aus ärmeren Schichten. Virchows revolutionäre Forderung von 1848, Unbemittelte in kommunale Krankenhäuser aufzunehmen, wurde Realität.

Weitere städtische Krankenhäuser folgten diesem Vorbild. Aus Baracken für Pocken-, Cholera- und Typhuskranke entstand 1872 das Krankenhaus Moabit in der Turmstraße. 1887–1890 wurde in der Luisenstadt das „Städtische Krankenhaus am Urban" erbaut, 1890 das Kinderkrankenhaus im Norden Berlins. 1906, vier Jahre nach Virchows Tod, wurde das von ihm beförderte und nach ihm benannte Krankenhaus eröffnet.

Als sich erwiesen hatte, dass die Rieselfelder keine Gesundheitsrisiken bargen, entschlossen sich die Stadtverordneten und der Magistrat Berlins, auf den Rieselgütern Heilstätten für Genesende einzurichten. Im Oktober 1887 wurde ein Heim in Blankenburg eröffnet, zwei Monate später ein weiteres in Heinersdorf. Virchow selbst beaufsichtigte die Heilstätten als Mitglied eines Kuratoriums der Stadtverordnetenversammlung.

Die angemessene Unterbringung der Geisteskranken und Epileptiker blieb lange ungelöst. Rudolf Virchow hatte sich bereits in der Wochenschrift *Die medicinische Reform* mit dieser Frage auseinandergesetzt, doch erst 1877 beschloss die Stadtverordnetenversammlung, auf dem Gut Dalldorf eine Anstalt für 500 Kranke einzurichten. Auch hier prüfte Virchow im Kuratorium die Umsetzung seiner Vorstellungen in die Praxis. (HJV)

Das neue Kinderkrankenhaus im
Norden Berlins, 1890. Holzstich.
Aus: *Über Land und Meer.
Deutsche Illustrierte Zeitung*,
Jg. 32, 1890.
Die Ansicht aus der Vogelperspektive
entstand kurz vor der Vollendung
des Kinderkrankenhauses.
Rudolf Virchow konnte damals
zwei Bürgergruppen unter seiner
Regie vereinen, die den Bau durch
Geldspenden förderten.

Krankenhaus am Friedrichshain,
um 1905. Postkarte. Stadtmuseum Berlin.
1867–74 von Martin Gropius und
Heino Schmieden unter wissenschaftlicher Beratung Rudolf Virchows erbaut,
entstand im Friedrichshain das erste
Städtische Krankenhaus Berlins.
Etwa ein Fünftel der 1845/46 von
Gustav Meyer angelegten Parkfläche
wurde für das Bauvorhaben abgetrennt.
Zum Teil farbig glasierte Schmuck-
bänder belebten die mit hellroten
Klinkern verblendeten Gebäude der
symmetrischen Anlage.

Gruss aus Berlin N. O. Krankenhaus am Friedrichshain

Die Kanalisation für Berlin

„Ich habe es daher auch für meine Pflicht erachtet, von Anfang an die
sanitäre Aufsicht über sämmtliche Güter [Rieselgüter] so in der Hand
zu behalten, dass ich in jedem Augenblick in der Lage war, – ‚Augenblick'
ist vielleicht etwas zu viel gesagt, – aber wenigstens in jedem Monat
in der Lage war, eine bestimmte Uebersicht von allen vorgekommenen
Erkrankungsfällen zu haben."

RUDOLF VIRCHOW, 1893

Angesichts einer sprunghaft ansteigenden Besiedlungsdichte genügte seit der Mitte
des 19. Jahrhunderts die Entsorgung der Abwässer und Fäkalien Berlins nicht mehr den
hygienischen Ansprüchen und Erkenntnissen der Zeit – weder die Abfuhr der Fäkalien
ins Umland noch die Ableitung der Abwässer in die Spree.

Über Abhilfe, die Anlage einer Kanalisation, wurde erstmals 1862 debattiert, doch
angesichts der knappen Finanzmittel Berlins fiel vorerst keine Entscheidung. Erst 1870
begannen Versuche, die stark mit Fäkalien angereicherten Abwässer der Stadt auf
dem Tempelhofer Feld zu verrieseln (auf einem Areal von 5 ha). Rudolf Virchow,
James Hobrecht und Andreas Sigismund Margraff führten 1873 endlich den Beschluss
der Stadtverordnetenversammlung herbei, eine Kanalisation anzulegen und die städtischen Abwässer auf Rieselfelder in das Berliner Umland zu leiten. Seit 1875 wurde in
größerem Umfang verrieselt – zunehmend mussten neue Areale „aptiert", also zur
Aufnahme der Abwässer erschlossen werden. Zugleich entstanden Güter zur Bewirt-
schaftung der Rieselfelder als städtische Eigenbetriebe: im Norden Falkenberg,
Malchow, Blankenfelde, Buch, Schmetzdorf und Lanke, im Süden Osdorf, Großbeeren
und Sputendorf. Flächen für Gemüseanbau wurden verpachtet, Halm-, Hack- und
Ölfrüchte angebaut und Rieselgras wurde für Nutz- und Zugviehhaltung verwertet.

Rudolf Virchow war Mitglied der Verwaltung der Kanalisationswerke und verfolgte
den Bau der Kanalisation und die Anlage der Rieselfelder mit großer Aufmerksamkeit.
In einer Abhandlung untersuchte er den Zusammenhang zwischen der Verbreitung des
Typhus in Städten mit und ohne Kanalisation. Mit der Kanalisation, so seine Erkenntnis,
hatten Typhuserkrankungen abgenommen. Zwei Ärzte wurden zur Sicherheitskontrolle
angestellt. Sie überprüften regelmäßig sowohl das Abwasser des Hauptkanals mit seinen
Ausflüssen als auch die Drainagen der Rieselfelder. (HJV)

Georg Bartels, Bau der Kanalisation
in der Paulstraße, Berlin-Moabit, 1883.
Photographie. Stadtmuseum Berlin.
Der Bau der Kanalisation in Berlin
vollzog sich in Etappen von 1876 bis 1907.
James Hobrecht, der die Kanalisation
plante, teilte die Stadt in Radialsysteme
ein. Pumpwerke beförderten die Abwässer
auf die Rieselfelder am Rande der Stadt.

Johann George Hossauer/Karl Fischer, Amtsmedaille der
Berliner Stadtverordneten an Kette, 1844. Silber, teilvergoldet.
Stadtmuseum Berlin. Photo: Christel Lehmann.
Die Städteordnung vom 19. November 1808 sah vor, dass
Magistratsmitglieder und Stadtverordnete Amtszeichen
erhalten sollten. 1840 beschlossen die Berliner Stadt-
verordneten, den verstorbenen König Friedrich Wilhelm III.
zu ehren, indem sie die Amtszeichen allgemein einführten
und auf diese die Worte „Friedrich Wilhelm III.
König von Preußen, Gründer der Städteordnung" und
das Bild des Königs setzten. Rudolf Virchow war seit 1859
Stadtverordneter für Berlin und konnte in der Stadtverordnetenversammlung seinen Forderungen zur
Verbesserung der Stadthygiene der Stadtverwaltung
Nachdruck verleihen.

Die Berliner Markthallen

„Seitdem die öffentliche Hygiene als integrierender Bestandteil der allgemeinen Fürsorge aufgestellt worden ist, hat der Vorwurf, daß ein Arzt auch Politiker sei, alle Bedeutung verloren ..."

RUDOLF VIRCHOW, 1902

Bis in die 8oer Jahre des 19. Jahrhunderts boten Höker Fleischwaren und andere Lebensmittel im unhygienischen Straßenverkauf feil. Die Wochenmärkte Berlins verunreinigten die Straßen und Plätze und behinderten den wachsenden Verkehr, so dass auch die Polizei Anstoß nahm.

1865 griff Virchow Überlegungen von 1848 und 1862 auf, diese anachronistischen Zustände zu verändern. Doch da zunächst der Bau der Kanalisation die städtischen Ressourcen voll in Anspruch nahm, blieb es vorerst beim Straßenverkauf.

Der „Eisenbahnkönig" Bethel Henry Strousberg errichtete 1868 eine erste private Markthalle am Schiffbauerdamm nahe der Friedrichstraße. Sie fand jedoch wenig Zuspruch und konnte nicht einmal die Kosten decken. Die Halle wurde geschlossen und zum Zirkus umgebaut. Dennoch verfocht Virchow weiterhin den Bau städtischer Markthallen zur Versorgung der Berliner Bevölkerung. 1883 unterbreitete der Stadtbaurat Hermann Blankenstein den Entwurf für eine städtische Zentral-Markthalle am Bahnhof Alexanderplatz mit eigenem Bahnanschluss. Die Stadtverordnetenversammlung bestätigte das Projekt; noch im gleichen Jahr schritt man zum Bau.

Die neue Markthalle wurde 1886 eröffnet. Sie war stark frequentiert und der Warenumsatz übertraf bald den früheren Straßenverkauf. In der Folge entstanden nun weitere sieben Markthallen, und die offenen Wochenmärkte verschwanden nach und nach aus der Berliner Innenstadt. (HJV)

Max Missmann, Zentralmarkthalle am Alexanderplatz,
Neue Friedrichstraße, 1906.
Photographie. Stadtmuseum Berlin.
Die Zentralmarkthalle, ein Bau
Hermann Blankensteins, hatte
einen eigenen Gleisanschluß der
Ringbahn, so dass die Produkte
aus dem Berliner Umland schnell
angeliefert werden konnten und
frisch ins Angebot kamen.

Zander & Labisch, Anfuhr
lebender Fische zur
Fischauktion in der Berliner
Zentralmarkthalle, 1896.
Photographie.
Stadtmuseum Berlin.
Die lebenden Fische
wurden mit Pferdefuhr-
werken in wassergefüllten
Tonnen angeliefert, die
Versteigerung selbst fand
in der Markthalle statt.

Schlachthöfe

„Es ist eine lange und mühselige Arbeit gewesen, und sie ist nur durch manche Zufälligkeiten, meiner persönlichen Stellung als Gelehrter, als Abgeordneter und als Beamter, erfolgreich gewesen, die Widerstände zu überwinden, welche sich einer wirksamen Fleischschau bei uns entgegenstellten. Es würde ein wenig lehrreiches Capitel sein, die Geschichte dieser Kämpfe im Einzelnen darzulegen und zu zeigen, wie sich der Aberglauben der gelehrten und der populären Kreise mit den Sonderinteressen der Schlächter und der Händler, sowie mit der Bequemlichkeit der Behörden vereinigte, um die einfachsten Maassregeln zu verhindern, deren Nothwendigkeit sich mit zwingender Gewalt auf den ersten Blick nach dem Bekanntwerden der Geschichte der Trichinen ergab ..."

RUDOLF VIRCHOW

Bis 1866 wurde Berlin durch mehr als 800 Privatschlächtereien mit Fleisch versorgt. Die Schlachtungen erfolgten zum Teil in der Innenstadt, und die bereits überlasteten Rinnsteine wurden dadurch zusätzlich verschmutzt und zur Infektionsgefahr. 1864 griff Rudolf Virchow einen seit 1862 vorliegenden Antrag auf, einen städtischen Vieh- und Schlachthof zu erbauen. 1868 endlich wurde ein Gesetz über den Schlachthauszwang beschlossen, das die Nutzung städtischer Einrichtungen und die tierärztliche Überwachung vorschrieb. Doch erst 1883 konnte das Gesetz in Kraft treten, nachdem es einen zentralen Schlachthof gab. Seine Grundsteinlegung erfolgte am 3. Dezember 1877, am 1. März 1881 nahm der städtische Berliner Zentralvieh- und Schlachthof seinen Betrieb auf. Der Zentralviehhof lag am Ostrand Berlins auf der ursprünglichen Lichtenberger Gemarkung und war an die Eisenbahn angeschlossen. Man hatte einen Standort im Osten Berlins bevorzugt, weil die Haupttransporte von Agrarprodukten aus den östlichen Provinzen Preußens kamen. Bei Vieh waren das mehr als fünf Sechstel der Fracht. Für Magervieh, insbesondere Schweine, entstand in den 1890er Jahren weiter östlich ein eigener, gleichfalls an die Bahn angeschlossener Viehhof.

Um die Mitte des 19. Jahrhunderts hatte man erstmals Trichinen im Schweinefleisch entdeckt, und es wurde nachgewiesen, dass Menschentrichinen auf den Verzehr trichinösen Schweinefleisches zurückzuführen waren. Virchow hatte daraufhin eigene Untersuchungen angestellt und die Gefährlichkeit des Parasiten bestätigt gefunden. In einem Gutachten einer Deputation für das Medizinalwesen zur Vorbereitung eines Strafgesetzbuches für den Norddeutschen Bund forderte er, den Verkauf trichinenhaltigen Fleisches unter Strafe zu stellen. Dieser Anregung folgend schrieb Preußen 1877 die Trichinenschau gesetzlich vor. Erst 1937 wurde sie für ganz Deutschland obligatorisch. (HJV)

Max Missmann, Zentral-Viehhof, 1907.
Photographie. Stadtmuseum Berlin.
Max Missmann wählte für die
Aufnahme der Schlachthallen an
der Eldenaer Straße einen erhöhten
Standort. Dadurch ist die Reihung
der niedrigen Klinkerverblendbauten
ebenso gut zu erkennen wie die
Lage des Gebäudekomplexes am
damaligen Stadtrand.

Georg Bartels, Börsensaal,
Zentral-Viehhof, Eldenaer Straße,
um 1890. Photographie.
Stadtmuseum Berlin.
Der Börsengebäude mit einer
Restauration, einst der Mittel-
punkt der gesamten Anlage,
wurde 1945 zerstört.

Rudolf Virchow als Politiker

„ ... die Politik ist weiter nichts, als Medizin im Großen."

Rudolf Virchow, 1848

Den Anstoß zur politischen Tätigkeit Rudolf Virchows lieferte eine Mission zur Untersuchung einer Typhus-Epidemie in Oberschlesien Anfang 1848. Nach seiner Rückkehr engagierte er sich in Berlin in zahlreichen revolutionären Aktivitäten und stand dabei auf der Seite der entstehenden demokratischen Partei. Er kämpfte gleichermaßen für politische wie für medizinische Reformen, die für ihn eng verknüpft waren.

In den folgenden Jahren der politischen Reaktion zog sich Virchow in Würzburg in ein „inneres Exil" zurück. Erst nach seiner Rückkehr nach Berlin 1856 begann er sich wieder politisch zu betätigen und beteiligte sich damit an der allgemeinen politischen Aufbruchsstimmung jener Jahre. Seit 1859 gehörte er der Berliner Stadtverordnetenversammlung an, seit 1862 auch dem Preußischen Abgeordnetenhaus. In beiden Häusern blieb er bis zu seinem Tode 1902 Abgeordneter. Er gehörte zu jenen ehemaligen Demokraten, die 1861 gemeinsam mit den Liberalen die Deutsche Fortschrittspartei begründeten. Trotz seiner immensen Arbeitsbelastung war er von 1880 bis 1893 auch Abgeordneter im Deutschen Reichstag. Auch angesichts der Vielzahl seiner politischen Aufgaben blieb Virchow ein linksliberaler Honoratior, der für die Politik und nicht von der Politik lebte.

Mit seiner politischen Tätigkeit vertrat Rudolf Virchow eine naturwissenschaftliche Variante der Gelehrtenpolitik. Aus den Naturwissenschaften bezog er die Gewissheit eines scheinbar unaufhaltsamen Fortschritts, der auch die Gesellschaft durchdringe. Dazu kam sein Selbstvertrauen in den naturwissenschaftlichen Wahrheitsanspruch, der auch den Bereich des Politischen einschloss. Besonders seine während der Revolution verfassten Analysen der oberschlesischen Typhus-Epidemie zeigen, wie er dabei seinen naturwissenschaftlichen Autoritätsanspruchs als Mediziner mit einem politischen Gestaltungsanspruch verband. Aber auch später stützte er sich zur Durchsetzung politischer Entscheidungen immer wieder auf seine naturwissenschaftliche Expertise. Während die Höhepunkte seiner politischen Karriere in den 1860er und 1870er Jahren lagen, geriet er in seinen späteren Jahren immer mehr in eine politische Außenseiterstellung. Der von liberaler Seite unternommene Versuch, dem wachsenden Bismarck-Kult im Kaiserreich einen alternativen Virchow-Kult entgegenzusetzen, blieb deshalb ohne großen Erfolg. (CG)

Anton von Werner, Kronprinz Friedrich Wilhelm
auf dem Hofball, 1887. Öl auf Hartpappe.
Stadtmuseum Berlin.
Die Skizze Anton von Werners zeigt den Kronprinzen
Friedrich Wilhelm (nachmals Kaiser Friedrich III.)
während des Fastnachtsballs 1878 im Weißen Saal
des Berliner Schlosses. Der Kronprinz in weißer
Kürassier-Uniform wirkt kraftvoll, doch schon
von der fortgeschrittenen Krankheit gezeichnet.
Er wird im Gespräch mit dem Berliner Oberbürgermeister Max von Forckenbeck dargestellt,
hinter Forckenbeck steht Robert von Benda,
nationalliberales Mitglied des Reichstages und
des Abgeordnetenhauses. Rudolf Virchow und
der Physiker Hermann Helmholz sind am Gespräch
beteiligt, beide in weiten Universitätstalaren,
Helmholtz geschmückt mit Orden und Ordensketten.
Rechts betritt Adolph Menzel den Raum, neben
ihm der Adjutant des Kronprinzen, Oberst Mischke.

Karikatur auf Bismarcks Duell-
forderung an Virchow, 1865.
Aus der Zeitschrift *Helmerding*.
Am 2. Juni 1865 hatte Virchow
im Preußischen Abgeordnetenhaus
Bismarck so scharf angegriffen,
dass dieser ihn am Tage darauf mit
der Begründung, Virchow habe
seine Wahrheitsliebe angezweifelt,
zum Duell forderte. Virchow
lehnte das Duell ab.

Eine Frankfurter Zeitung will wissen, daß zwei duellsüchtige Personen auf Schritt
und Tritt überwacht werden, um ihr gegenseitiges Umbringen zu verhindern. Der
Patriot Behrends hat für den einen, und der Bierwirth Schulze für den andern
mit seinem Kopfe zu haften.

Rudolf Virchow und die Berliner Gesellschaft für Anthropologie, Ethnologie und Urgeschichte

**„Die Urgeschichte unseres Geschlechtes, [...] die Kenntniss
der körperlichen Beschaffenheit der Menschenrassen und ihrer
Uebergänge, das wissenschaftliche Eingehen in die Cultur-
zustände, Sitten und Gebräuche der verschiedenen Völker in
verschiedenen Zeiten sind der Gegenstand unserer Forschung."**

Gründungsaufruf 1869

Im September 1869 veröffentlichte die Sektion für Anthropologie und Ethnologie
der Versammlung deutscher Naturforscher und Ärzte einen Aufruf zur Gründung einer
Deutschen Gesellschaft für Anthropologie, Ethnologie und Urgeschichte sowie entsprechender Lokalvereine, der vor allem durch Virchows Initiative zustande gekommen war.

Noch vor der Konstituierung einer gesamtdeutschen Dachorganisation gründete Virchow
zusammen mit mehr als zwei Dutzend Vertretern der Berliner Gelehrtenwelt den Berliner
Lokalverein für Anthropologie, Ethnologie und Urgeschichte. Am 17. November 1869, dem
Tag der konstituierenden Sitzung, konnte der Verein bereits 120 Mitglieder verzeichnen.
Virchow wurde zum Vorsitzenden gewählt und blieb bis zu seinem Tod der führende
Kopf dieser Vereinigung. Nach dem Berliner Vorbild entstanden in ganz Deutschland
vergleichbare Lokalvereine, die unter dem Dach der Deutschen Gesellschaft für Anthro-
pologie, Ethnologie und Urgeschichte zusammenarbeiteten.

Auf den monatlichen Zusammenkünften berichteten ordentliche und korrespondierende
Mitglieder aus dem In- und Ausland über neueste Entdeckungen, Forschungsergebnisse
und theoretische Diskussionen. Für viele Jahrzehnte kam es zu einem äußerst intensiven
und fruchtbaren Zusammenwirken der drei von der Gesellschaft vertretenen Fachgebiete.
Ihren Niederschlag fand diese Arbeit in der *Zeitschrift für Ethnologie* mit den *Verhandlungen der Berliner Gesellschaft für Anthropologie, Ethnologie und Urgeschichte* und
den *Nachrichten über deutsche Alterthumsfunde*.

Bald verfügte die Berliner Gesellschaft über eine beachtliche Bibliothek und Photosamm-
lung sowie über Sammlungen anthropologischer, ethnologischer und prähistorischer Objekte, die größtenteils auf die umfangreichen Schenkungen der Mitglieder zurückgingen.

Der Bau des 1886 eröffneten Königlichen Museums für Völkerkunde war dem zähen
Ringen Virchows und der Berliner Gesellschaft zu verdanken. Neben der ethnologischen
und der prähistorischen Sammlung der Königlichen Museen kam hier bald die anthropologische Sammlung der Gesellschaft zur Aufstellung. 1888 bezog auch die Geschäfts-
stelle der Gesellschaft ihre neuen Räume in diesem Gebäude. Virchow und der Gesellschaft verdankt das Museum neben der fruchtbaren wissenschaftlichen Zusammenarbeit
vor allem die Vermittlung zahlreicher Schenkungen und Ankäufe sowie die engagierte
Unterstützung seiner Belange gegenüber den staatlichen Stellen. (GS)

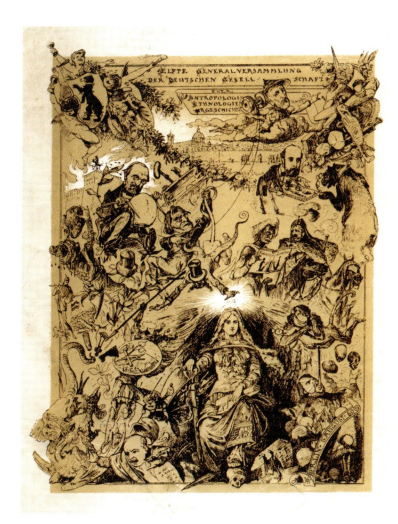

Einladung zur XI. Generalversammlung
der Deutschen Gesellschaft für
Anthropologie, Ethnologie und
Urgeschichte in Berlin, 1880.
Archiv der Berliner Gesellschaft für
Anthropologie, Ethnologie und
Urgeschichte. Photo: C. Plamp.
Links unten mit „phrygischer Mütze"
und „Homer" unter dem Arm: Heinrich
Schliemann. In der oberen Bildhälfte,
links: Rudolf Virchow beim Vermessen
eines Schädels, rechts: Ernst Friedel,
Direktor des Märkischen Provinzialmuseums,
reicht dem Berliner Bären einen Imbiss.
Darüber Adolf Bastian, Direktor des
Berliner Völkerkundemuseums.

Rudolf-Virchow-Plakette. Archiv der Berliner
Gesellschaft für Anthropologie, Ethnologie
und Urgeschichte. Photo: C. Plamp.
Die Plakette wurde 1911 von Georg Minden
(1850–1928) gestiftet. Am 16. November 1912
wurde als Erster Karl von den Steinen
(1854–1929) damit ausgezeichnet.

Rudolf Virchow und die prähistorische Archäologie

**„Der Mensch mit seinem ganzen Thun und Treiben,
seinem Denken und Meinen, seinem inneren Wesen soll
wieder entdeckt, soll aufgefunden werden in einer Zeit,
von der Niemand etwas weiß ..."**

RUDOLF VIRCHOW, 1873

Auf der Basis seiner Überzeugung, dass ein umfassendes Bild der Entwicklung des Menschen nur durch die Einheit geistes- und naturwissenschaftlicher Forschungen gewonnen werden könne, beschäftigte sich Virchow seit etwa 1865 mit Fragen der prähistorischen Archäologie. Sein Engagement für die Einführung wissenschaftlicher Methoden und für die Schaffung entsprechender Institutionen, Organisationen und Publikationsorgane machte ihn zum Mitbegründer der wissenschaftlichen Prähistorie in Deutschland.

Virchow widmete sich unterschiedlichsten Problemen aller vor- und frühgeschichtlichen Perioden von der Steinzeit bis zum Mittelalter und wirkte so auch im Rahmen seiner prähistorischen Forschungen als Universalgelehrter. Zu den Schwerpunkten zählen die bronze- bis früheisenzeitliche Lausitzer Kultur (ca. 15.–4. Jh. v. Chr.), die spätbronze- bis früheisenzeitliche kaukasische Koban-Kultur (ca. 12.–4. Jh. v. Chr.), die früh- bis hochmittelalterliche Kultur der Slawen (ca. 6.–12. Jh. n. Chr.) und schließlich der klein-asiatische Siedlungshügel Hissarlik (Troja). Seine umfangreichen Studien an rezentem anthropologischen Material führten Virchow darüber hinaus zu Untersuchungen an prähistorischen Skeletten.

Die für Virchow so typische Methode des rastlosen Sammelns und Vergleichens brachte bahnbrechende Ergebnisse. Aus seiner Feder stammen 1.103 Veröffentlichungen zur prähistorischen Archäologie sowie 246 Arbeiten zur prähistorischen Anthropologie.

Die prähistorische Sammlung Rudolf Virchows umfasst mehrere tausend Objekte verschiedenster europäischer und außereuropäischer Kulturen von der Steinzeit bis zum Hochmittelalter. Hierzu zählen vor allem Keramikgefäße sowie Schmuck, Waffen und andere Gerätschaften aus Metall. Entsprechend der testamentarischen Verfügung gelangte die Sammlung nach seinem Tod in die damalige Prähistorische Abteilung des Museums für Völkerkunde der Königlichen Museen zu Berlin (heute Museum für Vor- und Frühgeschichte). (MB)

Anthropomorphes Gefäß mit
Gesichtsdeckel, frühe Bronzezeit,
um 2100 v. Chr. Ton; Troja, Türkei.
Höhe 13,4 cm. Museum für
Vor- und Frühgeschichte SMB,
Schliemann-Sammlung.
Photo: K. Göken.
Das gemeinsame Interesse an
den sogenannten Gesichtsurnen,
die aus verschiedenen Kulturkreisen
in unterschiedlichen Ausprägungen
bekannt sind, stand am Beginn
der freundschaftlichen Beziehung
zwischen Rudolf Virchow und
Heinrich Schliemann.

Gürtelschließe mit Mufflonköpfen und
Labyrinthverzierung, 9. – 8. Jahrhundert v. Chr.
Bronze mit Domeykitplatte (Weißkupfer) und
Emaileinlagen; Koban, Nordossetien
(Ciskaukasien); Koban-Kultur. Länge 12,9 cm.
Museum für Vor- und Frühgeschichte SMB,
Virchow-Sammlung. Photo: I. Strüben.
Virchows Ausgrabungen auf dem spätbronze- bis
früheisenzeitlichen Körpergräberfeld von Koban
fanden während seiner Russlandreise im
September 1881 statt. Die Gürtel mit massiven
Bronzeschließen zählen zu den typischen Beigaben
der reich ausgestatteten Männergräber.

Rudolf Virchow und die Anthropologie

„ [...] unsere naturwissenschaftliche Methode [...] ist die objektive
Methode, welche die Dinge nicht bloss sieht, sondern welche sich
zu vergewissern sucht, unter welchen Umständen sie entstanden,
[...] welche Bedeutung sie haben."

RUDOLF VIRCHOW, 1891

Der gelernte Mediziner Rudolf Virchow ist noch nicht einmal 50 Jahre alt, als er während
der ausklingenden 1860er Jahre sein wissenschaftliches Interesse zunehmend vom kranken auf den „normalen" Menschen umwidmet. Sichtlich nachvollziehbar produziert er
seit dieser Zeit eine wahre Flut anthropologisch ausgerichteter Publikationen, die zudem
häufig mit ethnologischen und urgeschichtlichen Anliegen seiner Epoche legiert sind.
Sein unglaubliches Wissen und seine außergewöhnliche physische Leistungsfähigkeit
(er war zudem ein sog. Kurzschläfer) machten ihn zu einer Art Institution. Virchow über-
schaute tatsächlich alle drei Sachgebiete; mehr noch: er prägte sie auch maßgeblich
inhaltlich. Er war damit nicht nur einer jener Mediziner, die noch bis ins 20. Jahrhundert.
hinein über ihren eigentlichen „Zuständigkeitsbereich" hinaus naturwissenschaftliche
Forschung schlechthin getragen haben, sondern gleichermaßen Wegbereiter für das
Aufgehen „seiner" Anthropologie in später eigenständigen Wissenschaftsdisziplinen.

Rudolf Virchow verstand unter Anthropologie die Wissenschaft vom Woher und Wohin
der Menschheit. Seine ganzheitliche Denkweise erlaubte eine so knappe, „offene"
Definition, deren Kern seither ebenso akzeptabel geblieben ist wie beispielsweise seine
Vorstellung, dass ein einzelner Beleg nicht genüge, um „das Thatsächliche zu finden".
Es verwundert darum nicht, dass er seine anthropologische Forschungstätigkeit vornehm-
lich auf Sammlungsgut gründete. Zur Minderung des von ihm immer wieder beklagten
Mangels daran nutzte er unermüdlich jede sich bietende Gelegenheit: er sammelte selbst,
kaufte an, animierte und instruierte Reisende (z.B. Schiffsärzte, Geographen; Privatsamm-
ler), schaltete Institutionen ein (Berliner Gesellschaft für Anthropologie, Ethnologie und
Urgeschichte; Ministerien) ...

Als Mediziner interessierte sich Virchow verständlicherweise für pathologische Abartig-
keiten; den streng naturwissenschaftlich denkenden Gelehrten faszinierte aber gleichermaßen das Phänomen der sogenannten Variabilität – sowohl der zeitgenössischen als
auch in der Historie. Mit der puren Feststellung und Beschreibung von Tatbeständen gab
er sich nicht zufrieden. Als Anthropologe versuchte er stattdessen, das Wesen physischer
Veränderungen sowie verwandtschaftliche Bezüge innerhalb der Menschheit zu ergründen. Mit seinen Erkenntnissen blieb er jedoch vorsichtig, solange er sie nicht hieb- und
stichfest beweisen konnte. (Dies mag übrigens auch seine beharrliche Skepsis gegenüber
darwinistischen Gedankengängen zur menschlichen Stammesgeschichte erklären.)

Der Anthropologe Virchow wagte den Vergleich von Menschen bezüglich ihrer biologischen Merkmale. Sein geistiger Forschungsansatz aber schloss und schließt jegliche
Bewertung von Menschen unter irgendeinem ideologischen Aspekt von vornherein
aus! (UC)

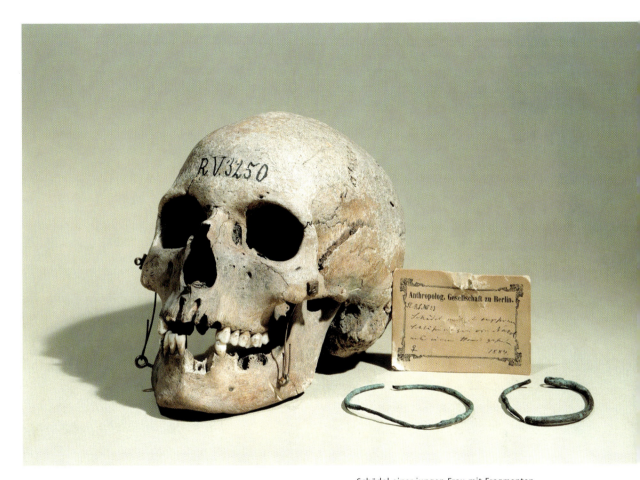

Schädel einer jungen Frau mit Fragmenten
slawischer Schläfenringe aus Bronze,
ca. 11.–12. Jahrhundert n. Chr. Nakel
(Prov. Posen, Polen). Anthropologische
Sammlungen im Institut für Medizinische
Anthropologie des Zentrums für Human-
und Gesundheitswissenschaften der
Berliner Hochschulmedizin. Photo: C. Begall.
Der Fund gelangte 1884 als Geschenk in
die Sammlung der Berliner Gesellschaft für
Anthropologie, Ethnologie und Urgeschichte
und wurde dort von Virchow auf der Sitzung
vom 22. Juni 1884 vorgestellt (*Zeitschrift für
Ethnologie*, Verhandlungen 16, 1884, 308–310).
Das Etikett trägt Virchows Handschrift.

Rudolf Virchow und die Ethnologie

**„Die wichtigsten und grössten Fragen, welche das
Menschengeschlecht überhaupt aufwerfen kann"**

RUDOLF VIRCHOW, 1880

Da sich Virchow mit dem Menschen in seiner Gesamtheit beschäftigte, gehörten auch die
außereuropäischen Völker zu seinem Forschungs- und Interessengebiet. Da er selbst keine
Reisen nach Übersee unternehmen konnte, förderte er als langjähriger Vorsitzender der
Berliner Gesellschaft für Anthropologie, Ethnologie und Urgeschichte die Reisetätigkeit
anderer, denen er im Rahmen dieser Gesellschaft die Möglichkeit bot, über die Ergebnisse
ihrer Forschungs- und Sammelreisen zu berichten. Für Virchow und seine Zeitgenossen
lieferten die Angehörigen „primitiver" Kulturen vor allem Anschauungsmaterial für die
prähistorischen Zustände in Europa. Deshalb suchte man nach Parallelen im materiellen
Inventar, um daraus auf vorgeschichtliche gesellschaftliche Zustände der eigenen Kultur
schließen zu können.

Anlässlich der Zusammenkunft der Berliner Anthropologischen Gesellschaft im März 1884
zur Vorstellung von Adrian Jacobsens Sammlung aus Alaska schrieb der Wissenschafts-
Journalist Adrian Woldt, dass die der „Steinzeit" angehörenden Eskimo-Sachen auf besonders
hohes Interesse gestoßen seien, „da sie geradezu als eine Art Spiegelbild der ehemaligen
Entwicklung unserer eigenen prähistorischen Zeit betrachtet werden könnten. Prof. Virchow
hat bereits hervorgehoben, dass ein eigenthümlich gestalteter Schaber, der bei den Eskimos
in Alaska vorkommt, genau in derselben originellen Ausführung in einem Schweizer Pfahlbau aufgefunden ist" (*Woldt's wissenschaftliche Correspondenz*, Nr. 64, 21. März 1884).

Der Reisende Adrian Jacobsen hatte im Auftrag des Berliner Museums für Völkerkunde zwischen 1881 und 1888 Sammelreisen an die Nordwestküste Amerikas, nach Alaska, Sibirien
und Indonesien durchgeführt. Für Virchow, der das Vorwort zu Jacobsens Reisebericht von
1896, „Reise in die Inselwelt des Banda-Meeres" geschrieben hat, bilden diese Sammlungen
„einen der Glanzpunkte unseres Museums für Völkerkunde". Für ihn repräsentieren sie „eine
schon absterbende Cultur, welche der Nachwelt nur noch in solchen Schatzkammern erhalten
werden wird." Ganz im Sinne des wissenschaftlichen Evolutionismus der damaligen Zeit ging
es auch Virchow darum, die „ältesten Rückstände der örtlichen Cultur" zu entdecken und die
„erlöschenden Spuren der ursprünglichen Abstammung" festzuhalten. Allerdings interessierte sich Virchow als politisch denkender Mensch auch für die Arbeitsweise der modernen
Missionen und die Kolonialpolitik.

Neben der Förderung und Rezeption ethnologischer Forschungsreisen stand Virchow in
Kontakt mit Forschern im Ausland, die ihm manchmal sogar Teile ihrer Sammlung zuschickten.
Eine solche Sammlung, die des Dr. Gustav Brühl aus Cincinnati, die als Nachlass Virchows
ins Ethnologische Museum gelangte, wird in der Ausstellung beispielhaft vorgestellt.

Eine besondere Form, Menschen aus Übersee kennenzulernen und zu studieren, wurde
von Virchow aufs höchste geschätzt: die Völkerschauen, die häufig in Berlin gastierten.
Zwei Beispiele, das der Eskimo aus Labrador (1880) und der Feuerländer (1881), sollen
verdeutlichen, dass diese Menschen für ihn ausschließlich Forschungsobjekte darstellten;
eine Begegnung auf persönlicher Ebene fand nicht statt. (PB)

Weibliche Tonfigur,
Golfküste Mexikos.
Höhe 20 cm.
Ethnologisches Museum SMB,
Abt. Amerikanische Archäologie,
Virchow-Nachlass.
Photo: Martin Franken

Weibliche Tonfigur mit Kind,
Golfküste Mexikos.
Höhe 15 cm.
Ethnologisches Museum SMB,
Abt. Amerikanische Archäologie,
Virchow-Nachlass.
Photo: Martin Franken

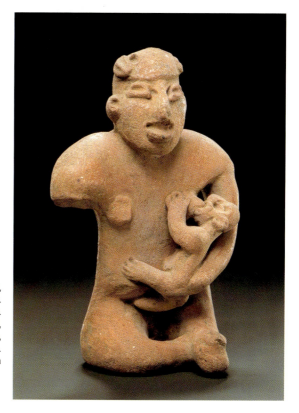

Rudolf Virchow und das „Museum für deutsche Volkstrachten und Erzeugnisse des Hausgewerbes"

„ ... denn niemand kann sagen, wo die Kunst beginnt und wo die Arbeit des täglichen Lebens endet."

RUDOLF VIRCHOW, 1889

Das „Museum für deutsche Volkstrachten und Erzeugnisse des Hausgewerbes"gründete Rudolf Virchow mit Mitgliedern der Berliner Gesellschaft für Anthropologie, Ethnologie und Urgeschichte. Angeregt durch eine von Artur Hazelius in Stockholm initiierte Sammlung zur schwedischen Volkskunde, die bei der Pariser Weltausstellung 1878 großen Erfolg hatte, fasste Virchow den Entschluss, eine entsprechende deutsche Sammlung zusammenzutragen. 1888 wurde eine erste Sammlung von Trachten, Fischerei- und Flachsbearbeitungsgeräten sowie Gebrauchsgegenständen auf der Insel Rügen zusammengetragen und anschließend in Berlin im neu eröffneten Castan-Panoptikum (Friedrich- Ecke Behrenstraße) gezeigt. Aufgrund des Erfolges stellte das Preußische Kultusministerium einige Monate später sieben leer stehende Räume im Palais Creutz (Klosterstraße) zur Verfügung. Die Eröffnung des Museums fand am 27. Oktober 1889 statt.

Virchow war sehr an der Erforschung des „alten deutschen Hauses" interessiert und unternahm daher Exkursionen in verschiedene Gebiete Deutschlands, um die unterschiedlichen Haustypen auch mit der damals modernen Technik der Photographie zu dokumentieren. Zugleich erwarb er für die Ausstellung etliche Modelle von Bauernhäusern als Anschauungsobjekte. Einen Glanzpunkt des Museums bildete die Spreewald-Stube, in der mit Trachtenfiguren Szenen aus dem bäuerlichen Leben nachgestellt wurden. Das Hauptgewicht der Bestände lag auf den Trachten; beim Hausgerät überwogen die farbig dekorierten und reich geschnitzten Gegenstände der Volkskunst. Einfache Arbeitsgeräte aus Viehwirtschaft und Ackerbau waren in verhältnismäßig geringer Zahl vorhanden, weshalb Virchow dazu aufrief, derartige Objekte des Alltags besonders zu sammeln. Ihm war daran gelegen, neben die etablierte „Kunstgeschichte" die „Geschichte der Arbeit" zu setzen, sie zu erforschen und museal darzustellen: „Eine Grenze zwischen beiden giebt es nicht, denn niemand kann sagen, wo die Kunst beginnt und wo die Arbeit des täglichen Lebens endet. Die Kunst geht aus der Arbeit des Tages hervor wie die Blüthe aus einer Knospe."

Als Virchow am 13. Oktober 1891 seinen siebzigsten Geburtstag feierte, wurde ihm zu Ehren im Museum eine „Virchow-Stube" eingerichtet, in der die Geschenke von etwa vierzig Freunden des Museums ihren Platz fanden. Zwei Jahre später konnte Virchow den Bestand des Museums mit deutschen Ethnographica ergänzen, die Ulrich Jahn, unterstützt durch deutsche Banken und New Yorker Firmen, für die Weltausstellung 1893 in Chicago gesammelt hatte.

1904 wurde die Sammlung in den Verband der Königlichen Museen aufgenommen und als „Sammlung für deutsche Volkskunde" der prähistorischen Abteilung des Museums für Völkerkunde angegliedert. Aus der Sammlung, die 1934 ihre nominelle Selbständigkeit als „Museum für Deutsche Volkskunde" erhielt, entstanden nach 1945 durch die Teilung der Stadt zwei Museen. Die Bestände wurden nach der Wiedervereinigung der beiden Stadthälften mit der Europa-Abteilung des Völkerkundemuseums zusammengelegt und bilden seit 1999 das „Museum Europäischer Kulturen" der Staatlichen Museen zu Berlin. (IV)

Wiege, 1787. Holz bemalt.
Altes Land (bei Hamburg).
Museum Europäischer Kulturen SMB.
Photo: U. Franz.
Geschenk an Rudolf Virchow
anlässlich seines 70. Geburtstages.

Mangelbrett mit Rolle zum Glätten
der Wäsche, 1846. Holz bemalt.
Altes Land (bei Hamburg).
Museum Europäischer Kulturen SMB.
Photo: S. Steiß.

Links: Schwingelblatt mit Schiffsdarstellung,
1855. Holz mit farbigen Wachseinlagen. Rügen.
Museum Europäischer Kulturen SMB.
Photo: U. Franz.
Einfache Schwingelblätter dienten bei
der Flachsbearbeitung dem Entfernen der
Holzteilchen; kunstvoll verzierte Stücke
wurden zur Verlobung geschenkt und
in der Brauttruhe aufbewahrt.

Rechts: Sichte, 19. Jahrhundert
Holz und Eisen. Altes Land (bei Hamburg).
Museum Europäischer Kulturen SMB.
Photo: U. Franz.

Zwischen Charité und Reichstag
Rudolf Virchow –
Mediziner, Sammler, Politiker

Dokumentation der öffentlichen
Vortragsreihe im Berliner
Medizinhistorischen Museum der Charité
23. April bis 25. Juni 2002

Rudolf Schuster,
Rudolf Virchow mit Lupe,
um 1890. Kupferätzung.
© Volker Becker, Erlangen

Christian Andree
Rudolf Virchows Leben und Werk. Eine Chronik

1821

13. Oktober__Rudolf Ludwig Carl Virchow in Schivelbein (heute: Swidwin), Hinterpommern, geboren, erstes und einziges Kind der Eheleute Carl Christian Siegfried Virchow (1785–1865) und Johanna Maria Virchow geb. Hesse (1785–1857). Der Vater war Sohn eines Fleischermeisters in Schivelbein, zunächst kaufmännischer Lehrling, dann Handlungsdiener 1811 und 1828 Stadtkämmerer in Schivelbein. Danach Landwirt auf seiner 1 1/2 Hufe (= etwa 50 Morgen) großen Landwirtschaft. Die Ehe der Eltern ist nicht sehr glücklich gewesen. Es bestanden erhebliche Meinungsverschiedenheiten über die Führung der kleinen Landwirtschaft.

1828

Eintritt in die Stadtschule Schivelbein, gleichzeitig Privatunterricht in Griechisch, Latein und Französisch bei Geistlichen.

1835

1. Mai__Eintritt ins Gymnasium Köslin, bester Schüler mit schlechtestem Betragen, „König" der Klasse.

1839

Ostern__Reifeprüfung in Köslin. Wegen der schlechten finanziellen Verhältnisse des Vaters Bewerbung um Aufnahme in die Berliner Pépinière (Militärärztliche Akademie), deren Ausbildung fast kostenlos war. Aus ihr sind u. a. Helmholtz, Behring und andere große Naturforscher hervorgegangen. Virchow macht bei der Aufnahmeprüfung einen hervorragenden Eindruck und wird ohne weiteres angenommen.

20.–24. Oktober__In den Ferien lernt er ohne Lehrer Italienisch.

26. Oktober__Reise mit der Postkutsche von Schivelbein nach Berlin. Eintritt in die Pépinière.

1843

1. April__Unterarzt der Charité (die Charité beherbergte damals 1.036 Kranke, die von neunzehn Charité-Chirurgen versorgt wurden). Virchow ist ein begeisterter Arzt und im Gegensatz zu anderen Ärzten bei den Kranken sehr beliebt. Virchow arbeitet mit Linde chemisch und mit Robert Froriep, dem Prosektor der Charité, mikroskopisch. Ständige Finanznöte.

23. Oktober__Promotion mit der lateinischen Inauguraldissertation *De rheumate praesertim corneae*.

1844

Wird Assistent des Prosektors an der Charité, Robert Froriep.

1845

3. Mai__Erste öffentliche Rede bei der Geburtstagsfeier des Gründers der Pépinière (Gründungstag 2. August 1795): „Über das Bedürfnis und die Richtigkeit einer Medizin vom mechanischen Standpunkt". Das darin mit großer Überzeugung vorgetragene wissenschaftliche Glaubensbekenntnis Virchows erregt die Zuhörer (z. T. noch romantische Militärärzte) erheblich. Forderung Virchows nach klinischer Beobachtung, Tierexperimenten und Leichenöffnung. Das Leben unterliege allgemeinen physikalischen und chemischen Gesetzen und sei im wesentlichen Aktivität der Zelle.

2. August__Gründungstag der Pépinière. Virchow spricht über Venenentzündung und erregt damit erheblichen Widerspruch. Die in romantischen Medizinauffassungen befangenen Zuhörer, meist alte Militärärzte, lehnen sich dagegen auf, dass das Leben so ganz mechanisch konstruiert sein soll. Befürworter Virchows verteidigen ihn gegen die Anhänger des veralteten romantischen Spekulierens in der Medizin.

Sommer__Staatsexamensmeldung: Prüfung von Herbst 1845 bis Frühjahr 1846. Erste medizinische Veröffentlichung in Frorieps *Neuen Notizen*. Pläne für eigene Zeitschrift zur Verbreitung seiner Ansichten. Privatvorlesungen.
Der noch nicht fertige Arzt bemüht sich um die vakant werdende Stelle des Prosektors. Er schreibt an den Vater: „Sollte es mir gelingen diese Stellung zu erlangen, so ist mir für meine Zukunft nicht bange; die pathologische Anatomie entbehrt jeder Bearbeitung ..." Ackerknecht 1957 dazu: „Dies überwältigende Vertrauen zu sich selbst half Virchow zeitlebens. Obgleich er oft irrte und das auch wußte, blieb er scheinbar unbeirrt und behielt so

immer die Oberhand. Dem 24jährigen gelang es, selbst auf seine Gegner einen so starken Eindruck zu machen, dass sie ihn mindestens respektierten, anstatt ihn auszulachen oder zu zerbrechen." Die entscheidende Wende seiner Karriere wurde also von ihm selbst herbeigeführt, nur mittelbar durch wohlwollende Vorgesetzte.

1846
11. Mai__Als Nachfolger Frorieps Prosektor der Charité, hält Kurse für praktizierende Ärzte.

1847
April__Virchow gibt gemeinsam mit Benno Reinhardt das *Archiv für pathologische Anatomie und Physiologie und für klinische Medizin* heraus. „Der Standpunkt, den wir einzuhalten gedenken und dessen weitere Motivierung sich in dem ersten Heft vorfindet ist der einfach naturwissenschaftliche." (Aus dem Vorwort zum 1. Heft).

6. April__Virchow wird auf Antrag aus dem militärärztlichen Dienst entlassen und endgültig als Prosektor der Charité bestätigt.

6. November__Habilitation. Privatdozent (obwohl normalerweise die Zulassung erst drei Jahre nach dem Staatsexamen möglich war).

1848
18. Februar__Auftrag des Ministers der geistlichen, Unterrichts- und Medizinalangelegenheiten, Eichhorn, an Virchow, mit dem Geheimen Obermedizinalrat Dr. Barez nach Oberschlesien zu reisen, um die Verhältnisse dort zu untersuchen. Virchow soll besonders den wissenschaftlichen Charakter der dort herrschenden Flecktyphus-Epidemie klären.

20. Februar__Abreise. Erkennt, dass die Ursachen für die furchtbare Epidemie bei der polnisch-deutschen, armen, tierisch vegetierenden Mischbevölkerung in Oberschlesien, wo damals eine Hungersnot herrschte, in der Politik der preußischen Regierung begründet sind. Er empfiehlt daher nicht die ausschließliche Lieferung von Arznei und Nahrungsmitteln, sondern „volle und unumschränkte Demokratie" und „vor allem Bildung mit ihren Töchtern Freiheit und Wohlstand". (*Mitteilungen über die in Oberschlesien herrschende Typhus-Epidemie*, in: *Archiv 2*, 1849, S. 143–322).

10. März__Vorzeitige Rückkehr aus Oberschlesien, um „an den Bewegungen der Hauptstadt theilzunehmen" (Brief an den Vater).

18. März__Teilnahme an der Berliner Revolution (Friedrichstadt, Taubenstraße). „Meine Beteiligung an dem Aufstande war eine relativ unbedeutende. Ich habe einige Barrikaden bauen helfen, dann aber, da ich nur ein Pistol bekommen hatte, nicht wesentlich mehr nützen können, da die Soldaten meist in zu großer Entfernung schossen, und ein Handgemenge bei der geringen Zahl der Bürger, wenigstens an meiner Barrikade (Ecke Tauben- und Friedrichstraße) nicht möglich war. Inwiefern wir morgen eingreifen, werden wir morgen in einer Versammlung bei dem Geheimen Rat Mayer besprechen." (Brief an seinen Vater) Infolge Beteiligung an der Revolution („Wahlumtriebe" und Verteilung von Flugblättern) Auseinandersetzungen mit der preußischen Ministerialbürokratie (bis 1849). Virchow verliert freie Kost und Logis in der Charité und soll zeitweise auch die Prosektur verlieren.

10. Juli__*Die medicinische Reform*, eine Wochenschrift, hrsg. von R. Virchow und und R. Leubuscher, erscheint vom 10. Juli 1848 bis zum 29. Juni 1849. Aus dem Vorwort zum 1. Heft: „Politische Stürme von so schwerer und gewaltiger Natur, wie sie jetzt über den denkenden Theil Europas dahinbrausen, alle Theile des Staats bis in den Grund erschütternd, bezeichnen radicale Veränderungen in der allgemeinen Lebensanschauung. Die Medizin kann dabei allein nicht unberührt bleiben; eine radicale Reform ist auch bei ihr nicht mehr aufzuschieben."

1849
Ende Mai__Die Universität Würzburg schlägt Virchow wegen seiner ausgezeichneten Leistungen im Gebiet der pathologischen Anatomie für den Lehrstuhl für pathologische Anatomie vor. Die ultramontane Partei widersetzt sich der Berufung energisch beim bayerischen König. Virchow dürfe Würzburg nicht zum „Tummelplatz seiner radikalen Tendenzen" machen.

Ende August__Berufung nach Würzburg.

Ende November__Beginn der Würzburger Tätigkeit (Ordinarius mit 28 Jahren). Beginn der wissenschaftlich ergiebigen, politisch nicht aktiven Würzburger Jahre (bis 1856). Nach und nach Veröffentlichungen zur Zellularpathologie.

1850

14. August__Heirat mit Ferdinande Amalie Rosalie (genannt Rose) Mayer (29. Februar 1832– 21. Februar 1913), Tochter des Gynäkologen Geh. Sanitätsrat Dr. Karl Mayer, in der St.-Petri-Kirche zu Berlin. Der Ehe entstammen sechs Kinder.

1851

Mit Scherer und Eisenmann Herausgabe der *Jahresberichte über die Leistungen und Fortschritte der Gesammten Medizin*, später als *Virchows Jahresbericht* erschienen. Beginn der Schädeluntersuchungen von Kretins und damit seiner anthropologischen Arbeiten.

1852

Die Bayerische Staatsregierung sendet Virchow in den von Bauchtyphus und Hungersnot heimgesuchten Spessart.

6. und 13. März__Vortrag *Die Not im Spessart. Eine medizinisch-geographisch-historische Skizze.* (Verhandlungen der physikalisch-medizinischen Gesellschaft in Würzburg, Bd. 3).

1854

Das von 1854–1876 herausgegebene *Handbuch der speciellen Pathologie und Therapie*, bearbeitet von den bedeutendsten Fachgelehrten, erlangt bald Weltgeltung und wird Muster aller entsprechenden medizinischen Handbücher. Zahlreiche Studenten aus vielen Ländern kommen nach Würzburg Virchows wegen. Berühmte Schüler, u.a. Ernst Haeckel (Jena).

1855

Virchow hält in Würzburg Vorlesungen über Zellularpathologie. Sein berühmter Leitspruch: „Omnis cellula a cellula" (Alles Zellige aus Zelligem) wird erstmals ausgesprochen. Die Zellularpathologie bildet die Grundlage der modernen Medizin. Als Sitz der Krankheit wird, gegenüber allem Bisherigen, allein die Zelle erkannt.
Virchow reist zur Weltausstellung nach Paris, dort Zusammentreffen mit deutschen Revolutionsfreunden im Exil. Teilnahme am internationalen statistischen Kongreß.

1856

Gesammelte Abhandlungen zur wissenschaftlichen Medizin.

4. Juni__Verfügung des preußischen Kultusministers, von Raumer, in Berlin: „dass auf Antrag der medizin. Fakultät der hiesigen Universität mit allerhöchster Genehmigung der Professor an der Universität in Würzburg Dr. Virchow als Professor der Pathologie und Therapie an die hiesige Universität berufen ist und ihm zugleich die Funktion des Prosektors an dem Charité-Krankenhaus übertragen werden soll".

15. Oktober__Virchow wird dirigierender Arzt der Abteilung für kranke Gefangene (bis 1. Mai 1873). Bei den Berufungsverhandlungen hatte Virchow auf der Einrichtung eines eigenen pathologischen Institutsgebäudes – des ersten in Deutschland – bestanden.
Virchow begründet in seiner Berliner Tätigkeit (bis 1902) den Weltruhm der Berliner Anstalten.

1857

Virchows für die Anthropologie grundlegende Arbeit *Untersuchungen über die Entwicklung des Schädelgrundes im gesunden und krankhaften Zustande und über den Einfluß derselben auf Schädelform, Gesichtsbildung und Gehirnbau* erscheint.

1858

Erstmalige Buchveröffentlichung der Zellularpathologie: *Die Cellularpathologie in ihrer Begründung auf physiologische und pathologische Gewebelehre. Zwanzig Vorlesungen, gehalten während der Monate Februar, März und April 1858 im pathologischen Institute zu Berlin* (2. Auflage 1859, 3. Auflage 1862, 4. Auflage 1871, 5. Auflage 1893) (Vorlesungen über Pathologie 1).

16.–24. September__Teilnahme an der 34. Versammlung deutscher Naturforscher und Ärzte in Karlsruhe. Vortrag: *Über die mechanische Auffassung der Lebensvorgänge.*

1859

Auftrag der norwegischen Regierung, die Leprafrage in Norwegen zu untersuchen.

18. November__Ordentlicher Professor am Königlichen Friedrich-Wilhelm-Institut (Pépinière), aus dem er hervorgegangen war.
Wahl zum Berliner Stadtverordneten (bis zum Tode). Wiederbeginn der politischen Tätigkeit.

1860

24. Dezember__Mitglied der Wissenschaftlichen Deputation für das Preußische Medizinalwesen.

1861

9. Juni__Virchow gründet mit Theodor Mommsen, Forckenbeck, Schulze-Delitzsch, Langerhans, Franz Duncker u. a. die liberale „Deutsche Fortschrittspartei". Er wird in den Preußischen Landtag gewählt.

15. Dezember__Beginn der politischen Auseinandersetzungen mit Bismarck (Verfassungskonflikt bis 1866). Die Fortschrittspartei hat die Mehrheit im Abgeordnetenhause (140 Sitze). Ihr wichtigstes Ziel ist die Durchführung der Verfassung (Budgetrecht). Bis 1866 ist die Partei führend im Abgeordnetenhause.
Vortrag: *Goethe als Naturforscher mit besonderer Beziehung auf Schiller.*

1862

Von 1862 bis 1867 veröffentlicht Virchow *Vorlesungen über Pathologie*, 2., 3., 4. Band: *Onkologie*. Erscheint auch unter dem Titel *Die krankhaften Geschwülste. Dreißig Vorlesungen, gehalten während des Wintersemesters 1862 bis 1863.*

1863

18.–30. September__Grundlegende Arbeiten über Trichinose. Teilnahme an der 38. Versammlung deutscher Naturforscher und Ärzte in Stettin.
Vortrag: *Über den vermeintlichen Materialismus der heutigen Naturwissenschaften.*

1865

Wichtige Veröffentlichungen:
Über die nationale Entwicklung und Bedeutung der Naturwissenschaften, Über die Erziehung des Weibes für seinen Beruf.
Vorlesungen gehalten im Hörsaal des Grauen Klosters, Berlin.
Virchow wird Abgeordneter für Saarbrücken, Ottweiler und St. Wendel.

2. Juni__Virchow greift Bismarck im Preußischen Abgeordnetenhaus so scharf und geschickt an, dass dieser ihn am Tage darauf zum Duell fordert mit der Begründung, Virchow habe seine Wahrheitsliebe angezweifelt.

8. Juni__Virchow lehnt das Duell ab.
Besuch des bis dahin nicht als solchen erkannten Pfahlbaues beim Dorfe Lübtow (Pommern) am Plönefluss. Durch Funde prähistorischer Gegenstände stellt Virchow das vorgeschichtliche Alter fest. „Seit dieser Zeit war ich bemüht, sowohl in Pommern als auch in der Mark Pfahlbauten aufzusuchen. In der That hat sich eine nicht kleine Anzahl auffinden lassen." (*Zeitschrift für Ethnologie* 1, 1869, S. 403).

18.–24. September__Teilnahme an der 40. Versammlung deutscher Naturforscher und Ärzte in Hannover.
Vortrag: *Über die nationale Entwicklung und Bedeutung der Naturwissenschaften.*

1866

Juli__Aus den Parlamentswahlen, die während des sog. Preußisch-deutschen Krieges gegen Österreich stattfinden, geht Virchows Partei sehr geschwächt hervor.

September__Virchow stimmt als einer von 75 Nicht-Konformisten (gegen 230 Befürworter) gegen die Indemnitätsvorlage Bismarcks.

1869

Virchow beantragt im Preußischen Abgeordnetenhaus die Abrüstung.
Wichtige Veröffentlichungen: *Canalisation oder Abfuhr, eine hygienische Studie; Über Hospitäler und Lazarette; Die berufsmäßige Ausbildung zur Krankenpflege auch außerhalb der bestehenden kirchlichen Organisationen.*

17. November__Gründung der Berliner Gesellschaft für Anthropologie, Ethnologie und Urgeschichte. Virchow wird zum Vorsitzenden gewählt. Bis zu seinem Tode bleibt er das führende Mitglied der Gesellschaft.

1870

Im Deutsch-Französischen Krieg organisiert Virchow erstmals Lazarettzüge und reist selbst mit diesen an die Front. Auf dem Tempelhofer Feld in Berlin lässt er für die Heimkehrenden Barackenlazarette errichten.
Mitbegründer der Deutschen Gesellschaft für Anthropologie, Ethnologie und Urgeschichte.
Ab Band 2 wird Virchow Mitherausgeber der *Zeitschrift für Ethnologie* (bis 1902).
Vortrag: *Über Gesichtsurnen.*

1871

18.–24. September__Teilnahme an der 44. Versammlung deutscher Naturforscher und Ärzte in Rostock. Vortrag: *Über die Aufgaben der Naturwissenschaften in dem neuen nationalen Leben Deutschlands.*

22. September__Vorsitzender der 2. Allgemeinen Versammlung der Deutschen Gesellschaft für Anthropologie, Ethnologie und Urgeschichte in Schwerin.

1877

17.–22. September__Teilnahme an der 50. Versammlung deutscher Naturforscher und Ärzte in München. Vortrag: *Die Freiheit der Wissenschaft im modernen Staat.*
Beginn der Grabungen in Zaborowo, Kreis Bomst.

1878

12.–14. August__Teilnahme an der 9. Allgemeinen Versammlung der Deutschen Gesellschaft für Anthropologie, Ethnologie und Urgeschichte in Kiel.

1879

Gesammelte Abhandlungen aus dem Gebiet der öffentlichen Medicin und der Seuchenlehre.
Reise zu Schliemanns Ausgrabungen nach Troja.

1881

H. Schliemann schenkt dem Berliner ethnologischen Museum durch Virchows Vermittlung seine große trojanische Sammlung, die ursprünglich nach London gehen sollte.
Große Russlandreise Virchows.

13. Oktober__Feiern zum sechzigsten Geburtstag. Glückwunsch der Königlichen Charité-Direktion: „Es gereicht unserer Anstalt zur hohen Auszeichnung, einen Mann zu ihren Mitarbeitern zu zählen, der in allen Weltteilen, wo Kultur und Sinn für die Wissenschaft heimisch sind, gekannt und geschätzt wird, dessen Schüler auf zahlreichen Hochschulen als Lehrer und Forscher an der Vorbereitung und dem weiteren Ausbau der Wissenschaft thätig sind."
Glückwünsche aus dem In- und Ausland.
Prägung einer Medaille.
Geldsammlung für ein Geburtstagsgeschenk wird die Grundlage der Rudolf-Virchow-Stiftung, der Virchow bis zu seinem Tode 1902 vorsteht.

1883

Das Gräberfeld von Koban im Lande der Osseten, Kaukasus. Eine vergleichende archäologische Studie.

1884

25.–26. März__Aufenthalt in Budapest. Besuch des Ungarischen Nationalmuseums. Virchow beschäftigt sich mit prähistorischen Schläfenringen und Funden von Keszthely am Plattensee.

27. März und folgende Tage__Fahrt nach Wien. Besuch der Sammlung M. Much. Beschäftigung mit Funden aus Hallstatt, Bernhardisthal, Mondsee, Stilfried, Watsch, St. Michael in Krain, Öhringen, der Wachau, Krain, St. Margarethen, Wies, Marg, Koban. Begegnung mit Fürst Windischgrätz und Dr. Heger.

10. April__Besuch Londons, Britisches Museum, Virchow untersucht Balsamorien.

13. Mai__Virchow begrüßt im Reichstag Robert Kochs Entdeckungen. Seine kritische Haltung gegenüber unbewiesenen Theorien bleibt davon unberührt.

18.–24. September__Teilnahme an der 59. Versammlung deutscher Naturforscher und Ärzte in Berlin. Eröffnungsrede: *Über Aufgaben und Bedeutung der Versammlungen der deutschen Naturforscher und Ärzte.*

18. Dezember__Festrede bei der Eröffnung des Museums für Völkerkunde, das im wesentlichen durch Virchows Aktivität erbaut und vom Staat finanziert worden war.

1887

1. Juni__Besuch von Wilhelmshaven und Bremerhaven. Tagebuchnotiz: „In der ganzen Gegend sächsische Häuser, jedoch ohne Feuerherd."
Linguistische Studien über Ortsnamen in Nordwestdeutschland und Holland auf -ingen, -lage, -wege, -hafen, -vard usw.

21. Juni__Erstes Gutachten über den mikroskopischen Kehlkopfbefund beim Kronprinzen Friedrich Wilhelm, später Kaiser Friedrich I., mit dem Virchow auch politische Tendenzen verbinden.

1. Juli__Zweites Gutachten für den Kronprinzen.

1888

29. Januar__Erneutes (drittes) Gutachten über die aus dem Kehlkopf des späteren Kaisers Friedrich I. entfernten Fleischstücke.

15. Febr.–12. April__Ägyptenreise mit Schliemann. Griechenlandreise.

16. August__Aus einem Bericht der *Nationalzeitung*, Nr. 445: „Das pathologische Institut gehört zu den wissenschaftlichen Anstalten Berlins, deren Ruhm die ganze Welt erfüllt [...] Es ist eine direkte Schöpfung Virchows und [...] das Muster geworden nach welchem ähnliche Anstalten an fast sämtlichen Universitäten gegründet sind, es hat nicht nur bahnbrechende Arbeiten, sondern auch hervorragende Arbeiter hervorgebracht."

18.–23. September__Teilnahme an der 61. Versammlung deutscher Naturforscher und Ärzte in Köln. Vortrag: *Über künstliche Verunstaltung des Körpers*.

1889

Auf Initiative Virchows wird in Berlin, Klosterstraße 36, das zentrale „Museum für deutsche Volkstrachten und Erzeugnisse des Hausgewerbes" der Öffentlichkeit zugänglich gemacht. Es war seit 1874 von Virchow und einem Freundeskreis aufgebaut worden.

1890

Mit A. Voß gibt Virchow gemeinsam die auf seine Anregung entstandenen und durch seine Vermittlung vom preußischen Kultusministerium finanzierten *Nachrichten über deutsche Altertumsfunde* heraus (bis 1902). Ende 1903 geht die für die Prähistorie wichtige Zeitschrift wegen Streichung des Staatszuschusses ein, da niemand (kein Prähistoriker) das Ministerium politisch hätte zwingen können oder ein so großes persönliches Ansehen hatte, wie Virchow es bis zu seinem Tode geltend machen konnte.

März–April__Besuch bei H. Schliemann in Constantinopel, Troja, Bunarbaschi, Thynbra, Hissarlik.

1892

15. Oktober__Antritt des Rektorats an der Berliner Friedrich-Wilhelms-Universität. Wichtige Publikationen: *Lernen und Forschen, Crania Ethnica Americana. Sammlung auserlesener amerikanischer Schädeltypen. Zur Erinnerung an Columbus und die Entdeckung Amerikas.*

1893

3. August__Rektoratsrede: *Die Gründung der Berliner Universität und der Übergang aus dem philosophischen in das naturwissenschaftliche Zeitalter.*

21. Oktober__Goldenes Doktorjubiläum ist Anlass für große Feiern mit Glückwünschen aus vielen Ländern.

1894

Frühjahr__In London Auszeichnung mit der Copley-Medaille. Rede: *Die Stellung der Pathologie unter den biologischen Wissenschaften.*

21. April__Florenz-Aufenthalt.

15. Mai__Eigene Ausgrabungen in Gr. Wachlin (Parliner Busch) mit seiner Familie. Grabungsteilnehmer: R. Virchow sowie Frau Rose Virchow, Töchter Hanna und Marie, Sohn Hans, Schwiegersohn Eckart, Schwiegertochter Martha.

29. Dezember__Festessen zu Ehren Virchows anlässlich des Erscheinens des 150. Bandes von *Virchows Archiv* und der Fünfzigjahrfeier von Virchows Eintritt als akademischer Lehrer. Mit A. Voß und H. Sökeland Herausgabe der *Mitteilungen aus dem Museum für deutsche Volkstrachten und Erzeugnisse des Hausgewerbes zu Berlin* (bis 1902). Das Jahr über arbeitet Virchow viel an anthropologischen Fragen, z. B. an Philippinenschädeln.

1899

1. Juni__Ernennung zum Ehrenmitglied der Charité.

27. Juni__Eröffnung des pathologischen Museums der Königlichen Friedrich-Wilhelms-Universität, Berlin.

1901

13. Oktober__Achtzigster Geburtstag. Weltweite Feiern zu Ehren Virchows als „Symbol deutscher Wissenschaft", besonders in Berlin zahlreiche Glückwunschadressen, Auszeichnungen, Ernennungen und Ehrenmitgliedschaften, Ordensverleihungen. Ungebrochene Fortsetzung der Berufsarbeit als Pathologe, Anthropologe, Ethnologe, Prähistoriker, Politiker, Sozialhygieniker bis zum 4. Januar 1902.

1902

4. Januar abends__Auf dem Wege zur Versammlung der Gesellschaft für Erdkunde bricht sich Virchow den Oberschenkelhals beim Abspringen von einer Straßenbahn in der Leipziger Straße in Berlin.

30. April__Auf Einladung des Stadtrates von Teplitz Bade- und Kuraufenthalt in dem böhmischen Bad.

25. Mai__Virchow teilt aus Teplitz dem Ministerialdirektor Althoff mit, er befinde sich auf dem Wege der Besserung: „Jedenfalls liegt mir selbst viel daran, wieder in regelmäßige Arbeit zu treten."

11. August__Bericht der *Neuen Preußischen (Kreuz-) Zeitung*, Nr. 372: „Der Kranke kann das Bett wenig verlassen, schläft manchmal den ganzen Tag oder dämmert wenigstens apathisch vor sich hin. Seine körperlichen Kräfte und namentlich seine

geistige Aufnahmefähigkeit vermindern sich
dabei in gleichem Maße. Eine vollständige Wie-
derherstellung erscheint leider ausgeschlossen."
5. September__Ein Uhr mittags sanft entschlafen.
9. September__Elf Uhr vom Berliner Rathause aus
Trauerfeier und Trauerzug unter großer
Anteilnahme der gesamten Stadt und vieler
auswärtiger Delegationen. Beisetzung auf dem
Matthäi-Kirchhof, Berlin, Großgörschenstraße.

**Der Autor ist Professor für Wissen-
schafts- und Medizingeschichte an der
Julius-Maximilians-Universität zu Würzburg,
der Europa-Universität Viadrina, Frankfurt an
der Oder, und am Institut für Geschichte der
Medizin und Pharmazie der Christian-Albrechts-
Universität zu Kiel. Er ist auch Herausgeber
der Rudolf Virchow-Gesamtausgabe.**

SCHRIFTEN DES AUTORS ZU LEBEN UND WERK
VON RUDOLF VIRCHOW (AUSWAHL)

*Geschichte der Berliner Gesellschaft für Anthropologie,
Ethnologie und Urgeschichte 1869–1969*, Berlin 1969

*Rudolf Virchow als Prähistoriker. Bd. 1. Virchow
als Begründer der neueren deutschen Ur- und
Frühgeschichtswissenschaft.* Köln, Wien 1976

*Rudolf Virchow als Prähistoriker. Bd. 2.
Briefe Virchows und seiner Zeitgenossen.* Köln, Wien 1976

*Rudolf Virchow und die prähistorische Erforschung
seiner pommerschen Heimat.* In: Pommern,
Kunst, Geschichte, Volkstum 16, Hamburg 1978, 3, S. 6–10

*Rudolf Virchow – Theodor Billroth, Leben und Werk.
Katalog zur Ausstellung der Stiftung Pommern
im Rantzau-Bau des Kieler Schlosses vom
09. Juni bis 02. September 1979*, Kiel 1979

*Theodor Billroth (1829–1894) zum
150. Geburtstag.* In: Med. Welt 30 (1979), S. 1857–1862

*Über die Notwendigkeit einer Gesamtausgabe der Werke
Rudolf Virchows.* In: Werkstattgespräch „Berliner Ausgaben".
Hrsg. von Hans-Gert Roloff. Jahrbuch für Internationale
Germanistik, Reihe A (Kongreßberichte), 9 (1981), S. 41–50

*Übersicht über den Nachlaß von Emil du Bois-Reymond
(1818–1896).* In: Naturwissen und Erkenntnis im 19. Jahrhundert: Emil du Bois-Reymond. Hrsg. von Gunter Mann.
Hildesheim 1981, S. 233–243

Zum Bild des Arztes in der deutsch-sprachigen Literatur.
In: Emporium Chiloniensis. Festschrift für Gerhard Rudolph
zum 65. Geburtstag. Kiel 1982, S. 61–76

*Rudolf Virchow als Prähistoriker. Bd. 3. Register mit
Kommentaren.* Köln, Wien 1986

*Bericht über die Vorbereitungsarbeiten an der kritischen
Ausgabe sämtlicher Werke, Schriften und Briefe Rudolf
Virchows.* (Vortrag gehalten am 4. September 1986 auf dem
XXX. Internationalen Kongreß für Geschichte der Medizin in
Düsseldorf). In: XXX Congres International d'Histoire de la
Medicine. Actes. Leverkusen 1988, S. 910–917

Virchow und die Trias. In: Niedermolekulares Heparin
im Spannungsfeld von Theorie und Praxis. Report des
Symposiums in Frankfurt am Main
27. Mai 1988, S. 10–11

*Ein sensationeller Neufund: Virchows schlesisches Tagebuch
von 1848.* In: Nachr. bl. Dtsch. Ges. Gesch. Med. Naturw.
Technik 39 (1989), S. 9 (protokolliert von Josef Domes)

*Rudolf Virchow (1821–1902): „Das Interesse der Mensch-
heit verlangt von mir, dasjenige zu sagen, was mir als
wissenschaftliche Wahrheit galt." Plan einer Werkausgabe.*
In: Jahrbuch der Schlesischen Friedrichs-Wilhelm-Universität
zu Breslau XXXI/1990, S. 293–300

Heinrich Schliemann und Rudolf Virchow.
In: Heinrich Schliemann nach hundert Jahren.
Hrsg. von William M. Calder III und Justus Cobet.
Frankfurt/M. 1990, S. 256–295

*Über Griechenland und Troja, alte und junge Gelehrte,
Ehefrauen und Kinder. Briefe von Rudolf Virchow
und Heinrich Schliemann aus den Jahren 1877–1885.*
Köln, Wien 1991

Vorwort des Herausgebers.
In: Rudolf Virchow: Sämtliche Werke.
Hrsg. von Christian Andree. Bd. 4, Abt. I, Medizin. Texte zur
wissenschaftlichen Medizin aus den Jahren 1846–1850.
Bern, Berlin, Frankfurt/M., New York, Paris, Wien 1992

*Virchows Weg von Berlin nach Würzburg.
Eine heuristische Studie zu den Archivalien der Jahre
1848–1856 mit kritischer Edition und Kommentar.*
Med. Habilitationsschrift Kiel 1993, maschinengeschrieben,
unveröffentlicht (Exemplare im Institut für Geschichte der
Medizin und Pharmazie der Universität Kiel, Brunswiker
Straße 2, 24105 Kiel, sowie im Institut für Geschichte der
Medizin der Bayerischen Julius-Maximilians-Universität
Würzburg, Oberer Neubergweg 10a, 97074 Würzburg)

*Sämtliche Werke. Band 4, Abteilung I: Medizin.
Texte zur wissenschaftlichen Medizin aus den Jahren
1846–1850.* Bearbeitet von Christian Andree.
Bern, Berlin, Frankfurt/M., New York, Paris, Wien 1992

RUDOLF VIRCHOW, *Sämtliche Werke. Band 21,
Abteilung I: Medizin. Vorlesungs- und Kursnachschriften aus
Würzburg Wintersemester 1852/53 bis Sommersemester
1854.* Bearbeitet von Christian Andree. Berlin, Wien, Boston,
Edinburgh, Kopenhagen, London, Melbourne, Oxford,
Tokio 2000

RUDOLF VIRCHOW, *Sämtliche Werke. Band 30,
Abteilung II: Politik. Politische Tätigkeit im Preußischen
Abgeordnetenhaus. 28. Oktober 1861 bis 25. Januar 1864.*
Bearbeitet von Christian Andree. Bern, Berlin, Frankfurt/M.,
New York, Paris, Wien 1992

Rudolf Virchow, *Sämtliche Werke. Band 30,1
Abteilung II: Politik. Politische Tätigkeit im Preußischen
Abgeordnetenhaus. 28. Oktober 1861 bis 25. Januar 1864.
Register.* Bearbeitet von Christian Andree. Bern, Berlin,
Frankfurt/M., New York, Paris, Wien 1996

Rudolf Virchow, *Sämtliche Werke. Band 31,
Abteilung II: Politik. Politische Tätigkeit im Preußischen
Abgeordnetenhaus. 17. Januar 1865 bis 6. Februar 1867.*
Bearbeitet von Christian Andree. Bern, Berlin, Frankfurt/M.,
New York, Paris, Wien 1995

Rudolf Virchow, *Sämtliche Werke. Band 32,
Abteilung II: Politik. Politische Tätigkeit im Preußischen
Abgeordnetenhaus. 1. Mai 1867 bis 11. Februar 1870.*
Bearbeitet von Christian Andree. Bern, Berlin, Frankfurt/M.,
New York, Paris, Wien 1995

Rudolf Virchow, *Sämtliche Werke. Band 33,
Abteilung II: Politik. Politische Tätigkeit im Preußischen
Abgeordnetenhaus. 14. Februar 1870 bis 13. Dezember 1874.*
Bearbeitet von Christian Andree. Bern, Berlin, Frankfurt/M.,
New York, Paris, Wien 1997

Rudolf Virchow, *Sämtliche Werke. Band 34,
Abteilung II: Politik. Politische Tätigkeit im Preußischen
Abgeordnetenhaus. 6. Februar 1875 bis 2. März 1877.*
Bearbeitet von Christian Andree. Berlin, Wien 1999

Rudolf Virchow, *Sämtliche Werke. Band 35,
Abteilung II: Politik. Politische Tätigkeit im Preußischen
Abgeordnetenhaus. 23. Oktober 1877 bis 22. Februar 1881.*
Bearbeitet von Christian Andree. Berlin, Wien, Boston,
Edinburgh, Kopenhagen, London, Melbourne, Oxford,
Tokio 2000

Rudolf Virchow, *Sämtliche Werke. Band 36,
Abteilung II: Politik. Politische Tätigkeit im Preußischen
Abgeordnetenhaus. 24. März 1881 bis 26. April 1887.*
Bearbeitet von Christian Andree. Berlin, Wien, Boston,
Edinburgh, Kopenhagen, London, Melbourne, Oxford,
Tokio 2001

Rudolf Virchow, *Sämtliche Werke. Band 59,
Abteilung IV: Briefe. Briefwechsel mit seinen Eltern und der
Familie 1839–1864.* Zum ersten Mal vollständig vorgelegt.
Bearbeitet von Christian Andree. Berlin, Wien, Boston,
Edinburgh, Kopenhagen, London, Melbourne, Oxford,
Tokio 2000

Constantin Goschler
Rudolf Virchow und die deutsche Politik: Vom gescheiterten Revolutionär zum überforderten Honoratior

William Osler, der Anfang der 1870er Jahre bei Virchow in Berlin studiert hatte, erinnerte sich an einen Tag, an dem dieser nacheinander die Vormittagsvorlesung und -demonstration am Pathologischen Institut, einen ausführlichen Vortrag in der Berliner Stadtverordnetenversammlung über den Ausbau der Kanalisation sowie schließlich eine Rede in der Haushaltsdebatte des Preußischen Abgeordnetenhauses gehalten habe. Das Nebeneinander dieser unterschiedlichen Tätigkeiten erstaunte schon die Zeitgenossen und wurde in der Folge zu einem wesentlichen Element des Virchow-Mythos. Während jedoch die schiere Bewunderung für die Vielzahl der von Virchow übernommenen Tätigkeiten in Wissenschaft und Politik allgemein war, gingen die Meinungen über die Bewertung seiner politischen Tätigkeit weit auseinander.

Bereits zu seinen Lebzeiten galt Virchow den einen als Verkörperung der Verbindung des Liberalismus mit der Wissenschaft und den anderen als peinliches Beispiel eines dilettantischen Gelehrtenpolitikers. Nach dem Ersten Weltkrieg wurde er dann mitunter zu einem Vorkämpfer der deutschen Nationalbewegung stilisiert. Im „Dritten Reich" war er dagegen als Verfechter des nunmehr geächteten Liberalismus des bürgerlichen Zeitalters verpönt, und sein Sohn Hans fühlte sich sogar bemüßigt, den Nachweis zu führen, dass sein Vater kein Jude gewesen sei. Eine Wiederentdeckung des politischen Virchow setzte zwar schon in den 1950er Jahren mit Erwin Ackerknechts großer Virchow-Biographie ein, wobei sich Ackerknechts Konversion vom Trotzkisten zum Liberalen in seiner Bewertung deutlich niederschlug. Doch erst mit dem im Gefolge der Fischer-Kontroverse seit den 1960er Jahren erwachten neuen Interesse an der Geschichte des Deutschen Kaiserreichs, die Fragen nach Kontinuitäten und Diskontinuitäten deutscher Eliten provozierte, rückte die politische Rolle Virchows stärker in das Rampenlicht. Dabei wurde er gerne als rühmliche Ausnahme in einem zunehmend illiberalen Umfeld hervorgehoben. In der DDR interessierte dagegen vor allem der frühe, radikale Virchow in der Revolution von 1848, dessen demokratisch-liberale Tradition man zu vereinnahmen suchte. Der bürgerlich-liberale Geheimrat Virchow der späteren Jahre wiederum galt als Beispiel für einen Rückfall in kleinbürgerlichen Konservatismus.

Die folgende knappe Skizze möchte nun keine Schilderung der nahezu unüberschaubaren politischen Aktivitäten Virchows geben, zu denen neben seinem frühen revolutionären Engagement vor allem seine langjährige Tätigkeit in der Berliner Stadtverordnetenversammlung, im Preußischen Abgeordnetenhaus sowie im Deutschen Reichstag gehören. Vielmehr soll versucht werden, diese in den historischen Zusammenhang der liberalen Gelehrtenpolitik einzuordnen und an seinem Beispiel zugleich die Veränderungen und auch die Grenzen des politischen Engagements von Naturwissenschaftlern im 19. Jahrhundert zu erörtern. Und zugleich soll gezeigt werden, in welcher Weise Virchow in jenes liberale Milieu verwoben war, das in der zweiten Hälfte des 19. Jahrhunderts in Berlin eine dominierende Stellung besaß.

Die Politisierung Virchows begann in den 1840er Jahren während seines Studiums bzw. in seiner Zeit als Assistenzarzt in Berlin. Neben dem in der preußischen Residenzstadt immer mehr um sich greifenden Krisengefühl im Vorfeld der Revolution von 1848 trug dazu vor allem auch seine damalige soziale Selbsteinschätzung als „Proletarier der Geistesarbeit" (W. H. Riehl) bei. Als entscheidenden politischen Anstoß bezeichnete Virchow schließlich selbst seine Auseinandersetzung mit der Typhusepidemie in Oberschlesien 1846/47. Als der preußische Kultusminister Eichhorn am Vorabend der Revolution eine ärztliche Untersuchungskommission einsetzte, um dem zunehmenden Druck der öffentlichen Meinung und insbesondere des „ärztlichen Publicums" zu begegnen, ernannte er Virchow zu einem der beiden Mitglieder, die die Verhältnisse an Ort und Stelle studieren sollten. Virchows Abschlussbericht über die oberschlesische Typhus-Epidemie, den er im Sommer 1848 vorlegte, war eine hart formulierte Anklageschrift gegen preußische Bürokratie und katholische Hierarchie. Dabei sprach er von der Warte des sich im Besitze universaler Wahrheit wähnenden Naturwissenschaftlers. Wie für viele Naturwissenschaftler

und Ärzte diente die Revolution auch für Virchow als Herausforderung, wissenschaftliche Theorie in Praxis zu überführen und naturwissenschaftliche Autorität auf die Erklärung und Gestaltung gesellschaftlicher Vorgänge anzuwenden. So stürzte er sich 1848/49 neben seiner wissenschaftlichen Tätigkeit intensiv in die Politik, wobei seine politischen und wissenschaftlichen Aktivitäten oftmals unmittelbar ineinander übergingen.

Nach seiner Rückkehr aus Oberschlesien nach Berlin am 10. März war Virchow bald in die revolutionäre Bewegung hineingeraten, die dort eines ihrer Zentren besaß. Virchow konkretisierte und radikalisierte während der Revolution seine zuvor noch unklaren politischen Vorstellungen: Hatte er sich im Vormärz noch als Mitglied einer diffusen „Partei des Fortschritts" betrachtet, so engagierte er sich nunmehr bei den radikalen Demokraten. Seine politischen Auffassungen bündelte Virchow in der griffigen Formulierung des badischen demokratischen Abgeordneten Gustav von Struve: „Wohlstand, Bildung und Freiheit für Alle!", die er auch als Lösung für die Probleme Oberschlesiens propagierte.

Virchows Bedeutung für die demokratische Bewegung während der Revolution liegt nicht in originellen Beiträgen zur politischen Theorie. Dagegen spielte er auf lokaler Ebene in Berlin eine wichtige Rolle für den politischen Parteibildungsprozess, der während der Revolution vor allem von den Demokraten vorangetrieben wurde. Vor allem entwickelte er sich zu einem Virtuosen der neuen politischen Öffentlichkeit in der aufgewühlten Residenzstadt. Die erforderlichen Instrumente – Organisation und Finanzierung politischer Vereinigungen, Herstellung von Publizität durch Flugschriften und Zeitungen sowie schließlich den Kampf um politische Mehrheiten bei öffentlichen Veranstaltungen und Abstimmungen – beherrschte er dabei mit großer Meisterschaft.

Virchow wurde bei den am 1. Mai 1848 stattfindenden Urwahlen für die Preußische und die Deutsche Nationalversammlung im 87. Berliner Wahlbezirk zum Wahlmann gewählt. Ein ihm im September angetragenes Mandat als Abgeordneter des thüringischen Kreises Ziegenrück für die Preußische Nationalversammlung musste er dagegen ablehnen, da er das erforderliche passive Wahlalter von 30 Jahren noch nicht erreicht hatte. Er beteiligte sich auch an den Anstrengungen zum Aufbau einer „Demokratischen Partei". Doch grenzte sich Virchow, der sich selbst auf der äußersten linken Seite des preußischen parlamentarischen Spektrums einordnete, gegen die sozialistischen und kommunistischen Forderungen ab, die vor allem im außerparlamentarischen Raum der Arbeiterbewegung erstarkten.

Zugleich engagierte sich Virchow im Revolutionsjahr für die Hochschul- und die Medizinalreform. Seine Ideen zur Medizinalreform knüpften unmittelbar an das 1847 erschienene Werk des zwei Jahre älteren Berliner Arztes und Hygienikers Salomon Neumann über *Die öffentliche Gesundheitspflege und das Eigenthum* an, dessen Gedankengänge er sich teils wörtlich zu eigen machte. So erklärte Virchow, dass die Ärzte als die „natürlichen Anwälte der Armen", in deren Jurisdiktion die soziale Frage zu einem erheblichen Teil falle, zugleich eine Art von Vormundschaft für diese übernehmen sollten. Mit diesem medizinischen Paternalismus hob er schließlich die Differenz zwischen der Medizin als einer „socialen Wissenschaft" und der Politik gänzlich auf und erklärte im November 1848, die Politik sei „weiter nichts, als Medicin im Großen." Damit dehnte Virchow nach dem Ausbruch der Revolution nicht allein den Autoritätsanspruch der naturwissenschaftlichen Medizin auf die ganze Gesellschaft aus, sondern verband ihn zugleich mit demokratischen Gesellschaftskonzeptionen. Am 1. Mai 1848 schrieb er seinem Vater: „Als Naturforscher kann ich nur Republikaner sein, denn die Verwirklichungen der Forderungen, welche die Naturgesetze bedingen, welche aus der Natur hervorgehen, ist nur in der republikanischen Staatsform wirklich ausführbar."

Ende Februar 1849 geriet Virchow in die Mühlen der zunehmenden politischen Repression in Preußen: Kultusminister Ladenberg leitete ein politisches Untersuchungsverfahren gegen ihn ein, und unter starkem Druck der konservativen Öffentlichkeit, die ihr Sprachrohr in der *Kreuzzeitung* besaß, verfügte er schließlich Virchows Entlassung aus seiner Stelle als Prosektor an der Berliner Charité. Das Kultusministerium und ebenso die Direktion der Charité waren jedoch prinzipiell an Virchows Verbleib interessiert und suchten deshalb nach einer Lösung. Dazu wurde schließlich eine von Virchow unterzeichnete Erklärung ausgehandelt, die von ihm politische Zurückhaltung forderte und seine berufliche Stellung schmälerte, ohne sie jedoch zu vernichten. Einen für beide Seiten ehrenhaften Ausgang aus dem Konflikt ermöglichte schließlich die zum Wintersemester 1849/50 erfolgte Berufung Virchows nach Würzburg als ordentlicher Professor für pathologische Anatomie, in deren Folge er Berlin für einige Jahre verließ.

Sein Beispiel unterscheidet sich von der Behandlung vieler anderer, die mit erheblich härteren Verfolgungsmaßnahmen rechnen mussten. Virchow dagegen behandelte die preußische Bürokratie als „irrenden Sohn", und Ernst Hirschfeld hatte Recht, wenn er statt der verbreiteten Märtyrerlegende von der „Absetzung" Virchows von einer „Mattsetzung" sprach. Zu den Gründen dieser relativ milden Behandlung gehört gewiss in erster Linie die damals schon vorhandene Einschätzung seines hohen Wertes für die übergeordneten Ziele der preußischen Hochschulpolitik. Doch wurde dieser Kompromiss anscheinend auch dadurch ermöglicht, dass bei der Verfolgung „staatsgefährdender" politischer Meinungen eine Übergangsphase eingesetzt hatte: Die dem Absolutismus zu Grunde liegende „Aufspaltung des Menschen in den ‚Menschen' und den ‚Staatsbürger'" (Reinhart Koselleck) wirkte noch fort und ließ sich in derartigen Auseinandersetzungen aktualisieren. Im Zeichen solcher Dualität war allein der Besitz derartiger Überzeugungen als solcher noch nicht verfolgungswürdig, solange der Untertan seiner Gehorsamspflicht genügte.

Aus dem Versuch, die Wissenschaft in die Politik zu überführen, der am Anfang der Revolution gestanden hatte, war bei Virchow nunmehr die Sehnsucht geworden, sich aus der Politik wieder in die schützenden Arme der Wissenschaft zu flüchten. Diese galt ihm, anders als die Politik, als ein Ort der Vernunft und kompromisslosen Suche nach „Wahrheit". So zog er sich im Verlauf des Frühjahrs 1849, während er sich gleichzeitig um die Verteidigung seiner Stellung als Prosektor und um die Beseitigung der Hürden für eine Berufung nach Würzburg kümmern musste, weitgehend aus der aktiven politischen Betätigung in seine wissenschaftliche Arbeit zurück. Seine Zweifel am Sinn des Lebens, die ihn in dieser Phase quälten und ihm sogar den Gedanken an Selbstmord aufzwangen, erstreckten sich gleichermaßen auf seine politischen Hoffnungen wie auf seine wissenschaftliche Arbeit. Der Rückzug aus der politischen und standespolitischen Tätigkeit erschien ihm damit auch als Befreiung. Im Gegensatz zu vielen anderen seiner Generation und auch manchem seiner Freunde wählte Virchow nicht das Exil, sondern die innere Emigration. Angesichts seiner pessimistischen Erwartungen beschäftigte ihn in der nach der Revolution in ganz Europa herrschenden Ära der Reaktion auch der Gedanke der Auswanderung.

Bei alldem darf die Bedeutung der nachmärzlichen Repressionswelle nicht unterschätzt werden.

So war Virchow in Würzburg als Demokrat und Protestant doppelt verdächtig, und mehrfach wurde er in Bayern zum Gegenstand gegen ihn gerichteter Kampagnen. Virchow hielt dort an seinen früheren politischen Ansichten fest, wenngleich er diese in einer von Misstrauen und Bespitzelung geprägten Atmosphäre verbergen musste. Seit Mitte der 1850er Jahre wuchs jedoch unter den führenden Demokraten wieder die Bereitschaft, sich am parlamentarischen Leben zu beteiligen. Dafür war vor allem der Beginn der sogenannten „Neuen Ära" in Preußen 1858 ausschlaggebend. Im Zuge der Ende der 1850er Jahre einsetzenden Lockerung der Unterdrückung der oppositionellen Vereine und Presse entfaltete sich wieder eine politische Öffentlichkeit. Zugleich bildeten sich nunmehr neue politische Organisationen, an denen sich vor allem Demokraten und Liberale aktiv beteiligten.

Die Rückkehr der Demokraten in die Politik seit 1858 stand programmatisch und organisatorisch im Zeichen einer Annäherung an die Liberalen. Unter dem Eindruck des italienischen Krieges sowie der wachsenden Unzufriedenheit mit der innen- und außenpolitischen Entwicklung in Preußen im Zeichen der „Neuen Ära" formierte sich 1859 in ganz Deutschland eine liberale Nationalbewegung. Zugleich stieg der Reformdruck innerhalb Preußens. In dieser Situation erfolgte auch Virchows Wiedereinstieg in die Politik.

Dabei schloss er sich zunächst der im Zuge des liberalen Aufschwungs Ende der 1850er Jahre gegründeten Terbusch-Gesellschaft an, die spöttisch auch „Die Vorsehung" genannt wurde. Dabei handelte es sich um die nach ihrem Stammlokal benannte liberale Fraktion der Stadtverordnetenversammlung, an der unter anderem so prominente Liberale wie Viktor von Unruh, Karl Twesten, Franz Duncker, Adalbert Delbrück, Loewe-Calbe und Heinrich Eduard Kochhann beteiligt waren. Aus dieser Fraktion bildete sich zudem ein kleinerer informeller Zirkel, wo im privaten Kreis staatliche und kommunalpolitische Fragen besprochen wurden. Ende 1859 wurde Virchow auf Vorschlag Salomon Neumanns ohne eigenes Zutun und Wissen in die Berliner Stadtverordnetenversammlung gewählt, während er sich gerade auf einer Auslandsreise in Norwegen befand. Gleichzeitig begann er sich in der Berliner Lokalgruppe des Nationalvereins zu engagieren.

Virchow hatte seine Rückkehr in die Politik zunächst mit seinem Interesse an der Verbesserung des Berliner Schulwesens begründet, und dies wurde auch zu einem seiner zentralen politischen Tätigkeitsfelder. Zusammen mit anderen Mitgliedern der „Vorsehung" wie dem jüdischen Armenarzt Salomon Neumann und dem mit ihm befreundeten Arzt Paul Langerhans unternahm er bald erste Vorstöße auf dem Gebiet der Stadthygiene, die einen weiteren Schwerpunkt seiner kommunalpolitischen Tätigkeit bilden sollte. Eine seiner ersten Aktionen in der Berliner Stadtverordnetenversammlung zielte auf die Rückkehr zur Städteordnung von 1808 und die Abschaffung der zwischenzeitig erfolgten rechtlichen Einschränkungen, vor allem des Dreiklassenwahlrechts. Bis Anfang der 1870er Jahre kämpfte Virchow auch im Preußischen Abgeordnetenhaus für weitestmögliche kommunale Selbstverwaltung, ein demokratisches kommunales Wahlrecht sowie für die Einführung des Reichstagswahlrechts bei den Landtagswahlen, doch machte er später mehr und mehr Konzessionen an den politischen Selbsterhaltungstrieb der von der Demokratisierung des Wahlrechts bedrohten Liberalen.

Viele Angehörige des engeren Führungskreis der Berliner Lokalgruppe des Nationalvereins, darunter neben Virchow Viktor von Unruh, Franz Duncker und Werner Siemens, unterzeichneten auch das am 6. Juni 1861 verabschiedete Wahlprogramm der Deutschen Fortschrittspartei. Der Wiedereinstieg Virchows in die Politik seit Ende der 1850er Jahre beruhte also zunächst auf einem politischen Kompromiss mit dem Liberalismus, den er während der Revolution noch als Gegner bekämpft hatte. Dies bedeutete jedoch nicht allein die Veränderung seiner politischen Ideen, sondern auch seines Selbstverständnisses als Politiker. Dabei konkurrierten unterschiedliche Politikmodelle auf der kommunalen Ebene und auf der Ebene der Landesbzw. später der Reichspolitik. Doch kreuzten sich diese verschiedenen politischen Handlungsebenen alle in Berlin.

Die seit den 1860er Jahren bestehende kulturelle Hegemonie des Fortschrittsliberalismus in Berlin stützte sich nicht nur auf die starke liberale Presse, sondern auch auf ein dichtes liberales Vereinsnetz, das durch den Ende der 1850er Jahre einsetzenden Wiederaufbau der seit 1849 zerschlagenen politischen Vereine entstanden war. Während dabei anfänglich breite Bevölkerungsgruppen integriert werden konnten, blieb es zugleich beim honoratiorenpolitischen Modell, bei dem bürgerliche Führer die Leitung dieser Vereine übernahmen. Die Mehrzahl dieser Vereine, an denen Virchow aufgrund seines Prestiges vielfach an herausgehobener Stelle mitarbeitete, dienten der bürgerlichen Bildungs- und Sozialreform. Dazu gehörten etwa der von Virchow 1866 mitgegründete Verein der Berliner Volksküchen oder der von ihm seit Mitte der 1880er Jahre präsidierte Verein für die Errichtung des Kaiserin-und-Kaiser-Friedrich-Kinderkrankenhauses. Eine liberale Domäne war auch der 1866 gegründete Berliner Hülfsverein für die deutschen Armeen im Felde, in dem neben Virchow auch Karl Twesten, Werner Siemens und Viktor von Unruh mitwirkten. Diese Vereine spielten eine wichtige Rolle für das liberale Konzept einer Selbstorganisation der bürgerlichen Gesellschaft, die zugleich auch die Lösung der sozialen Frage bewältigen sollte. Doch litt die liberale Vereinslandschaft nach der Reichsgründung zunehmend unter der sinkenden Anziehungskraft des Linksliberalismus auf die nachwachsenden Generationen.

Anfang der 1860er Jahre hatte es noch den Anschein, als ob dem Fortschrittsliberalismus an allen politischen Fronten der Durchbruch gelingen sollte. Freilich wurde dabei die Bedeutung der den liberalen Erfolgen zu Grunde liegenden Kombination von Dreiklassen-Wahlrecht und niedriger Wahlbeteiligung ignoriert. Während die preußische Landtagsfraktion ihren Stimmenanteil in dicht aufeinander folgenden Wahlen mehr und mehr ausbauen konnte, gelang es der liberalen Stadtratsfraktion in Berlin, der auch Virchow angehörte, dort 1862 die liberale Wende auch auf kommunaler Ebene durchzusetzen. Als Berlin schließlich im Kaiserreich zu einer der städtischen Refugien des Liberalismus in einer zunehmend illiberalen politischen Umwelt wurde, führte dies auch zu Angriffen. So versuchte 1881 Otto von Bismarck im Reichstag am Gegenstand der Mietsteuer die liberale Politik in der deutschen Reichshauptstadt als unsozial zu brandmarken und erklärte: „Ja, ich glaube, es ist eine weltbekannte Sache, daß in Berlin der Fortschritt regiert, ein fortschrittlicher Ring die Stadt beherrscht, der gar nicht zu durchbrechen ist". Solche Angriffe auf die Vorherrschaft des Liberalismus in Berlin verbanden sich zunehmend auch mit antisemitischen Attacken, in denen Fortschrittsliberalismus und Judentum gleichgesetzt wurden.

Virchow dagegen erklärte die Stadt zu einem Schaufenster des Liberalismus. Dies begründete er insbesondere mit dem Verweis auf die beeindruckenden Erfolge der Stadtsanierung. Gegen die Angriffe Bismarcks und anderer gewandt erklärte Virchow 1881 im Reichstag: „Für uns ist dieses Berliner Stadtregiment die eigentliche Quelle unseres Ruhmes."

Die intensive Beschäftigung Virchows mit Kommunalpolitik führte bereits bei seinen Zeitgenossen zu gegensätzlichen Bewertungen. Aber auch Virchow selbst schwankte zwischen der Einschätzung, wonach Kommunalpolitik eine entscheidende Ebene liberalen politischen Handelns darstelle, und der Auffassung, dass es sich hierbei gar nicht um Politik im eigentlichen Sinne handle. Doch gehört dieses Paradox zum Wesen des liberalen kommunalpolitischen Verständnisses, dessen Kern die Auffassung von Kommunalpolitik als „unpolitischer Politik" bildete.

Das Modell einer städtischen, liberalen Honoratiorenpolitik geriet jedoch im Kaiserreich im Gefolge der Entstehung eines „politischen Massenmarktes", der die strukturellen Bedingungen auch von Kommunalpolitik tiefgreifend veränderte, in eine Krise. Nicht einmal mehr in Hochburgen wie Berlin waren die Liberalen ihrer bisherigen Stimmanteile sicher. In Kommunalwahlen bzw. den Wahlen zum Preußischen Abgeordnetenhaus, in denen das – die Bezieher höherer Einkommen privilegierende – Dreiklassenwahlrecht galt, blieb Berlin zwar eine Hochburg des Linksliberalismus. Bei den nach dem allgemeinen und gleichen Männerwahlrecht abgehaltenen Reichstagswahlen jedoch entwickelte sich die Sozialdemokratie bereits seit Anfang der 1870er Jahre zu einer ernsthaften Konkurrenz.

Die veränderte politische Lage erzwang zugleich Veränderungen des politischen Stils. So mussten liberale Honoratioren wie Virchow seit Anfang der 1880er Jahre auch bei der Auseinandersetzung um Stadtverordnetensitze mit Flugblättern und öffentlichen Wahlveranstaltungen um Wählerstimmen kämpfen, während Virchow, wie erwähnt, 1859 noch gewählt werden konnte, ohne überhaupt von seiner Kandidatur erfahren zu haben. Zu der Anfang der 1880er Jahre einsetzenden Modernisierung des Wahlkampfstils gehörten auch Versuche der Charismatisierung Virchows. Als liberale Führergestalt sollte er sozusagen zu einem Anti-Bismarck aufgebaut werden. Dies bot sich insofern an, als Virchow seit der Duell-Affäre in der Öffentlichkeit zu einem liberal-bürgerlichen Gegenmodell zu Bismarck geworden war.

Ein wichtiges Element einer solchen charismatischen Stilisierung waren die „Virchow-Lieder", die seither ein wichtiges Element seiner öffentlichen politischen Auftritte bildeten. So wurde 1881 eine Wahlkampfveranstaltung im Berliner „Tivoli" mit einem zur Melodie des Deutschland-Liedes

Zum 18. October.

(9 Uhr Vormittags bis 5 Uhr Nachmittags.)

Bezirksgenossen!

Nur durch die geringe Betheiligung der liberalen Wähler haben wir im November 1882 in der dritten Abtheilung eine uns tief beschämende Niederlage erlitten.

Diese Scharte muß glänzend ausgewetzt werden!

Dazu ist nur nöthig, daß **jeder Liberale am Donnerstag zur Wahl komme** und unseren hochgeachteten Mitbürger

Geh.=Rath Professor Dr. Virchow

wähle.

Rudolf **Virchow**, dieser gefeierte Name, weit über Deutschlands Gauen hinaus vom besten Klange, seit vielen Jahren Stadtverordneter, muß **mit überwältigender Majorität** gewählt werden.

Wer **nicht** will, daß unsere Schulen einem starren, unduldsamen Muckerthum überantwortet werden sollen, der wähle

Virchow!

Wer **nicht** will, daß unsere musterhaft geordnete Finanzverwaltung großsprecherischen Strebern ausgeliefert werden soll, welche nur **unhaltbare Versprechungen** im Munde führen, der wähle

Virchow!

Wer dem schmachvollen Treiben einer Clique, welche die Eintracht in der Bürgerschaft zu untergraben und Haß und Neid zu säen sucht, ein rasches Ende bereitet sehen will, der wähle

Virchow!

Wer die gegenwärtige, **von aller Welt** anerkannte Entwickelung unserer großen schönen Stadt, ihre Gesundheitsverhältnisse, die Ordnung im Verkehr, die vom **freisinnigsten** Geiste beseelte Selbstverwaltung erhalten sehen will, muß

Donnerstag unseren Mitbürger und Bezirksgenossen **Professor Virchow** zum **Stadtverordneten** wählen.

Thue **jeder** Liberale seine Pflicht, dann werden wir siegen!

Das liberale Wahlkomité III. Abtheilung,

7. Wahlbezirk (Stadtbezirke 45—50).

Beckmann,	**Bilgmann,**	**Ebel sen.,**	**Goetz,**	**Knust sen.,**
Schuhmacher-Meister.	Maler-Mstr.	Instrumentenmacher.	Buchhändler.	Heilgehilfe.

Roeder,	**Dr. Witz,**	**Zelter,**
Klempner-Meister.	pr. Arzt.	Kaufmann.

Druck und Verlag der „Volks-Zeitung", Act.-Ges. in Berlin.

Flugblatt, verlegt und gedruckt bei der *Berliner Volks-Zeitung*, zu den Wahlen zur Berliner Stadtverordnetenversammlung am 18. Oktober 1883. Archiv der Berlin-Brandenburgischen Akademie der Wissenschaften, Nachlass Virchow

gesungenen Virchow-Lied eröffnet: „Auf zum Kampf, denn überwunden / Sei der Feinde dichte Zahl / Virchow, Sieger über Alle / Über Alle bei der Wahl". Als er bei einer ähnlichen Gelegenheit mit einem Virchow-Lied zu den Klängen des Hoferliedes und mit Heilrufen gefeiert wurde, kritisierten dies bereits manche Zeitgenossen als problematischen „Autoritätskultus und Verhimmelung". Allerdings eignete sich Virchow ohnehin schlecht zum politischen Charismatiker. Zum einen, weil er kein mitreißender Redner war – er sprach mit leiser, oft unverständlicher Stimme. Hinzu kam, dass die für eine solche Entwicklung erforderliche charismatische Situation nicht gegeben war.

Seit den 1880er Jahren gelang es der Fortschrittspartei und ihren Vertretern in Berlin immer weniger, ihre Selbststilisierung als eine über den gegensätzlichen Klasseninteressen stehende politische Kraft aufrechtzuerhalten. Auf kommunaler Ebene wurden die bisherigen Strukturen der Honoratiorenpolitik zudem von der zunehmenden Professionalisierung und Bürokratisierung der städtischen Verwaltung sowie der Zentralisierung der Entscheidungsgewalt bei den Bürgermeistern betroffen. Diese Entwicklungen untergruben das bislang gültige Leitbild des städtischen Ehrenamtes, das die Stadtverwaltung in die Hände von Amateuren gelegt hatte. Virchow stellte dabei gewissermaßen eine Übergangsgestalt dar, als er das politische Honoratiorenmodell der städtischen Selbstverwaltung mit seinen spezifischen professionellen Kompetenzen zu Fragen der Stadthygiene, Gesundheit und Bildung verbinden konnte.

Dabei verkörperte er die Verbindung des Honoratiors und des modernen Experten. Der Bereich, in dem er agierte, umfaßte von der Einführung der städtischen Fleischbeschau über Planung und Bau des Schlachthofes, der Kanalisation, von Kranken- und Irrenhäusern, Obdachlosenasylen, Schulen, Museen usw. ein breites Spektrum vor allem wiederum von Angelegenheiten der Gesundheitspolitik und Bildung. Dabei verfocht er seine Ziele zum einen mit Hilfe seiner Einbindung in das soziale Netzwerk liberaler Honoratioren. So war etwa der von 1863 bis 1872 amtierende Berliner Oberbürgermeister Karl Theodor Seydel Virchows Schwager, und auch sonst kam es zu engen Verknüpfungen von politischen und freundschaftlichen bzw. familiären Beziehungen. Hinzu trat jedoch hier wie in anderen politischen Gremien von Anfang an als ein entscheidender Faktor Virchows naturwissenschaftliche Expertenautorität. Mit ihrer Hilfe gelang

es ihm wiederholt, den Ausschlag bei politischen Auseinandersetzung zu geben. Das Musterbeispiel dafür bildet die Entscheidung des jahrelangen Konflikts um Abfuhr oder Kanalisation in Berlin, die er schließlich durch ein von ihm erstelltes wissenschaftliches Gutachten herbeiführte.

Einem Berliner Publikum erklärte Virchow 1889 in einer Wahlrede, daß es zwar keine spezifisch liberale Art und Weise gebe, Straßen zu pflastern und Krankenhäuser zu bauen; Liberale solle man indessen wählen, da sie die Lebensqualität verbesserten. Virchow gebührt ohne Zweifel das Verdienst, die Lebensqualität vor allem Berlins erheblich gesteigert zu haben, auch wenn man dies als „liberale Reform von oben" ansehen mag. Demokratisierung der Lebenschancen besaß für ihn jedoch Priorität gegenüber der Demokratisierung der politischen Teilhabechancen.

Neben seiner kommunalpolitischen Tätigkeit war Virchow jahrzehntelang auch preußischer Landtagsabgeordneter. Bei den Wahlen zum Preußischen Abgeordnetenhaus im Dezember 1861 gehörte Virchow zu den erfolgreichsten Kandidaten der Fortschrittspartei und war – wie neben ihm nur noch drei andere – gleich in drei Wahlkreisen gewählt worden. Er entschied sich für das saarländische Mandat im Wahlkreis Saarbrücken/Ottweiler/St. Wendel und konnte dieses auch 1866 noch einmal erringen. Nach dem Verlust seines saarländischen Wahlkreises akzeptierte Virchow 1867 dann das Mandat im dritten Berliner Wahlbezirk, den er bis 1902 regelmäßig wiedergewann.

Bereits seit den frühen 1860er Jahren vertrat Virchow ein „modernes" Konzept von Wahlagitation und politischer Öffentlichkeit. So ließ sich im August 1862 die von den Fortschrittsliberalen beherrschte Budgetkommission des Preußischen Abgeordnetenhauses, in dem neben Virchow auch Franz Duncker, Heinrich von Sybel, Max von Forckenbeck und Karl Twesten Mitglied waren, photographieren. Dabei ging es bereits darum, das Medium der Photographie als politisches Instrument zu nutzen, wie Virchows Kommentar an seine Frau verrät: „Es ist ein Gesamtbild gemacht worden, das nach Aussage des Photographen sehr gelungen sei: Ist das richtig, so muß es viel Absatz finden."

Diese Episode fiel in die Zeit des preußischen Verfassungskonflikts, bei dem in der ersten Hälfte der 1860er Jahre um die Frage des parlamentarischen Budgetrechts für den Militäretat gerungen wurde. Virchow war dabei einer der Protagonisten dieser gegen ein zentrales Element der monarchischen Macht gerichteten Forderung. Neben seiner Bedeutung für die verfassungspolitische Entwicklung Deutschlands trug der Konflikt auch zum Klärungsprozess im Rollenverständnis des modernen Parlamentariers bei. Die Überlastung mit Aufgaben führte Virchow bereits im Oktober 1862 in einem privaten Brief zu weitreichenden Schlussfolgerungen: „Aber eines

Die Budgetkommission des Preußischen Abgeordneten-hauses im Sommer 1862. (Rudolf Virchow stehend, 3. v. l.) Aus: L. Parisius, *Leopold Freiherr von Hoverbeck,* **Berlin 1897–1900**

ist mir klar geworden, was ich bis dahin bezweifelte, nämlich daß sich praktische Politik u. praktische Wissenschaft auf die Dauer nicht vereinigen lassen u. daß mir nur die Wahl der einen oder der anderen bleibt." Bereits im Verfassungskonflikt stieß das liberale Modell der Honoratiorenpolitik somit an seine Grenzen. Mehrfach führte dies dazu, dass Virchow zumindest im privaten Kreis seinen politischen Rückzug ankündigte. Doch gab schließlich sein politisches Pflichtgefühl den Ausschlag dafür, sich weiter politisch zu engagieren. Die Verpflichtung zu öffentlicher politischer Tätigkeit bildete damit bei ihm noch Teil seiner bürgerlichen Identität, auch wenn ihm die daraus resultierende zeitliche Belastung oft unerträglich schien.

Angebote, auch für den Reichstag zu kandidieren, lehnte Virchow aus zeitlichen Gründen immer wieder ab. Dies galt vor allem, solange sein starkes Engagement im preußischen Kulturkampf in den 1870er Jahren seine politischen Kräfte band. Schließlich war es aber die von dem konservativ-antisemitischen Hofprediger Adolf Stoecker ausgehende politische Bedrohung, die seinen Widerstand gegen eine Reichstagskandidatur erlahmen ließ. Virchow wurde von seinen Parteienfreunden bedrängt, den bedrohten Berliner Wahlkreis für die Liberalen zu retten und nahm die Herausforderung schließlich aus politischem Pflichtgefühl an. Dabei

litt er freilich unter der zunehmenden Verschärfung des Wahlkampfstils, die bei dieser Konkurrenz besonders scharf zu Tage trat. Virchow artikulierte damit zugleich eine neuartige Erfahrung, die für politische Abgeordnetenkarrieren von größter Bedeutung war. Wie er einem unbekannten Korrespondenzpartner mitteilte, begann „der überschwängliche Parlamentarismus des Fürsten Bismarck [...], den politischen Eifer zu schwächen und den Vorrath an Politikern zu erschöpfen."

Damit wies Virchow auf einen wichtigen Nebeneffekt der Parlamentarisierung des Deutschen Reiches hin, der die insgesamt noch kaum professionalisierte Fortschrittspartei empfindlich traf: Die verstärkten personellen und sachlichen Anforderungen ließen sich aus dem begrenzten Reservoir an bürgerlichen Honoratioren, die wie Virchow Politik meist als Nebenberuf betrieben, immer schwerer erfüllen. Das honoratiorenpolitische Modell blieb zwar bis zum Ersten Weltkrieg Grundlage der liberalen Politik nicht nur auf kommunaler, sondern auch auf der Ebene der Landes- und Reichspolitik. Doch zeigten sich schon viel früher die Grenzen der Funktionsfähigkeit dieses Politikmodells. Dass Virchow seine parlamentarische Tätigkeit auf Drängen seiner Partei durch die Übernahme eines Berliner Reichstagsmandats 1880 sogar noch ausweitete, hatte deshalb neben der konkreten Bedrohung, die durch die Gegenkandidatur Stoeckers aufgetreten war, vor allem mit dem – aufgrund der nachlassenden Attraktivität der Linksliberalen für den politischen Nachwuchs entstandenen – Mangel an geeigneten Kräften zu tun. Neben der zeitlichen Belastung spielte hier auch die Empfindung mit, dass Ton und Stil der politischen Aktivität nicht mehr länger mit dem Selbstverständnis einer respektablen bürgerlichen Existenz verträglich waren.

Zwischen den 1840er Jahren und der Jahrhundertwende hatte sich die Bedeutung von Wissenschaftlern in der Politik somit erheblich verändert. Insgesamt zeigt sich ein Bedeutungsverlust jener Gelehrtenpolitik, die im 19. Jahrhundert lange eine wichtige Rolle gespielt hatte. Doch scheint dieser Bedeutungsverlust die Geistes- und die Naturwissenschaften in unterschiedlicher Weise tangiert zu haben: Dies zeigt etwa die Gegenüberstellung Theodor Mommsens und Rudolf Virchows, deren jeweils um 1900 gezogene Lebensbilanz gänzlich unterschiedlich ausfiel: Beschwor der Althistoriker Mommsen in seinem berühmten „politischen Testament" die Unmöglichkeit, ein Bürger zu sein, formulierte Virchow dagegen 1901 anlässlich der

Feierlichkeiten zu seinem 80. Geburtstag die Erfolgsbilanz eines selbstzufriedenen Citoyens. Und während Mommsen klagte, seine politischen Kämpfe vergeblich geführt zu haben, war Virchow bis zuletzt stolz darauf, sich gerade in einer Verbindung von Wissenschaft und Politik selbst verwirklichen zu können. Dieser Unterschied beruhte vermutlich nicht zuletzt darauf, dass sich der naturwissenschaftliche Gelehrtenpolitiker Virchow anders als sein langjähriger politischer Kampfgefährte Mommsen auch auf seine naturwissenschaftliche und medizinische Expertenrolle stützen konnte, wodurch er eine technokratische Form der Macht ausübte.

Auch wenn Virchow so auf der Ebene des preußischen Staates bzw. des Deutschen Reiches keine stolze Erfolgsbilanz ziehen konnte, blickte er am Ende seines langen Lebens doch auf zahlreiche politische Erfolge zurück, die das Gesicht der größten Stadt des Deutschen Kaiserreichs maßgeblich geprägt hatten: von der Kanalisation über Schlachthöfe, Markthallen bis zu Krankenhäusern und Schulen sowie vielem anderen mehr, das zur modernen urbanen Infrastruktur gehört. Damit ist Virchow nicht nur ein Beispiel für die Veränderungen der Gelehrtenpolitik im 19. Jahrhundert, sondern auch für die Veränderungen des Liberalismus, der sein Regenerationspotential an der Jahrhundertwende wesentlich jenseits traditioneller Politikformen besaß und sich durch die Entfaltung neuer politischer Handlungsformen auszeichnete.

Der Autor ist Privatdozent am Institut für Geschichtswissenschaften der Humboldt-Universität zu Berlin.

LITERATUR

ACKERKNECHT, ERWIN H., *Rudolf Virchow. Arzt, Politiker, Anthropologe*, Stuttgart 1957 (zuerst engl.: Madison, Univ. of Wisconsin Press, 1953)

BAUER, ARNOLD, *Rudolf Virchow – der politische Arzt*, Berlin 1982

BIEFANG, ANDREAS, *Politisches Bürgertum in Deutschland 1857–1868. Nationale Organisation und Eliten*, Düsseldorf 1994

BOYD, BYRON A., *Rudolf Virchow. The Scientist as Citizen*, New York/London 1991

CHRISTA KIRSTEN U. KURT ZEISLER (HRSG.), *Die medicinische Reform. Eine Wochenzeitschrift, erschienen vom 10. Juli 1848 bis zum 29. Juni 1849*, Berlin 1983

GOSCHLER, CONSTANTIN, *Naturwissenschaft, Liberalismus und die Kultur des Fortschritts. Eine biographische Studie über Rudolf Virchow*, Habilitationsschrift Humboldt-Universität zu Berlin 2001

GOSCHLER, CONSTANTIN, *Rudolf Virchow als politischer Gelehrter: Naturwissenschaftlicher Professorenliberalismus?* In: Jahrbuch zur Liberalismusforschung 9 (1997), S. 53–82

HACHTMANN, RÜDIGER, *Berlin 1848. Eine Politik- und Gesellschaftsgeschichte der Revolution*, Bonn 1997

KOSELLECK, REINHART, *Kritik und Krise. Eine Studie zur Pathogenese der bürgerlichen Welt (1959)*, Frankfurt a. M. 1997

LANGEWIESCHE, DIETER, *Liberalismus in Deutschland*, Frankfurt a. M. 1988

SHEEHAN, JAMES J., *Der deutsche Liberalismus. Von den Anfängen im 18. Jahrhundert bis zum Ersten Weltkrieg 1770–1914*, München 1983

VIRCHOW, RUDOLF, *Briefe an seine Eltern 1839–1864*, hrsg. v. Marie Rabl, Leipzig 1906

VIRCHOW, RUDOLF, *Mitteilungen über die in Oberschlesien herrschende Typhus-Epidemie*, Berlin 1848, Nachdruck: Rudolf Virchow. Sämtliche Werke, Bd. I/4, S. 357–482

WEBER, MAX, *Politik als Beruf*, in: ders., Gesammelte Politische Schriften, hrsg. v. Johannes Winckelmann, Tübingen 1988, S. 505–560

WINTER, KURT, *Rudolf Virchow*, Leipzig/Jena 1956

Manuel Frey

Kanalisation oder Abfuhr?
Gedanken zum Hintergrund
einer Berliner Debatte um 1870

Rationalisierung und Mechanisierung

Die Risiken des Industrialisierungs- und Urbanisierungsprozesses, besonders das Problem der Wasserversorgung und der Abfallentsorgung, waren in der zweiten Hälfte des 19. Jahrhunderts in allen europäischen Großstädten augenfällig. In Berlin wurde die Frage der Entwässerung besonders ausführlich diskutiert. Die Stadt hatte um 1870 ca. 800.000 Einwohner. Dazu kamen etwa 25.000 Pferde. Das bedeutete eine enorme Menge an menschlichen und tierischen Exkrementen, die täglich aus der Stadt geschafft werden mußten. Das Problem wurde noch verschärft, weil durch die seit 1852 bestehende Wasserleitung große Mengen Wasser in den Stadtkörper hineingepumpt wurden. Jedem Einsichtigen mußte klar sein, dass der angestiegene Wasserverbrauch zu einer Überlastung der bestehenden Kanäle führen würde.

Die Abwässer aus den Wasserclosets, von denen in Berlin im Jahr 1865 nach Schätzungen bereits 10.000 Stück existierten, ergossen sich in die offenen Rinnsteine der Straßen oder in die Hinterhöfe der Häuser und gelangten so ins Grundwasser oder in die Spree, aus der sich wiederum ein Großteil der Stadtbevölkerung mit Wasser versorgte. Dieser Fluß war, anders als etwa der Main oder der Rhein, nach Ansicht der meisten Experten wegen zu geringer Aufnahmekapazität und Fließgeschwindigkeit zur Einleitung von Abwässern ungeeignet.

Angesichts dieser verwickelten Problemlage klingt die ironische Bemerkung des Frankfurter Sozialhygienikers und liberalen Kommunalpolitikers Georg Varrentrapp (einem eifrigen Befürworter der Schwemmkanalisation und Mitstreiter Virchows) aus dem Jahr 1869, dass in Berlin „radicale Abhülfe dringendstes Erfordernis ist, zu der man aber vor lauter weisem Streite nicht gelangen kann", eher ungerecht. Dies vor allem deshalb, weil der Streit

zwischen Befürwortern und Gegnern der Schwemmkanalisation in Frankfurt vielleicht nicht so lange dauerte wie in Berlin, aber mindestens ebenso heftig tobte. Auch im Ausland wurde der Verlauf des Streites sorgsam beobachtet. Viel beachtet wurde in Berlin ein Satz, der angeblich in der Londoner *Times* zu lesen war, dass nämlich die Berliner nicht eher einen Kanal zu sehen bekommen würden, bis eine Seuche ein paar preußische Prinzen hinweggerafft habe.

Die Debatte um die von Virchow so genannte Kernfrage: „Kanalisation oder Abfuhr?", unterirdische Schwemmkanalisation oder oberirdisches Abfuhrsystem, spielte sich vor dem Hintergrund moralischer, politischer und naturwissenschaftlicher Weichenstellungen ab, die das Denken und Handeln der beteiligten Menschen prägten. Virchow nahm in dieser Debatte eine Schlüsselposition ein. Als liberaler Politiker, als renommierter Naturwissenschaftler, als angesehener Bürger besaßen seine Worte Gewicht auch beim nichtspezialisierten Publikum, wenn er auch zunächst keineswegs alle Skeptiker überzeugen konnte. Am 5. August 1875 schrieb Theodor Fontane an seine Frau Emilie: „Mit Hilfe der Kanalisation, zu der ich nun mal schlechterdings kein Vertrauen habe, werden wir im Sterbe-Prozentsatz immer höher rücken."

Die Länge und Intensität der Debatte zeigt auch, dass es hierbei, über nationalökonomische und sanitäre Erwägungen hinaus, um zwei Kernbereiche bürgerlichen Selbstverständnisses ging: um die Rationalisierung und Mechanisierung des individuellen und des kollektiven Körpers als Folge des Aufstiegs der Physiologie in der Industriegesellschaft und um die damit verbundene Verwissenschaftlichung des Körpers und seines urbanen Umfelds. Dieser Rationalisierungprozeß verlief im Zeitraum zwischen 1780 und 1870 in zwei Entwicklungsschritten. Zunächst hatte zu Anfang des 19. Jahrhunderts das normative Grundmuster der Reinlichkeit den medizinischen Experten (erinnert sei hier nur an Christoph Wilhelm Hufeland und seine *Nöthige Erinnerung an die Bäder*, 1790) die Möglichkeit geboten, ein neues Bild vom gesunden, leistungs- und arbeitsfähigen Körper durchzusetzen.

In der zweiten Phase, seit 1850, begann sich das Interesse der Experten vom individuellen Körper auf den Stadtraum zu verlagern. Nun wurden in den Großstädten mit enormen Aufwand an personellen und finanziellen Ressourcen Systeme der Wasserversorgung und Abwasserentsorgung geplant und schrittweise verwirklicht. Diese zweite Stufe der

Rationalisierung und Mechanisierung des Stadtkörpers blieb, anders als die Propagierung und Durchsetzung eines neuen Reinlichkeitsbegriffs im Bürgertum, nicht unwidersprochen. Zwei unterschiedliche Formen von Rationalität existierten nebeneinander. Die Folge waren handfeste Interessenkonflikte. Anhand der Debatte um Kanalisation oder Abfuhr lassen sich exemplarisch zum einen die Bruchstellen zwischen der Bürgergesellschaft in den großen Städten und dem agrarisch geprägten Umland, zum anderen der Gegensatz zwischen liberalem Fortschrittsglauben und konservativem Ordnungsdenken aufzeigen. Ausgehend von diesen Überlegungen geht es im folgenden um zwei Schwerpunkte der Debatte: die Konflikte zwischen Liberalismus und Konservativismus und die Konflikte zwischen Stadt und Land. Virchows Position steht dabei im Zentrum.

Virchow hatte 1869 nach reiflicher Abwägung des Für und Wider den Standpunkt eingenommen, „dass wir für die grossen Städte und speciell für Berlin das Schwemmsystem werden annehmen müssen." Warum er so argumentierte, ist aus der Vielzahl von Tabellen und Zahlenkolonnen der verschiedenen Deputationsberichte und Denkschriften allein nicht herauszulesen. Betrachtet man die Expertendebatte über Kanalisation und Abfuhr unter dem Aspekt übergeordneter politisch-sozialer Weichenstellungen, dann zeigt sich die Abhängigkeit der Entscheidungsträger von bürgerlichen Wertvorstellungen, vom naturwissenschaftlichen Erkenntnisfortschritt und von parteipolitischen Zielen.

Das Wassercloset als Instrument des Liberalismus – Der Kehrichteimer als Waffe der Konservativen?

Rudolf Virchow war von 1859 bis 1902 Mitglied der Berliner Stadtverordnetenversammlung und von 1862 bis 1867 Mitglied des Preußischen Abgeordnetenhauses für die von ihm mitbegründete Deutsche Fortschrittspartei. Man muss sich, wenn man von Virchows politischem Engagement spricht, die soziale Heterogenität der Fortschrittspartei vergegenwärtigen. Deren Abgeordnete waren mehrheitlich bildungsbürgerliche Protagonisten des liberalen Rechtsstaates, Akademiker im Staatsdienst und in freien Berufen. Bis zur großen Krise des politischen Liberalismus in den 1870er Jahren konnten sie sich auf ein breites städtisches Wählerpotential vom Großagrarier bis zum Arbeiter aus Bildungsvereinen stützen. Der „Fortschritt" war also eine Mischung aus Volks- und Honoratiorenpartei. Zusätzlich war die Partei geprägt von permanenten Spannungen zwischen dem nationalen und dem liberalen Flügel.

Weil die Gesundheit in der zweiten Hälfte des 19. Jahrhunderts „einen Leitwert (bildete), der auch über kontroverse politische Standpunkte hinweg konsensfähig war," konnte für die von auseinander strebenden Interessen geprägte Fortschrittspartei Virchows Versuch, einen Konsens zwischen den Kanalisations- und den Abfuhrbefürwortern herzustellen, zumindest zeitweise ein Integrationsfaktor sein. In einem unter Virchows Leitung erstellten Deputationsbericht von 1873 hatte er nämlich die Ansicht vertreten, dass hinsichtlich der Frage „Kanalisation oder Abfuhr?" schon die Fragestellung unzulässig sei. Eine Lösung des Problems sei nur möglich, wenn man zwei verschiedene, jedoch untrennbar miteinander verbundene Forderungen berücksichtige: erstens die Ableitung unreiner Flüssigkeiten und zweitens die Beseitigung unreiner Feststoffe aus der Stadt. Die Verbindung von Kanalisation und Abfuhr sei „für alle Zeiten eine unumgängliche Notwendigkeit", schrieb Virchow.

Im Ergebnis ist es vor allem seiner Initiative zu verdanken, dass Berlin als eine der ersten europäischen Großstädte eine Kanalisation mit zentraler Wasserversorgung und -entsorgung erhielt. In Virchows Argumentation zeigt sich aber auch deutlich das zwiespältige Verhältnis, in dem die deutschen Liberalen zum Staat standen. Zum einen ist hier der Schutz des Individuums und seiner Privatsphäre gegen die Vertreter der staatlichen Macht zu

nennen. Der Liberale Virchow stritt für die Einführung von Wasserclosets und Schwemmkanälen, weil so „das Bedürfniss einer Hauscontrole auf ein Minimum herabgebracht wird. Welches Heer von Polizeibeamten würde dazu gehören, eine genügende Hauscontrole über die Ausführung der Abfuhr zu handhaben!" Und wenige Jahre später, 1873, hieß es: „Soll die Polizei in alle Wohnungen eindringen, um nachzusehen, ob desinficirt wird? Und woran soll sie ersehen, ob es regelmäßig geschieht?"

Anzeige für Sanitäts-Artikel. Aus: *Gesundheits-Ingenieur*, ca. 1875. Archiv der Berlin-Brandenburgischen Akademie der Wissenschaften, Nachlass Virchow

Die bloße Vorstellung einer Einschränkung der Privatsphäre war Virchow unerträglich. Es ging ihm ums liberale Prinzip, um den Schutz des Individuums gegen das Informationsbedürfnis der Behörden. Dagegen schien ihm die moderne Sanitärtechnik die Freiheitsrechte des Einzelnen zu garantieren: Zum Lob des Wasserclosets hatte Virchow 1873 in seinem Bericht geschrieben: „Das Wassercloset bedarf keiner Überwachung; es arbeitet ganz von selbst regelmässig." Hier werden die seit dem späten 18. Jahrhundert geforderten Bürgertugenden der rationalen Lebensführung auf den parteipolitischen Nenner des liberalen Selbstverständnisses gebracht und auf ein technisches Gerät übertragen: Selbstständigkeit, Regelmäßigkeit, Arbeitsamkeit. Dahinter steht der liberale Glaube, daß die Zukunft den Fortschritt zu Freiheit und Vernunft bringen werde.

Oder suchten die von Choleraepidemien verunsicherten Stadtbürger Halt und Sicherheit in einer Technik, die ihnen die allseitige Entfaltung ihrer Möglichkeiten garantieren sollte? Wurde hier das eigene Handeln gemäß der Logik des Industriezeitalters an eine Maschine delegiert? Ein Zitat von Virchows Kollegen Varrentrapp legt dies nahe. Der hatte 1868 über die wechselseitige Abhängigkeit des Baus von Wasserleitungen und der unaufhaltsamen Zunahme häuslicher Hygienemöbel, darunter vor allem der Wasserclosets im städtischen Bürgertum, geschrieben: „Wo reichliche Wasserversorgung der Stadt eingerichtet wird, kommen übrigens die Wasserclosete von selbst, man mag sie wollen oder nicht". Er folgerte weitsichtig, daß sich in der Wasserclosetfrage die ganze Kanalisationsfrage verberge. Wenn nach liberalem Selbstverständnis jeder Bürger das Recht hat, sich eines Wasserclosets zu bedienen, dann ist die Forderung nach Einrichtung einer Schwemmkanalisation die logische Konsequenz.

Und dann ist da, zweitens, der Reformstaat als Bundesgenosse im absichtsvoll vorangetriebenen Prozess der Mechanisierung und Rationalisierung der bürgerlichen Gesellschaft. Der Staat erscheint aus liberaler Perspektive als Agent der Modernität, des Fortschritts, der Freiheit. Denn für Virchow geht es, wie für die Mehrzahl seiner Mitstreiter in der Fortschrittspartei, nicht mehr ohne den Staat: Am Anfang seines Deputationsberichts beeilte er sich lobend zu erwähnen, dass die Regierung einen Großteil der Untersuchungskosten übernommen habe. Nicht nur habe er deshalb mit Fug und Recht einen Vertreter in die Deputation entsandt, sondern für Virchow ist es von besonderer Wichtigkeit, „dass die Deputation in ihren Auffassungen sich

mit diesem Vertreter in Übereinstimmung befindet." Großprojekte wie die Kanalisation brauchen die Unterstützung des Staates, daran besteht für ihn gar kein Zweifel. Der Staat soll nach Virchows Vorstellung Moderator sein, für Schutz und Gesundheit der Bevölkerung sorgen, aber nicht im Privatbereich der Bürger herumschnüffeln.

Die Gegner Virchows stellten dem von den liberalen Kanalisationsfreunden propagierten Wassercloset das sogenannte „Erdcloset" gegenüber. Diese phantasievollen Konstruktionen verdienten heute über einen gewissen Kuriositätswert hinaus kaum Aufmerksamkeit, wenn sich nicht zum einen in der Verbindung von Reinlichkeit und Häuslichkeit das im Hintergrund wirkende bürgerliche Tugendmuster Reinlichkeit zeigte, und wenn nicht zum anderen die zentrale Frage der Hygienisierung der Städte, nämlich die Frage nach Kanalisation oder Abfuhr, auf der Ebene privater Hygienemöbel abgebildet würde. Die Verfechter der Trockenclosets waren überzeugte Gegner jeder Form der Kanalisation, gleich ob es sich um Grubensysteme, Rieselfelder oder Schwemmkanalisation handelte und verfochten stattdessen die Gebote der Sparsamkeit und Werterhaltung durch Düngerproduktion.

Virchow argumentierte, dass das Erdcloset zwar auf dem Land durchaus am Platz, in den großen Städten aber nicht anwendbar sei, schon deshalb, weil Wasserclosets komfortabler seien und man sie nicht verbieten könne. Auch sein Kollege Varrentrapp meinte, dass Erdclosets und das damit verbundene Abfuhrsystem auf lange Sicht zu teuer und außerdem unhygienisch seien. „Für den Ackerbau mag der Nachtstuhl wünschenswert sein, für unsere städtischen Verhältnisse ist er als Ersatz aller sonstigen Einrichtungen unanständig, für unsere socialen Verhältnisse (Herrschaft wie Dienstboten) unthunlich", schrieb Varrentrapp.

Die Einrichtung von Erdclosets verlangte ein Maß an Beschäftigung mit den eigenen Exkrementen, die der nahezu vollständigen Tabuisierung der Körperverrichtungen im Bürgertum widersprach. War es doch gerade das Grundprinzip des Wasserclosets, die Exkremente unsichtbar zu machen und automatisch verschwinden zu lassen. Das Erdcloset machte stattdessen die Exkremente sichtbar und, wichtiger noch, es stand der Idee der Rationalisierung und Mechanisierung entgegen, es entsprach nicht dem Geist der Zeit.

Das Erdcloset war nicht nur Bestandteil eines heute kaum mehr bekannten Systems der städtischen Abfallbeseitigung, sondern es war auch Teil einer konservativen Weltsicht. Das Festhalten der Gegner Virchows am Abfuhrsystem hatte zwangsläufig die zunehmende Regulierung und Überwachung zur Folge. Der Berliner Architekt Crelle hatte bereits 1842 argumentiert, die Einrichtung eines Abfuhrsystems sei einfach und billig, für die Einhaltung der Regeln würden schon die Berliner Polizeibehörden sorgen: „Es darf nämlich nur streng darauf gehalten werden." In einer 1866 erschienenen Denkschrift forderte der Berliner Polizeiarzt Friedrich Behrend, Stadtverordneter und Mitglied der Deputation zur Kanalisierungsfrage, ganz im Sinn Crelles die Schaffung eines „genau regulierten und sorgsam überwachten Abfuhrsystems".

Hinter dieser Argumentation zeigt sich ein rückwärtsgewandtes Politikverständnis. Gemeint ist das frühneuzeitliche Modell der „guten Ordnung" oder auch der „guten Polizey". Dieses Ordnungsmodell war das getreue Abbild der Sozial- und Machtstrukturen in der frühneuzeitlichen Stadt gewesen. Die christliche Obrigkeit oder die „gute Polizey" hatte nach dieser Vorstellung für das materielle und sittliche Wohl der Untertanen zu sorgen. Ihre Kontrollbefugnis erstreckte sich auch auf den Bereich dessen, was nach späterem liberalen Verständnis zur „Privatsphäre" gehörte: das bürgerliche Heim und seine Bewohner. Die polizeiliche Überwachung sowohl der Straßen als auch der Wohnungen der Einwohner diente auch der Darstellung obrigkeitlicher Gewalt.

Hier ist unschwer das Prinzip der Ordnung durch Disziplinierung zu erkennen. Der Staat ist nicht dazu da, die bürgerlichen Freiheitsrechte zu garantieren, sondern dazu, Unordnung zu verhindern. Vor diesem gedanklichen Hintergrund konnten die geforderten „Polizei-Maßregeln" nach dem Verständnis der Abfuhrbefürworter den Hausbesitzern wohl zugemutet werden, da die Polizei schließlich in deren eigenem Interesse handle. Nach der Vorstellung der Konservativen mussten die uneinsichtigen Bürger nötigenfalls zu ihrem Glück gezwungen werden.

Stadt – Land – Fluß: Vom Kreislauf der Krafterhaltung im Maschinenzeitalter

In der *Norddeutschen Landwirthschaftlichen Zeitung* hieß es 1869 in einem Bericht über die Verhandlungen des Berliner Vereins der Landwirthe knapp: „Zur Canalisation gehört viel Capital, aber wenig Verstand". Das Zitat zeigt einerseits, welchen Grad an Polemik die Debatte mittlerweile erreicht hatte, andererseits aber auch den schwer überbrückbaren Gegensatz von landwirtschaftlichem Profitinteresse und Sozialhygiene. In Berlin war dieser Gegensatz besonders ausgeprägt. In einer Sitzung der Stadtverordneten vom 3. März 1873 argumentierte der Rittergutsbesitzer und Landesbauinspektor Otto Roeder aus Lichtenberg in Anwesenheit Virchows, es sei „zwischen Stadt und Land […] in wenigen Gegenden der Welt so wenig Connex, so wenig gegenseitiger Austausch, so wenig Verbindung, wie zwischen Berlin und der Umgegend. Es liegt ja in der Natur der Sache: die Gegend ist schlecht, Niemand interessiert sich für die Natur, die sich, sandig wie sie ist, eigentlich nicht bewältigen läßt, die communistisch ist und sagt, heute ist meines deines und morgen ist deines meines, dann fliegt uns der Sand um die Ohren, und wir haben eine trübselige Arbeit."

Roeder war Mitgesellschafter der „Hertha", einer 1863 gegründeten, mäßig florierenden Aktiengesellschaft zur Verwertung von Dungstoffen. Auch andere prominente Gegner Virchows, etwa der preußische Regierungsbeamte Carl von Salviati, waren Mitgesellschafter und deshalb schon aus persönlichem finanziellen Interesse Gegner der Schwemmkanalisation. Man war von der Rentabilität des Abfuhrsystems überzeugt und führte die hohen Kosten der Kanalisierung, daneben auch gesundheitliche und nationalökonomische Gründe ins Feld. 1868 wurde ein weiterer Versuch unternommen, in Berlin ein rentables Abfuhrsystem zu etablieren. Die „Gesellschaft für Desinfection und Abfuhr" wurde als „Commandit-Gesellschaft auf Actien" mit einem stattlichen Grundkapital von 150.000 Talern gegründet.

Rudolf Virchow und seine Mitstreiter hatten dagegen für diese „übertriebene Vorstellung von der Höhe des Werthes, welchen menschlicher Koth und menschlicher Harn besitzen" nur kaum verhohlenen Spott übrig. Weil menschliche Exkremente unverkäuflich seien, könne auch ein geregeltes, auf privatwirtschaftlicher Basis aufgebautes Abfuhrsystem nicht funktionieren, argumentierten sie. Die fehlgeschlagenen Projekte, mit der Abfuhr von Dungstoffen reich zu werden, gaben ihnen Recht. Virchow resümierte 1869: „Wenigstens sind in dieser Richtung alle praktischen Versuche der neueren Zeit gescheitert." Nach seiner Ansicht sollte der Staat beziehungsweise die Kommune für die anfallenden Kosten der Abfuhr aufkommen.

Ein weiteres Argument der Gegner der Schwemmkanalisation war jedoch schwerer zu entkräften. Es lautete, dass die Kanalisation mit Wasserclosets „der Landwirtschaft den von dieser notwendig verlangten höchst werthvollen Dungstoff" durch die Einleitung in Flüsse entziehe. Mächtigen Aufwind bekam das Argument der Werterhaltung durch den Aufstieg der Physiologie zur Leitwissenschaft im 19. Jahrhundert. In seinem Gutachten von 1873 bezog sich Virchow auf die durch den Chemiker Justus von Liebig „populär gewordene Besorgnis vor einer Verarmung der Felder an Alkalien und Phosphorsäure."

Virchow wußte genau, dass Liebigs Wort nicht nur unter Experten, sondern auch in weiten Teilen der Bevölkerung Gewicht hatte. Den Befürwortern der Kanalisation gelang es schließlich, Liebig auf ihre Seite zu ziehen. Der Chemiker stimmte dem Schwemmkanalisationssystem jedoch nur zu, wenn die Wasserversorgung gesichert sei und wenn die Exkremente nicht in die Flüsse geleitet, sondern als Dünger auf die Felder verbracht werden. Liebig war überzeugt, so äußerte er sich 1866 brieflich gegenüber Varrentrapp, „dass nach einer Reihe von Jahren der Kanalinhalt, in dieser Weise verwendet, der Stadt ein nicht unerhebliches Einkommen abwerfen wird."

Wissenschaftshistorisch steht hinter dieser Meinung das von Liebig in seiner Schrift *Die organische Chemie in Anwendung auf Physiologie und Pathologie* (1842) favorisierte Konzept des Stoffwechsels durch die Umwandlung von Nahrungsmitteln, dem auch Virchow zustimmte. Auf eine einfache Formel gebracht hieß das: Der Bauer bringt Lebensmittel in die Stadt und erhält dafür Dünger vom Bürger. Liebigs durchweg anwendungsorientierte Publikationen zielten auf die Krafterhaltung beim Menschen und in der Natur. Das zu Grunde liegende Dogma hatte er in seinen *Chemischen Briefen* aufgestellt: „Die Cultur ist die Ökonomie der Kraft: die Wissenschaft lehrt uns die einfachsten Mittel erkennen, um mit dem geringsten Aufwand von Kraft den grössten Effect zu erzielen." Das seinen agrikulturchemischen Schriften zu Grunde liegende Denkmuster hieß: Maximierung des Wirkungsgrads bei sparsamstem Mitteleinsatz. Man hat darin jüngst in der historischen Forschung eine „arbeits- und effizienzorientierte Mentalität industriöser Männlichkeit" gesehen, die auf die Herstellung idealer Kreislaufprozesse ziele.

Das Konzept Schwemmkanalisation ließ sich überhaupt nur durchsetzen, weil es ihren Verfechtern Virchow und Varrentrapp gelang, es als Kreislaufmodell zu formulieren. Die Vorstellung vom Wasser als Kraft und vom Schmutz als Widerstand, der durch Arbeitsleistung überwunden wird, passte sich vorzüglich in

die von Physiologen wie Liebig vertretenen mechanistischen Vorstellungsweisen ein. Die Abfuhrbefürworter hatten dem nichts entgegenzusetzen. Sie argumentierten mit Sparsamkeit statt mit Krafterspamis. Es fehlte gewissermaßen der moderne, fortschrittsorientierte Pfiff durch die Anbindung an die industrielle Arbeitsgesellschaft. Die Kanalisationsgegner boten, kurz gesagt, Manufaktur statt Fabrik.

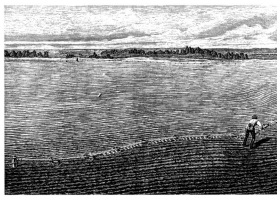

Kanalisations-Werbematerial, ca. 1880: Berieselung des aufgepflügten Feldes. Archiv der Berlin-Brandenburgischen Akademie der Wissenschaften, Nachlass Virchow

Noch etwas kam hinzu: Das physiologische Kernargument der Erhöhung der Leistungsfähigkeit und Arbeitsamkeit erlaubte den Anschluß an diätetische Konzepte um 1800 und damit an die mittlerweile fest in der bürgerlichen Vorstellungswelt verankerten Hygieneregeln. Die Verknüpfung von Reinlichkeit und Arbeitsamkeit war eines der zentralen Elemente in der ersten Phase des Hygienisierungsprozesses gewesen. Nun konnte dieses Element problemlos auf die neuen großtechnischen Projekte übertragen werden.

In das Kreislaufmodell konnte die Schwemmkanalisation jedoch nur dann eingebunden werden, wenn die Abwässer auf Rieselfelder gelangten und nicht in die Flüsse eingeleitet wurden. Virchow fand es „höchst bedenklich", die Abwässer einfach in die Flüsse einzuleiten, wie Varrentrapp dies wollte. Allerdings war sein verhaltenes Plädoyer für eine testweise Inbetriebnahme von Rieselfeldern ein Zugeständnis an die Kanalisationsgegner. Im Prinzip war er der Meinung, dass die schlechten Erfahrungen, die man in England mit den verschmutzten Flüssen gemacht hatte, nicht einfach auf Deutschland übertragbar seien. Für Berlin glaubte er durch Augenschein feststellen zu können, „dass selbst junge Fische, die doch sehr empfindlich sind, in sehr verunreinigtem Wasser ganz gut gedeihen."

Virchow hoffte auf die Verteilung und Verdünnung der Schadstoffe in den Flüssen, die im Zeichen der herrschenden Fortschrittsgläubigkeit vom Trinkwasserlieferanten zu „Vorflutern" degradiert wurden. Er bewegte sich damit auf der Linie des preußischen Medizinalpolizisten Albert Magnus, der in seiner Untersuchung der Wasserqualität der Spree bereits im Jahr 1840 zu dem Schluß gelangt war, dass die Einleitung von Abfallstoffen nur unter gewissen Umständen und zu gewissen Zeiten Gesundheitsgefahren berge.

Heute wird man der Ansicht des großen Sozialhygienikers nur mehr bedingt folgen wollen. Der hohe Wasserbedarf und die kostspielige Klärung der Abwässer bilden gegenwärtig vor dem Hintergrund einer sich abzeichnenden weltweiten Trinkwasserverknappung die große Hypothek der im 19. Jahrhundert durchgesetzten Entwässerungskonzepte. Auch wenn sich die Befürworter der Schwemmkanalisation, von wenigen Ausnahmen abgesehen, zunächst nur in den Großstädten Hamburg, Frankfurt am Main und Berlin durchsetzen konnten, schritt die Einführung der Schwemmkanalisation langsam, aber unaufhaltsam voran. In ganz Deutschland verfügten im Jahr 1892 von 564 Städten mit mehr als 5.000 Einwohnern ganze 18 Städte über Anlagen zur Schwemmkanalisation, der Rest der Kommunen war mit dem hygienisch bedenklichen, herkömmlichen Grubensystem, seltener mit dem moderneren Tonnensystem ausgerüstet. Heute wird man, geleitet von der Idee des nachhaltigen Wirtschaftens, die damals von den Experten vertretene Vorstellung der Abfallsammlung und getrennten Abfuhr nicht mehr ohne weiteres mit dem Etikett „konservativ" versehen wollen.

Für Virchow und seine liberalen Zeitgenossen schien dagegen das System der Schwemmkanalisation, ausgehend nicht nur von finanziellen und hygienischen Argumenten, sondern mehr noch von der Idee der individuellen Selbstbestimmung und des menschenwürdigen Zusammenlebens in der modernen Stadtgesellschaft, der vernünftigste und damit der einzig gangbare Weg, Gesundheit, Politik und Moral in Einklang zu bringen.

Der Autor ist Historiker und wissenschaftlicher Mitarbeiter am Deutschen Hygiene-Museum, Dresden.

LITERATUR

THOMAS BAUER, *Im Bauch der Stadt. Kanalisation und Hygiene in Frankfurt am Main vom 16. bis zum 19. Jahrhundert*, Frankfurt/M. 1998

FRIEDRICH J. BEHREND, *Die Kanalisierung der Stadt Berlin in gesundheitlicher Beziehung*, Berlin 1866

RUDOLF BENEKE, *Von Virchows Bedeutung für die öffentliche Gesundheitspflege und Wohlfahrt*, Deutsche Medizinische Wochenschrift 47, 1921, S. 1192–1195

A. L. CRELLE, *Ueber die Mittel und die nöthigen Bauwerke zur Reinigung der Städte und zur Versorgung derselben mit Wasser; mit besonderer Rücksicht auf die Stadt Berlin, als Beispiel*, Berlin 1842

MANUEL FREY, *Der reinliche Bürger. Entstehung und Verbreitung bürgerlicher Tugenden in Deutschland, 1760–1860*, Göttingen 1997

ALBERT MAGNUS, *Ueber das Flusswasser und die Cloaquen grösserer Städte*, Berlin 1841

ANSON RABINBACH, *Körpermaschinen und Dampfmaschinen. Vom Wandel der Physiologie und des Körpers unter dem Einfluß von Industrialisierung und Thermodynamik*, in: Philipp Sarasin und Jakob Tanner (Hrsg.), Physiologie und industrielle Gesellschaft. Studien zur Verwissenschaftlichung des Körpers im 19. und 20. Jahrhundert, Frankfurt/M. 1999, S. 313–347

CARL VON SALVIATI, *Die Abfuhr und Verwerthung der Dungstoffe in verschiedenen deutschen und ausserdeutschen Städten und darauf bezügliche Vorschläge für Berlin*, Berlin 1865

GEORG VARRENTRAPP, *Ueber Entwässerung der Städte, über Werth oder Unwerth der Wasserclosette, über deren angebliche Folgen: Verlust werthvollen Düngers, Verunreinigung der Flüsse, Benachtheiligung der Gesundheit, mit besonderer Rücksicht auf Frankfurt am Main*, Berlin 1868

RUDOLF VIRCHOW, *Canalisation oder Abfur? Eine hygienische Studie*, Berlin 1869

RUDOLF VIRCHOW (Hrsg.), *Reinigung und Entwässerung Berlins. General-Bericht über die Arbeiten der städtischen gemischten Deputation für die Untersuchung der auf die Kanalisation und Abfuhr bezüglichen Fragen*, Berlin 1873

RUDOLF VIRCHOW, *Sämtliche Werke in 71 Bänden*, herausgegeben von Christian Andree, Abt. II, Politik, Bd. 33, Berlin 1997

ROLF WINAU, *Rudolf Virchow und der Wandel der Medizin im 19. Jahrhundert*, in: Verh. Dtsch. Ges. Path. 81, 1997, S. 28–34

Cay-Rüdiger Prüll
Auf dem Weg zu einer naturwissenschaftlichen Medizin
Rudolf Virchow und die Pathologie

Das Leben von Rudolf Virchow ist im Wesentlichen durch seine Tätigkeit als Naturwissenschaftler und durch sein Engagement als politisch aktiver Bürger gekennzeichnet. Der folgende Beitrag befasst sich mit einem Abschnitt aus dem ersten Bereich, nämlich mit der Pathologie. Die Entstehung dieses medizinischen Spezialfachs war eng mit dem Aufstieg der naturwissenschaftlichen Medizin ab Mitte des 19. Jahrhunderts verbunden. Virchow, der diesen Prozess nachhaltig förderte, sah in der Herausbildung der Pathologie zu einer medizinischen Grundlagendisziplin seine Berufung. Die Arbeit als Pathologe wurde sein Beruf. Zuerst und vor allem in diesem Metier wurde er international bekannt.

Die folgenden Bemerkungen umreißen drei Schwerpunkte. Zunächst sollen die medizinischen Verhältnisse in der ersten Hälfte des 19. Jahrhunderts skizziert werden. Damit lässt sich erklären, wieso das Wirken Rudolf Virchows auf dem Gebiet der Pathologie so außergewöhnlich war. Zweitens möchte ich beschreiben, was Virchow als Pathologe getan hat. Drittens geht es darum, das beschriebene Wirken in den Gesamtzusammenhang der Medizingeschichte des 19. und 20. Jahrhunderts einzuordnen. Dieser letzte Punkt ist besonders wichtig, da wir nur so den Einfluss und die Bedeutung Virchows für die Geschichte der Medizin und der Wissenschaft abschätzen und den Pathologen Virchow wirklich „kennenlernen" können.

I. Ausgangsposition – Die Pathologie in der ersten Hälfte des 19. Jahrhunderts

Virchows akademisches Leben konzentrierte sich auf Berlin; dies gilt auch für die Pathologie. Im Jahre 1839 trat er hier als 18-Jähriger in die Pépinière, die Medizinschule für Militärärzte ein. Diese Institution stand als „Friedrich-Wilhelms-Institut" bereits in engster Verbindung mit der 1810 gegründeten Friedrich-Wilhelms-Universität in Berlin. Die praktische Ausbildung fand in der Charité statt. Virchow kam zu einem Zeitpunkt nicht nur des politischen, sondern auch des medizinischen Umbruchs nach Berlin. Die Vertreter der Heilkunde rangen zu jener Zeit um ein einheitliches, tragfähiges Konzept, das die Krankenbehandlung theoretisch untermauern sollte. Seit der Renaissance waren aufgrund der Paradigmen der direkten Naturbetrachtung sowie der langsamen Durchsetzung des Experiments in der Medizin zahlreiche Einzelentdeckungen gemacht worden. Doch war es nicht gelungen, diese mit einem allgemeingültigen schlüssigen Konzept zu erklären. Wiewohl zunehmend in Frage gestellt, behandelten die Ärzte ihre Patienten in der ersten Hälfte des 19. Jahrhunderts noch nach dem Prinzip der Humoralpathologie, der Viersäftelehre. Entscheidend war ein Zuviel oder Zuwenig der menschlichen Körpersäfte Gelbe Galle, Schwarze Galle, Blut und Schleim. Man verordnete Klistiere, Brechmittel oder ließ den Patienten zur Ader. Die Ärzte taten dies jeweils mit unterschiedlichem theoretischen Hintergrund. Die Pathologie war in jener Zeit noch kein Spezialfach, sondern eine allgemeine medizinische Krankheitslehre.

Die Medizinische Fakultät der Berliner Universität war in der ersten Hälfte des 19. Jahrhunderts durch Spannungen zwischen verschiedenen Lagern geprägt. Einerseits gab es Kliniker, die eine Verbesserung der praktischen therapeutischen und diagnostischen Möglichkeiten anstrebten. Sie nutzten die Frühformen des medizinischen Laboratoriums und den Leichensaal, um Einblicke in die Natur der menschlichen Krankheiten zu bekommen. Ein Beispiel ist Johann Lukas Schönlein (1793–1864), der Begründer der so genannten Naturhistorischen Schule, der zwischen 1840 und 1859 Direktor der Medizinischen Klinik an der Charité war. Andererseits gab es noch stärker naturphilosophisch beeinflusste Ärzte, die in der Krankenbehandlung vornehmlich aus ihrer intuitiven Erfahrung schöpften. Auf der Grundlage zeitgenössischer philosophischer Strömungen hingen sie idealistischen Konzepten an, die einen medizinischen Wissensgewinn unter anderem durch Kontemplation vertraten. Selbst Teil der Natur, könne der Arzt durch die eigene Innenschau das Wesen der Krankheiten erkennen. Die Meinung war verbreitet, dass die Krankheiten ein Eigenleben hätten. So wie die Welt der Menschen und Tiere gäbe es auch eine Welt der Krankheiten, die ebenfalls historisch sei und die sich im Rahmen der Kultur und Menschheitsgeschichte weiterentwickeln werde. Schließlich gab es aber auch Mediziner, die sich auf das Labor konzentrierten. Sie favorisierten das Experiment, um auf der Grundlage einer ganz bestimmten Fragestellung Gesetzmäßigkeiten der Natur zu eruieren. Das Laboratorium gab hierzu den geeigneten Rahmen ab. Es ermöglichte nämlich als künstlicher Raum das Ausschalten von Einflussfaktoren, die im Treiben der Natur für den Betrachter ein Auseinanderhalten von Ursache und Wirkung unmöglich machten. Grundlagenfächer dieser frühen Experimentatoren waren die aufstrebenden Disziplinen der Anatomie, die Lehre vom morphologischen Bau der Lebewesen, und die Physiologie, die Lehre von den regulären Körperfunktionen der Lebewesen. Ein typischer Vertreter dieser letzten Gruppe war Johannes Müller (1801–1858), seit 1833 Professor für Anatomie und Physiologie an der Berliner Universität.

Im Sinne von Schönlein, vor allem aber von Müller, traten viele der jüngeren Ärzte für eine neue wissenschaftliche Medizin ein. Diese sollte nicht mehr rein empirisch auf der Erfahrung und auch der Intuition des Behandlers beruhen, sondern durch das gezielte Befragen der Natur in der Klinik und im Labor präzises Wissen über die Krankheiten, über die Pathologie des Menschen erarbeiten, das dann wiederum zu präzisen Therapien am Krankenbett führen sollte. Das war etwas Neues. Es fiel zusammen mit einer sozialen Aufbruchsstimmung in der Medizin, der sogenannten „Medizinalreformbewegung", die neben standespolitischen Erwägungen in der Demokratisierung des Staatswesens einen Hebel für die Bekämpfung sozialer Not und damit auch für die Bekämpfung von Krankheiten sah. Berlin stand für eine neue naturwissenschaftliche, aber auch eine neue soziale Medizin. In die inhaltliche und sozialpolitische Aufbruchstimmung des frühen 19. Jahrhunderts geriet der junge Virchow, und er wirkte in ihr mit. Vor allem war es der Einfluss Johannes Müllers, der ihn prägte. Virchow gehörte zu dessen Schülern, und er arbeitete seit den 1840er Jahren an einer neuen wissenschaftlichen Krankheitslehre, einer wissenschaftlichen Pathologie.

II. Virchows Pathologie

Zwei Bereiche lassen sich in der Arbeit Virchows als Pathologe unterscheiden. Sie fallen auch mit seiner biographischen Entwicklung zusammen. Erstens ordnete Virchow die Pathologie auf eine neue Weise in den medizinischen Kontext ein, indem er mit ihr eine neue Methode mit neuen Zielen verknüpfte. So schuf er die Voraussetzungen, damit die Pathologie zum Spezialfach werden konnte. Zweitens stellte er die Pathologie auf eine neue inhaltliche Grundlage, indem er ein neues Prinzip für die Beurteilung der krankhaften Zustände des menschlichen Körpers aufstellte. Beide Maßnahmen veränderten nicht nur die Pathologie, sondern die Medizin im Ganzen, und man wird nach den Auswirkungen auf die zeitgenössische Medizin zu fragen haben.

a) Die Organisation der Pathologie in der naturwissenschaftlichen Medizin

Der Weg, den Virchow zur Erarbeitung seiner wissenschaftlichen Pathologie wählte, orientierte sich an den beiden Leitdisziplinen des 19. Jahrhunderts, der Anatomie und der Physiologie. Durch einzelne Pioniere war die Anatomie bereits im 18. Jahrhundert auf die Erforschung menschlicher Krankheiten angewandt und zur pathologischen Anatomie erweitert worden. Das Prinzip war die Öffnung der Leiche des verstorbenen Patienten, um anhand der morphologischen Veränderungen der Organe Rückschlüsse auf die Krankheiten bzw. die Todesursache ziehen zu können. Vor allem war es wichtig, diese im Leichensaal gemachten Befunde mit den einst am Lebenden erhobenen Befunden zu vergleichen, um damit auch eine Verbesserung der Krankheitsdiagnostik zu erzielen. Diese Art der Befunderhebung war seit dem Ende des 18. Jahrhunderts, von Paris ausgehend, zur Routinemethode in den Krankenhäusern erhoben worden und setzte sich in der ersten Hälfte des 19. Jahrhunderts auch in Deutschland durch. Die Methode wurde so wichtig, dass man schließlich an den Krankenhäusern Spezialisten einsetzte, die für die klinischen Leichenöffnungen zuständig waren, sogenannte Prosektoren. Einen solchen Prosektor gab es auch an der Berliner Charité. Er hieß Robert Froriep (1804–1861). Virchow wurde bei ihm 1844 Assistent, denn die Leichenhalle war für Virchow „die Vorhalle der eigentlichen Medicin", wie er im selben Jahr in einer Rede formulierte. In dieser Vorhalle sollten keine hypothetischen naturphilosophischen Theorien herrschen, sondern vielmehr vorurteilsfrei Detailuntersuchungen vorgenommen werden. Die Untersuchung krankhaft veränderter Organe sollte die Grundlage sein, um die Ursache und Wirkung pathologischer Vorgänge aufzuklären und wie in der Physik und Chemie Gesetzmäßigkeiten – diesmal der Krankheitsentstehung und des Krankheitsverlaufes –

festzustellen. Der Verlauf von Krankheiten, das prozesshafte Geschehen, sollte unter Zuhilfenahme des Experimentes, hier vor allem des Tierexperimentes, ermittelt werden. Die Erarbeitung der Krankheitsvorgänge, der „pathologischen Physiologie" war das wesentliche, sie war für Virchow die „Veste der wissenschaftlichen Medicin", während die pathologische Anatomie und die Klinik die „Außenwerke", gewissermaßen nur die Stützbastionen waren. Im Jahr 1846 stand damit bereits Virchows Konzept vom Wirken einer neuen Pathologie in einer neuen Medizin. Es spiegelt sich auch im Titel der Zeitschrift, die Virchow noch in demselben Jahr zusammen mit seinem Kollegen Benno Reinhardt (1819–1852) gründete: *Archiv für pathologische Anatomie und Physiologie und für klinische Medizin.*

In seiner frühen Tätigkeit im Leichensaal der Charité arbeitete er an einer praktischen Umsetzung dieses Konzeptes. Die pathologische Anatomie diente im Bezug zur Klinik der Feststellung der Todesursache von verstorbenen Patienten. Darüber hinaus diente sie der Lehre und der Forschung. Pathologisch-anatomische Präparate wurden für Studenten und Ärzte gesammelt. In seinen wissenschaftlichen Untersuchungen drang Virchow in das Gebiet der pathologischen Physiologie vor. Dies zeigt sich beispielhaft an seinen ersten Forschungen zur Venenentzündung (Phlebitis), die Virchow zwischen 1845 und 1847 veröffentlichte. Virchow konzentrierte sich in diesem Zusammenhang auf die Untersuchung von Lungenarterien, die durch verklumptes Blut (Thromben) verstopft worden waren. Er konnte nachweisen, dass diese Thromben mit der Phlebitis nichts zu tun hatten, dass diese vielmehr aus den Venen der unteren Gliedmaßen in den Blutstrom und damit in die Lungenarterien gelangt waren. Virchow nannte dieses Phänomen „Embolie". Die Arbeit im Leichensaal und Tierexperimente an Hunden wurden mit klinischer Erfahrung kombiniert. Hypothetische Theorien zur Phlebitis wurden umgestoßen, indem das Verhältnis von Ursache und Wirkung krankhafter Veränderungen und damit die Prozesshaftigkeit pathologischen Geschehens untersucht wurde. Virchows Phlebitis-Forschungen wandten sich gegen zeitgenössische Versuche, die Humoralpathologie als Konzept wieder aufzuwerten.

b) Das neue Prinzip der Pathologie und der naturwissenschaftlichen Medizin

Virchow hatte mit diesen Arbeiten die Pathologie innerhalb der naturwissenschaftlichen Medizin

gleichsam verortet. Aber es bestand auch noch keine Einigkeit unter den Ärzten und Medizinern über einen grundlegenden Mechanismus zur Erklärung der Entstehung von Krankheiten. Es war genau diese Frage, die Virchow in der Folgezeit beschäftigen sollte. 1847 hatte er nach dem Ausscheiden seines Lehrers und Chefs Froriep zwar die Leitung der Prosektur an der Charité übernommen, seine Beteiligung an der Revolution von 1848 hatte aber sein berufliches Überleben in Berlin gefährdet. Daher nahm Virchow 1849 einen Ruf auf den Lehrstuhl für Pathologie an der Universität Würzburg an. Nach dem politischen Furioso der letzten Berliner Jahre entsagte er nun zunächst einer weiteren politischen Betätigung und stürzte sich gemäß seinen Einsichten in eine neue Pathologie und Medizin in die Detailarbeit im Leichensaal.

Dabei war es vor allem die Verwendung des Mikroskops, die für Virchows weitere Entwicklung als Pathologe wichtig wurde. Sie bildete die Grundlage für ein neues „Prinzip" der Pathologie und der naturwissenschaftlichen Medizin, die sogenannte „Zellularpathologie". Sie brachte Erkenntnisse über die Zelle, die bereits für das Pflanzen- und Tierreich gewonnen worden waren, in einen schlüssigen Zusammenhang. Die Zelle war für Virchow die kleinste Einheit des Lebens (Alle Zellen entstehen aus Zellen: „omnis cellula e cellula") und damit der eigentliche Sitz der Krankheiten im menschlichen Körper. Die Entstehung und der Verlauf von Krankheiten in der Zelle beruhte auf physiologischen, d. h. normalen chemischen und physikalischen Gesetzmäßigkeiten. Krankheit war damit für Virchow nichts anderes als Leben unter veränderten Bedingungen. Krankheiten waren keine unabhängigen Einheiten oder eigenständigen Wesen mehr. Virchow untermauerte und vertiefte so die auf die

Rudolf Virchow, *Die Cellularpathologie in ihrer Begründung auf physiologische und pathologische Gewebelehre.* **Titelblatt der Erstausgabe, Berlin 1858. Berliner Medizinhistorisches Museum**

einzelnen Teile des menschlichen Körpers fokussierte Organ- bzw. Gewebepathologie.

Mit der Zellularpathologie gewann vor allem die laufende routinemäßige mikroskopische Betrachtung von Gewebsschnitten, die pathologische Histologie, an Bedeutung. Virchow untersuchte verschiedenste Gewebe des menschlichen Körpers auf die dort vorhandenen Zellarten. Allgemeine und spezifische Eigenschaften von Zellen wurden ermittelt. Im Sinne eines demokratischen Zellenstaates hatte seine Zellularpathologie auch politische Implikationen.

Im Jahre 1856 ging Virchow zurück nach Berlin. Er wurde Professor für Pathologie an der Berliner Universität, Direktor des Pathologischen Institutes der Charité sowie auch Prosektor an letzterem Ort. Nur zwei Jahre später präsentierte er die Frucht seiner Würzburger Jahre der Öffentlichkeit. In seinem Berliner Institut hielt er zwischen Februar und April 1858 eine Vorlesung für Ärzte, die er noch in demselben Jahr unter dem Titel *Die Cellularpathologie in ihrer Begründung auf physiologische und pathologische Gewebelehre* als Buch veröffentlichte. In Abkehr der ihm verhassten spekulativen Konstrukte der ersten Hälfte des 19. Jahrhunderts wollte Virchow kein neues „System" in die Welt setzen. Letztlich tat er dies aber doch, denn sein zellularpathologisches „Prinzip" ermöglichte der zeitgenössischen Medizin, die menschlichen Krankheiten auf einer einheitlichen Grundlage zu betrachten. Es kam damit dem Bedürfnis der Zeit nach einer schlüssigen Synthese des medizinischen Wissens entgegen. Die *Cellularpathologie* förderte letztlich eine effektive Kommunikation in der *scientific community* der forschenden Ärzte. Virchows Angebot wurde in der Fachwelt so auch schnell bekannt. Im Unterschied zu seinen Vorgängern basierte Virchows System allerdings streng und rigoros auf den experimentellen Methoden, die durch die seinerzeit aufstrebenden Naturwissenschaften postuliert wurden. Da Virchow an die zeitgenössischen biologischen Forschungen anknüpfte, war seine Zelltheorie ein Prinzip des Lebens schlechthin, und so sah er es auch selbst.

c) Der Einfluss von Virchows Pathologie auf die zeitgenössische Medizin

In seiner zweiten Berliner Zeit wurde Virchow auf der Grundlage seiner organisatorischen und inhaltlichen Neuordnung der Pathologie erst eigentlich berühmt. Sein Berliner Institut wurde zur Ausbildungs- und Weiterbildungsstätte für viele Mediziner, nicht zuletzt aber auch zum Ausgangspunkt für die Begründung der Pathologie als Spezialfach in der naturwissenschaftlichen Medizin. In der zweiten Hälfte des 19. Jahrhunderts wurden an sämtlichen Universitäten des deutschen Sprachraumes Institute und Lehrstühle eingerichtet. Virchows Institut hatte bald eine internationale Ausstrahlung und entwickelte sich zum Musterinstitut für andere Einrichtungen der Pathologie, aber auch für die Stellung, die das Fach in den Augen Virchows in der naturwissenschaftlichen Medizin haben sollte. Der Institutsneubau, der zwischen 1896 und 1906 auf Betreiben Virchows auf dem Gelände der Charité errichtet wurde, symbolisierte Virchows eigenes Selbstbewusstsein, aber auch das seinerzeitige große Ansehen der Pathologie. Der Direktor des Institutes sollte allein und unwidersprochen Lehre und Forschung organisieren. Drei wuchtige Gebäude wurden errichtet, ein Haupthaus, ein Leichenhaus und ein pathologisches Museum. Diese sollten sowohl von den Kliniken der Charité als auch von der Stadt aus bequem erreichbar sein. Inhaltlich umfasste das Institut drei Abteilungen: Die anatomische Abteilung stand im Zentrum, ihre Aufgabe war der Sektionsbetrieb. Ferner gab es eine chemisch-pathologische Abteilung, die den Zusammenhang der Pathologie mit den Naturwissenschaften verdeutlichte. Schließlich bildete das pathologische Museum die dritte Abteilung. Seine Aufgabe war das Anfertigen, Sichten und Sammeln pathologisch-anatomischer Präparate.

Virchow hatte seine Arbeit mit nur zwei Assistenten begonnen. Als er 1902 starb, waren acht Assistenten an seinem Institut beschäftigt. Die Pathologie war entsprechend der im 19. Jahrhundert dominierenden Interessen der wissenschaftlichen Medizin auf die morphologische Diagnostik und Forschung fokussiert. Das Fach sollte so als entscheidender Teil und agitatorische Kraft der naturwissenschaftlichen Medizin in das 20. Jahrhundert eintreten. Nach der Jahrhundertwende wurden auch in den Berliner Stadtkrankenhäusern Pathologen angestellt.

Diese Fakten verdeutlichen, dass Virchow – auch wenn er ab etwa 1870 nicht mehr selbst im Leichensaal stand – doch bis zu seinem Lebensende am Aufbau der Pathologie arbeitete. Dabei war sein Lieblingskind vor allem das pathologische Museum. Die Professionalisierung der pathologischen Anatomie im deutschen Sprachraum hatte zweifelsohne das Sammeln von Präparaten, von Organen, Geweben und Zellen durch den Pathologen gefördert. Daher wuchs in der zweiten Hälfte des 19. Jahrhunderts die Bedeutung von pathologischen Sammlungen mikroskopischer und makroskopischer Präparate an den einzelnen Instituten. Sie dokumentierten unter anderem die medizinischen Fortschritte durch die naturwissenschaftliche Medizin. Dies gilt nicht zuletzt für Berlin. Das fünfstöckige pathologische

Museum war keineswegs zufällig das einzige Gebäude des Institutsneubaues, dessen Eröffnung Virchow noch zu seinen Lebzeiten erleben durfte. Im Jahre 1899 wurde es eingeweiht, im Laufe der folgenden beiden Jahre durch Virchow systematisch bestückt, und beherbergte schließlich Ende 1901 auf der Grundlage alter Bestände ca. 23.000 Präparate. Es diente der Forschung und Lehre, aber auch der Öffentlichkeitsarbeit. Dies entsprach Virchows bürgerlich-edukativem Selbstverständnis. Das „grosse Publicum" sollte über die Ergebnisse der pathologisch-anatomischen Forschungen und Arbeiten informiert werden. Mediziner und Laien sollten sich im Museum die Hand reichen.

Sowohl die Organisation als auch das neue Prinzip von Virchows Pathologie hatten eine große Ausstrahlung. Beide Bereiche waren allerdings auch umstritten. Viele Kliniker bewunderten den Zugewinn des Wissens, der durch die regelmäßige klinische Leichenöffnung erzielt worden war. Doch Virchow machte ihnen damit etwas streitig, was auch sie benötigten: die Leichen. So warnte der Leiter der Medizinischen Klinik der Charité, Friedrich Theodor Frerichs (1819–1885) gleich 1856, im Jahr der Berufung Virchows, vor einer Monopolisierung der Leichen durch die Pathologie und forderte vor allem im Hinblick auf die Medizinerausbildung ein Verfügungsrecht der Klinik über die Körper der verstorbenen Patienten. Auch die Chirurgische Klinik der Charité stimmte in diesen Kanon ein. Der Charité-Chirurg Erich Lexer (1867–1937) forderte in den Jahren 1900 und 1901 Leichen zur Durchführung von Operationsübungen an und geriet dadurch in schwere Auseinandersetzungen mit Virchow. Dass auch theoretische Fächer wie die Anatomie und dann auch die seit etwa 1880 im Aufschwung begriffene Bakteriologie unter Robert Koch Zugriff auf das „Leichenmaterial" haben wollten, machte die Situation nicht eben einfacher. Auch kam hinzu, dass es im Sektionssaal des Pathologischen Institutes wiederholt zu Auseinandersetzungen zwischen Klinikern und Pathologen kam. Beiden Parteien gelang es zuweilen nicht, die Vornahme der Leichenöffnungen zu koordinieren.

Die Verselbständigung der Pathologie, so wurde bald klar, hatte das Fach zunehmend von den klinischen Fächern entfremdet. Diese Entfremdung wurde vor allem gegen Ende des 19. Jahrhunderts im Zusammenhang mit der Gründung der Deutschen Pathologischen Gesellschaft im Jahre 1897 deutlich. Virchow hatte dieses Vorhaben nicht unterstützt, denn er sah die Pathologie als eine fest mit den klinischen Fächern verbundene Grundlagendisziplin an, nicht als ein theoretisches Fach außerhalb der Klinik. Dass die Kliniker sich durch die Gründung eigener Laboratorien zunehmend autark machten, wurde von ihm mit Besorgnis wahrgenommen. Seine Frage „Machen nicht die Kliniker nur das, was wir auch machen könnten, aber noch nicht gemacht haben?" war sicherlich nicht nur rhetorisch gemeint.

Virchows Organisation der Pathologie wurde auch in der Öffentlichkeit nicht ohne Widerspruch hingenommen. Aus der Bevölkerung kam ein Widerstand gegen die klinische Leichenöffnung. Diese wurde von den Angehörigen der Verstorbenen zunehmend verweigert. Die Leitung des Charité-Krankenhauses trat zwar grundsätzlich für Virchows Pathologie ein, sah sich aber auf der anderen Seite auch als Sachwalter der Öffentlichkeit, da der gute Ruf des Hauses verteidigt werden musste. Daher überwachte man die Nutzung der Charité-Leichen im Pathologischen Institut und behielt sich ein Einspruchsrecht gegen die Maßnahmen Virchows vor.

Virchows Prinzip, die Zellularpathologie, war schließlich ebenfalls umstritten. Von Vertretern der Chirurgie wurde sie erfolgreich aufgenommen, und hier waren nach heutigem Forschungsstand ihre therapeutischen Auswirkungen auch am sichtbarsten. So nahm der Chirurg Theodor Billroth (1826–1894) Virchows Prinzip mit Interesse auf. Denn nicht zuletzt die Einsicht, dass die Organe jeweils aus spezifischen Zellen zusammengesetzt sind, machte es der Chirurgie in der zweiten Hälfte des 19. Jahrhunderts möglich, kranke Organe operativ zu entfernen, zu „resezieren". In Zeiten der Humoralpathologie, als die Abgrenzung der Organe kein Thema war, weil man auf ein Gleichgewicht der Säfte sein Augenmerk richtete, war dies weder machbar noch notwendig gewesen. Um 1900 nun feierte die resezierende Chirurgie mit Rückendeckung der Zellularpathologie Triumphe.

In anderen Fächern, wie der Inneren Medizin, war eine Anwendung der Zellularpathologie schwieriger. Wie sollte man beispielsweise bei den diversen fieberhaften Erkrankungen eine Zelltherapie durchführen? Auf diese Fragen gab es keine klaren Antworten. Auch blieben grundsätzliche Vorbehalte. Im Rückgriff auf ältere Theorien stellten Kollegen die Frage, ob nicht für die Erklärung des Krankheitswesens andere Systeme wichtiger seien als die Zellen, nämlich das Blut oder die Nerven? Und wie ließ sich die Zellularpathologie mit den in der Bakteriologie gewonnenen Erkenntnissen vereinbaren?

Auch gerieten all diejenigen Ärzte, die vor allem den Patienten in seiner Gesamtheit im Blick hatten, in Probleme. Virchows zellulare Sehweise galt ihnen als kalt und mechanistisch, weil sie die Körperteile und nicht den Menschen als Ganzes betonte. Und tatsächlich: Ging es um den menschlichen Organismus, zeigte sich bei Virchow die Tendenz, im Rahmen der Beschreibung des Ganzen unverzüglich über die Eigenschaften und Funktionen der Organe und Körperteile zu berichten. Er benutzte in diesem Zusammenhang die von ihm geprägten Begriffe „Zellen-Organismus", „zusammengesetzter Organismus" und „Zusammenfügung sich gegenseitig beeinflussender Zellen zu einem Sammelorganismus". Zudem bot Virchow eine weitere Angriffsfläche: Er hatte seine Ausbildung in der Zeit der Naturphilosophie genossen und behielt sein Leben lang vitalistische Gedanken bei, d. h. Vorstellungen über nicht detaillierter zu erklärende Lebenskräfte. Derartige Spekulationen kamen immer dann zum Zuge, wenn sein Wissen über Zellen an seine zeitgemäßen Grenzen stieß.

Virchow befand sich bis zum Ende seines Lebens in einer Verteidigungsstellung. Dies mag zu einer gewissen Härte seiner Argumentation und auch zu einer besonderen Betonung des materialistischen und mechanistischen Standpunktes beigetragen haben. Die Zellularpathologie konnte sich aber in der westlichen Medizin als tragfähiges Prinzip durchsetzen. Als Virchow 1902 starb, galt er vor allem aufgrund seiner inhaltlichen und konzeptionellen Arbeiten auf dem Gebiet der Pathologe als einer der wichtigsten Repräsentanten der naturwissenschaftlichen Medizin.

III. Rudolf Virchows Pathologie und die Medizin im 19. und 20. Jahrhundert

Wie nun ist Virchows Wirken auf dem Gebiet der Pathologie historisch einzuordnen? Einerseits ist es unbestritten, dass Virchow mit seiner Konzeptualisierung der Pathologie und der Konstruktion seines zellularpathologischen Prinzips entscheidend dazu beigetragen hat, der naturwissenschaftlichen Medizin zum Durchbruch zu verhelfen. Damit hat Virchow auch zu einer Vereinheitlichung der Medizin beigetragen. Der zellulare Blick legte neue Wege zur Erforschung des kranken menschlichen Körpers frei, und die Einführung der klinischen Leichenöffnung als routinemäßige Methode mit einer festgelegten Sektionstechnik sowie die nachfolgende makroskopische und vor allem mikroskopische Untersuchung bildeten die Grundlage

für die Umsetzung dieses Gedankens. Die weiße Landkarte des menschlichen Körpers wurde im Verlauf des 19. Jahrhunderts als dem morphologischen Zeitalter gefüllt. Die morphologischen krankhaften Veränderungen der Zellen, Gewebe und Organe wurden eruiert, und die Medizin zog daraus Nutzen. Andererseits konnte Virchow das Ziel nicht erreichen, die „pathologische Physiologie" zur „Veste" der Pathologie bzw. Medizin zu machen. Vielmehr blieb das „Außenwerk" der pathologischen Anatomie im weiteren Verlauf seiner Karriere doch der Kernbereich seines Wirkens. Virchows Stärke lag in der Zustandsbeschreibung der menschlichen Pathologie anhand von makroskopischen Präparaten und histologischen Gewebeschnitten. Seine Pathologie war statisch. Das Sichten und Sammeln pathologischer

Zigarrenkistendeckel mit Porträt Rudolf Virchows, Anfang 20. Jahrhundert. Berliner Medizinhistorisches Museum

Präparate gehörte zu seinen Hauptinteressen. Das Tierexperiment als entscheidender Parameter einer funktionellen und im naturwissenschaftlichen Sinne experimentellen Pathologie wurde demgegenüber von ihm eher vernachlässigt. Virchows Nachfolger auf dem Berliner Lehrstuhl, Johannes Orth (1847–1923), stellte 1906 heraus, dass Virchow kaum pathologisch-physiologische Experimente gemacht habe und sie auch seinen Schülern nicht gezeigt habe. Auch seien die Räumlichkeiten in seinem Institut hierfür unzureichend gewesen. Dies verhinderte, dass Virchow systematisch Krankheitsprozesse aufdeckte und eine „pathologische Physiologie" praktizierte. Es blieb bei Vorahnungen einer biologischen Medizin, die Virchow im 20. Jahrhundert kommen sah.

Nach der Jahrhundertwende wurde aber das Bedürfnis stärker, vor allem die Krankheitsprozesse aufzudecken. Das 19. Jahrhundert hatte zahlreiche Einzelentdeckungen hervorgebracht. Die therapeutische Umsetzung war demgegenüber kaum gelungen. Dies nun war das vordringliche Interesse der Medizin nach 1900. Der Leichensaal verlor in diesem Zusammenhang an Bedeutung. Das 20. Jahrhundert kann daher als das eigentliche physiologische Zeitalter der Medizin bezeichnet werden. Die deutsche Pathologie tat sich schwer, diesen Anspruch einzulösen. Virchows Nachfolger in Berlin bemühten sich um die Institutionalisierung einer pathologischen Physiologie, allerdings mit fragwürdigem Erfolg.

Schwer wog der andere Teil von Virchows Erbe, die pathologische Anatomie und das damit verbundene Denken. Der Sektionssaal war in Deutschland bis etwa 1945 der geistige Mittelpunkt der pathologischen Institute. Dazu trug auch der Umstand bei, dass die pathologische Anatomie von einigen Fachvertretern wie dem letzten Virchowschüler Max Westenhoefer (1871–1957) oder Ludwig Aschoff (1866–1942) als spezifisch deutsches Kulturgut betrachtet wurde – in einer Form, in der Virchow selbst dies niemals vertreten hätte.

Virchows Anregungen für eine funktionelle Medizin wurden aber noch zu seinen Lebzeiten anderswo aufgegriffen. Einer von Virchows Schülern, der Leipziger Pathologe Julius Cohnheim (1839–1884), pflegte besonders die experimentelle Pathologie. Er hatte auf sein Fach aber nie den Einfluss, den Virchow hatte. Dafür hatte Cohnheim eine wichtige Ausstrahlung auf andere Spezialfächer und auf Mediziner außerhalb Deutschlands. An seinem Institut arbeitete unter anderem der Immunologe und Bakteriologe Paul Ehrlich (1854–1915), der 1910 durch die Entwicklung des Salvarsan weltberühmt werden sollte. Ehrlich wurde in seinen frühen Jahren stark von Cohnheim beeinflusst. Er entwickelte Färbetechniken für histologische Präparate und eruierte in Kombination mit dem Tierexperiment und der klinischen Tätigkeit die Entstehung und den Verlauf wichtiger Erkrankungen. Sowohl Cohnheim als auch Ehrlich können daher als klinische Pathologen bezeichnet werden. Beide beeinflussten wiederum die Entstehung einer klinischen Pathologie im angelsächsischen Raum, die sich auf die Untersuchung von Körperflüssigkeiten und Gewebeproben am lebenden Patienten konzentrierte und bei der die klinische Leichenöffnung nur eine Untersuchungsmethode neben anderen war. Diese klinische Pathologie, die auf die Zelluntersuchungen des lebenden Patienten konzentriert ist, kam erst nach 1945 in die deutsche Pathologie zurück.

Damit können wir die Bedeutung von Virchows Pathologie für die heutige Medizin besser verstehen. Rudolf Virchow blieb mit seiner einseitigen Betonung der pathologischen Anatomie letztlich ein Mann des 19. Jahrhunderts. Seine Leistung war es, in dieser Zeit die Medizin methodisch und prinzipiell zu reformieren. Schon dazu gehörten viel Mut und Beharrlichkeit. Seine Zellularpathologie als Prinzip und die Idee der Zelle als Grundbaustein der Humanbiologie und -pathologie prägten als Leitgedanken auch die Forschung der Medizin im 20. Jahrhundert. Eine neue experimentelle Pathologie, die dann gefordert wurde, existierte bei ihm aber im wesentlichen nur als Entwurf. Er setzte sie nicht um, gab seine Idee aber an andere Forscher weiter, die sich dann mit der Realisierung befassten. Virchow trug zwar einerseits dazu bei, die Labormedizin von der klinischen Medizin zu trennen, und man kann darüber streiten, wie groß die Auswirkungen seines diesbezüglichen Einflusses heute noch sind. Andererseits führte die Anregung einer experimentellen Pathologie und die noch zu seinen Lebzeiten beginnende Umsetzung dieses Impulses aber auch zu Strategien einer Überwindung des Grabens zwischen Labor und Klinik.

Mit Virchows Tätigkeit in der Pathologie lernen wir vor allem die Pionierzeit der naturwissenschaftlichen Medizin und mit ihr das 19. Jahrhundert besser kennen. Damit erfahren wir auch viel über die Stärken und Schwächen unserer heutigen Heilkunde und erweitern das Wissen, um über die Medizin des 20. und 21. Jahrhunderts besser reflektieren zu können.

Der Autor ist Privatdozent am Department of Philosophy der University of Durham (GB).

LITERATUR

BAUER, AXEL, *Die Krankheitslehre auf dem Weg zur Naturwissenschaftlichen Morphologie. Pathologie auf den Versammlungen Deutscher Naturforscher und Ärzte von 1822–1872* (Schriftenreihe zur Geschichte der Versammlungen Deutscher Naturforscher und Ärzte, 5), Stuttgart 1989

BRUGGER, CLAUDIA MARIA, *Hermann Kühn, Sektion der menschlichen Leiche. Zur Entwicklung des Obduktionswesens aus medizinischer und rechtlicher Sicht*, Stuttgart 1979

COOTER, ROGER, *The Dead Body*, in: ROGER COOTER, JOHN PICKSTONE (eds.), *Medicine in the Twentieth Century*, Amsterdam 2000, p. 469–485

HORT, IRMGARD, *Die pathologischen Institute der deutschsprachigen Universitäten (1850–1914)*, Diss. Med., Köln 1987

KLASEN, EVA-MARIA, *Die Diskussion über eine Krise der Medizin in Deutschland zwischen 1925 und 1935*, Diss. Med. Mainz 1984

KRIETSCH, PETER; MANFRED DIETEL, *Pathologisch-Anatomisches Cabinet. Vom Virchow-Museum zum Berliner Medizinhistorischen Museum der Charité, Berlin* , Wien 1996, S. 9–15

KRIETSCH, PETER; HEINZ SIMON, *Rudolf Virchow und das Pathologische Museum der Charité Berlin*, Berlin o. J., S. 1–17

LAWRENCE, SUSAN, *Medical Education*, in: William F. Bynum, Roy Porter (eds.), Companion Encyclopedia of the History of Medicine, Bd.2, London/ New York 1993, p. 1151–1179

LENOIR, TIMOTHY, *Laboratories, Medicine and Public Life in Germany 1830–1849. Ideological Roots of the institutional Revolution*, in: Andrew Cunningham, Perry Williams (eds.), The Laboratory Revolution in Medicine, Cambridge 1992, p. 14–71

PRÜLL, CAY-RÜDIGER, *Pathologie und Politik – Ludwig Aschoff (1866–1942) und Deutschlands Weg ins Dritte Reich*, in: History and Philosophy of the Life Sciences 19 (1997), S. 331–368

PRÜLL, CAY-RÜDIGER, *Aus der Geschichte der pathologisch-anatomischen Sektion*, in: Norbert Stefenelli (Hrsg.), Körper ohne Leben. Begegnung und Umgang mit Toten, Wien, Köln, Weimar 1998, S. 569–579

PRÜLL, CAY-RÜDIGER, *Medizin am Toten oder am Lebenden? – Pathologie in Berlin und in London, 1900 bis 1945*, Habilitationsschrift, Freiburg 1999

PRÜLL, CAY-RÜDIGER, *Das Pathologisch-Anatomische Museum*, in: Theater der Natur und Kunst. Theatrum Naturae et Artis. Wunderkammern des Wissens. Essays hrsg.v. Horst Bredekamp, Jochen Brüning und Cornelia Weber im Auftrag der Humboldt-Universität zu Berlin durch das Hermann von Helmholtz-Zentrum für Kulturtechnik, Berlin 2000, S. 107–112

PRÜLL, CAY-RÜDIGER, *Rudolf Virchow (1821–1902)*, in: ebda., S. 208–212

PRÜLL, CAY-RÜDIGER, *Zwischen Krankenversorgung und Forschungsprimat. Die Pathologie an der Berliner Charité im 19. Jahrhundert*, in: Jahrbuch für Universitätsgeschichte 3 (2000), S. 87–109

SCHMIEDEBACH, HEINZ-PETER, *„Ist nicht wirklich diese ganze zersetzende Naturwissenschaft ein Irrweg?". Virchow und die Zellularpathologie*, in: Medizinhistorisches Journal 27 (1992), S. 26–42

VIRCHOW, RUDOLF, *Ueber die Standpunkte in der wissenschaftlichen Medicin*, in: Archiv für pathologische Anatomie und Physiologie und für klinische Medicin, 1 (1847), S. 3–19

VIRCHOW, RUDOLF, *Alter und Neuer Vitalismus*, in: Archiv für pathologische Anatomie und Physiologie und für klinische Medicin, 9 (1856), S. 3–55

VIRCHOW, RUDOLF, *Hundert Jahre Allgemeiner Pathologie*, Berlin 1895

VIRCHOW, RUDOLF, *Das Pathologische Institut*, in: Albert Guttstadt (Bearb.), Die naturwissenschaftlichen und medicinischen Staatsanstalten Berlins. Festschrift für die 59. Versammlung deutscher Naturforscher und Ärzte, Berlin 1886, S. 288–300

VIRCHOW, RUDOLF, *Die Continuität des Lebens als Grundlage der modernen biologischen Anschauung*, in: Archiv für pathologische Anatomie und Physiologie und für klinische Medicin, 150 (1897), S. 4–15

VIRCHOW, RUDOLF, *Ueber die Stellung der pathologischen Anatomie zu den klinischen Disziplinen* (Rede des Vorsitzenden, gehalten auf der Eröffnungssitzung der Deutschen Pathologischen Gesellschaft am 19.9.1898), in: Verh.Dtsch.Path.Ges., 1. Tagung, Berlin 1899, S. 1–6

VIRCHOW, RUDOLF, *Die Eröffnung des Pathologischen Museums der Königlichen Friedrich-Wilhelms-Universität zu Berlin*, Berlin 1899

WINAU, ROLF, *Medizin in Berlin*, Berlin/New York 1987

Volker Hess

Zwischen Küche, Leichenhalle und Labor.
Netzwerke klinischen Experimentierens
in Berlin um 1850*

Je größer der Heroe, desto hartnäckiger hält sich im populären Geschichtsverständnis das Bild des einsamen Forschers. Gerne stellt man sich einen genialen und von seiner Wissenschaft gefangenen Forscher vor, der in der stillen Abgeschiedenheit seines Labors, am besten noch zu nächtlicher Stunde, mit Fleiß und hartnäckigem Bemühen dem wissenschaftlichen Fortschritt dient. Bei aller karikierenden Übertreibung, die solchen Vorstellungen eigen ist, verweist dieses Bild doch auf einen ideologischen Kern unseres Wissenschaftsverständnisses, der sich auf den Humboldtschen Bildungsbegriff zurückführen lässt und ein Pendant in jener idealistischen Verklärung bildungsbürgerlicher Gelehrsamkeit findet, die Carl Spitzweg (1808–1885) in seinen Bildern festgehalten hat. Auch die Medizin- und Wissenschaftsgeschichte hat solche Vorstellungen durchaus – auch professionell – befördert. Davon legt eine reiche biographische Literatur, in der die Geschichte der Wissenschaften auf die Leistung einzelner Protagonisten konzentriert wird, beredtes Zeugnis ab.

Dennoch wird heute kaum jemand der Feststellung zu widersprechen wagen, mit der Frederic Holmes und Bill Coleman bereits vor rund 15 Jahren einen neuen Ansatz der Wissenschaftsgeschichtsschreibung umrissen: Wissenschaftliche Unternehmungen seien nie das Werk eines isolierten Individuums. Jeder Forscher stehe vielmehr in einer mehr oder minder engen Verbindung mit anderen Forschern. Dies betreffe zum einen natürlich den Gedankenaustausch oder theoretischen Horizont, in dem sich neue wissenschaftliche Ideen, Hypothesen und Konzepte entwickeln. Das gelte zum anderen aber auch für die soziale Einbindung eines Forschers, für das Lehrer-Schüler-Verhältnis, das ihn präge, und die institutionellen Rahmenbedingungen, die seine Arbeitsmöglichkeiten begrenzen.

Die Entwicklung der wissenschaftlichen Medizin wird sich daher nicht auf einzelne Personen reduzieren lassen. Gerade die Berliner Medizin zur Mitte des 19. Jahrhunderts ist dafür ein gutes Beispiel. So überragend und wegweisend die Forschungen von Rudolf Virchow, Emil du Bois-Reymond oder Hermann Helmholtz aus heutiger Perspektive auch gewesen sein mögen, sie waren nicht das Produkt eines einzelnen Forschers. Sie entstanden vielmehr in einem sozialen Netzwerk, das Menschen aus ganz unterschiedlichen Lebensbereichen verband, institutionelle Grenzen oder disziplinäre Schulen überspannte und verschiedene Denkweisen und Arbeitstechniken zusammenführte. Greifen lässt sich dieses Netzwerk in Form einer neuen wissenschaftlichen Geselligkeit im Vormärz, in dem gemeinsamen Auftreten als *pressure group*, in der gemeinschaftlichen Nutzung von Laborarbeitsplätzen und im Austausch experimenteller Verfahren und Arbeitstechniken.

Dies möchte ich für die Berliner Medizin zur Mitte des 19. Jahrhunderts am Beispiel der experimentellen Pathologie nachvollziehen. Die experimentelle Pathologie stellte zu diesem Zeitpunkt ein neues Feld dar, das sich durch die Übernahme experimentalphysiologischer Methoden für klinische Fragestellungen ergab. Besonders eine Gruppe Berliner Ärzte tat sich hervor, die mit programmatischen Aussagen über die methodischen Grundlagen und experimentellen Untersuchungen dieses Schnittfeld zwischen Experimentalphysiologie und medizinischer Klinik erschloss. Ich werde dabei ganz bewußt nicht auf Virchow abheben. Sicherlich zählte Virchow zu den zentralen Protagonisten der experimentellen Pathologie, bevor er sich vermehrt der histologischen und zytologischen Forschung zuwandte. So ist seine Arbeit über die experimentell induzierte Entzündung der Arterien ein Beispiel für jene Kombination aus künstlichen Läsionen am Versuchstier, der mikroskopischen Beobachtung ihrer Gewebereaktion und der chemischen Analyse der beteiligten Stoffe, die charakteristisch ist für den methodischen Ansatz der experimentellen Pathologie. Auch wenn Virchow seine ersten wissenschaftlichen Meriten auf diesem Feld erwarb, wird man dem Berliner Netzwerk weder gerecht, wenn man es auf die Person Virchow reduziert, noch wird man die Sprengkraft von Virchows Ideen und Arbeiten begreifen, wenn man ihn aus diesem sozialen Setting herauslöst. Daher werde ich zunächst kurz auf die Ausbildung der „Generation Virchow" eingehen, die für sie charakteristische Form einer neuen wissenschaftlichen Geselligkeit charakterisieren, um dann den Weg der experimentellen Pathologie von der Küche ins Labor in einigen groben Strichen nachzuzeichnen.

Die „Generation Virchow"

Grob vereinfachend stellt sich das soziale Netzwerk der Berliner Medizin als Generationsphänomen dar. Denn die Personen, um die es im folgenden gehen wird, entstammen mehr oder weniger dem gleichen Jahrgang:

„Generation Virchow"

Ernst Brücke	* 1819	† 1892
Emil du Bois-Reymond	* 1818	† 1896
Hermann Helmholtz	* 1821	† 1894
Rudolf Leubuscher	* 1821	† 1861
Arnold Mendelssohn	* 1817	† 1854
Joseph Meyer	* 1818	† 1887
Salomon Neumann	* 1819	† 1908
Robert Remak	* 1815	† 1865
Benno Reinhard	* 1819	† 1852
Hugo Ruehle	* 1824	† 1888
Ludwig Traube	* 1818	† 1876
Rudolf Virchow	* 1821	† 1902

Sie alle haben ihre medizinische Ausbildung an der Medizinischen Fakultät der Berliner Universität absolviert. Alle waren von den beiden großen Koryphäen der Berliner Fakultät zumindest so beeindruckt, dass sie von der Nachwelt in einem genealogischen Bedürfnis zu Schülern von Johannes Müller oder Johann Lukas Schönlein stilisiert werden, auch wenn nur in den seltensten Fällen von einem echten Lehrer-Schüler-Verhältnis ausgegangen werden kann. Auch eine gemeinsame „Studenten-Biographie" läßt sich nur mühsam stricken. Denn eine Reihe von ihnen waren Eleven der Friedrich-Wilhelms-Akademie. Als Zöglinge der militärärztlichen Bildungsstätten waren sie quasi „Internatsstudenten" und unterstanden der militärischen Disziplin. Auch wenn die angehenden Militärärzte dieselben Vorlesungen wie die Zivilstudenten genossen, blieben sie dennoch separiert. Zwar trennte keine Holzwand mehr beide Gruppen bei den Lehrveranstaltungen der Fakultät, doch die Vergabe der Sitzplätze im Hörsaal erfolgte nach wie vor getrennt. Das mag manche Animosität erklären, von der Zeitgenossen berichteten.

Anfang der 1840er Jahre, als diese Alterskohorte ihr Medizinstudium absolvierte, gab es an der Medizinischen Fakultät wenig Gelegenheit für die Einführung in wissenschaftliche Arbeitspraktiken. Für die

Zivilstudenten war sogar der Zugang zu klinischen Patienten reglementiert, da sie sich nur während des Unterrichts in den Krankensälen der Charité aufhalten durften. Zwar standen den Studierenden im Prinzip die Sammlungen im Anatomischen Museum offen, die das Anschauungsmaterial für die damals noch spärlich bebilderten anatomischen Lehrbücher boten. Weitergehende praktische Übungen blieben jedoch eine Rarität. So musste zwar der obligatorische Sezierkurs mit gut 20 Talern teuer bezahlt werden. Bei den Präparierübungen blieben die Studierenden aber „ganz ihrer eigenen Weisheit überlassen", wie sich ein ehemaliger Teilnehmer erinnerte. Denn der Anatom und Physiologe Johannes Müller (1801–1858) ließ sich höchstens auf ein halbes Stündchen in dem „Gewirre" des Seziersaals der alten Anatomie hinter der Garnisonskirche sehen, um mal „hierhin und dorthin einen Blick zu werfen". Da die meisten der knapp 200 Studenten bis dahin nämlich weder ein Skalpell geführt noch „die geringste Ahnung [...] von den Theilen, die sie präpariren sollten", hatten, lässt sich leicht vorstellen, „welche Fleischerstücke da verübt wurden und wie entsetzlich das reiche Material verdorben und vergeudet wurde". Gefördert wurde nur dann, wenn Müller beim täglichen Rundgang ein ganz besonders gelungenes Präparat in die Augen fiel. In diesem Falle wurde sein glücklicher Urheber nach oben in das kleine „Kabinett" gebeten, um dort unter Anleitung von Müller und seinen beiden Assistenten in die eigentliche wissenschaftliche Arbeit eingeführt zu werden.

Wissenschaftliche Geselligkeit

So fanden die meisten Aktivitäten in einem halbprivaten, halb-öffentlichen Bereich statt. Wir können heute aus Briefen, Danksagungen in Publikationen oder autobiographischen Erinnerungen zumindest einen bruchstückhaften Eindruck von dieser Form bürgerlicher Geselligkeit gewinnen. Beispielsweise erlaubt der dichte Briefwechsel zwischen den Freunden Emil du Bois-Reymond (1818–1896), Ernst Brücke (1819–1892) und Hermann Helmholtz (1821–1894) die Rekonstruktion des intensiven Gedankenaustauschs, in dem die jungen Ärzte das wirkungsträchtige Programm der *physikalischen Physiologie* entwickelten. Das war keineswegs nur ein Austausch bloßer Ideen. Der Briefwechsel gibt vielmehr auch einen Einblick in die Foren und Diskussionszirkel, die Anregungen für Instrumente, Messaufbauten und Experimentalanordnungen gaben, mit denen die hochfliegenden Ideen einer physikalischen Physiologie schließlich umgesetzt werden sollten. So war es kein Zufall, wenn Du Bois-Reymond seinem Freunde Helmholtz über seine neueste Apparatur begeistert schrieb, es sei schon „ein Schauspiel für Götter, den Muskel arbeiten zu sehen wie den Zylinder einer Dampfmaschine". Denn die „graphische Methode", mit der Helmholtz die Kraftentwicklung des Muskels vermaß, lässt sich auf das Prinzip der eben erst entwickelten Methode für eine geometrische Berechnung der Arbeitsleistung im Wattschen Indikatordiagramm zurückverfolgen, das in der Berliner Physikalischen Gesellschaft just zu dieser Zeit diskutiert wurde. Dort trafen sich nämlich nicht nur junge Physiologen und Physiker. Vielmehr war die Physikalische Gesellschaft ein Sammelbecken für aufstrebende Wissenschaftler, Ingenieure und spätere Industriekapitäne. 1854 zählte die 45 Mitglieder umfassende Gesellschaft allein 22 Privatdozenten, sechs unter ihnen waren Leutnants verschiedener technischer Militärabteilungen wie der Artillerie-Ingenieur Werner Siemens (1816–1892), sechs weitere bezeichneten sich wie Johann Georg Halske (1814–1890) als „Mechanikus".

Hervorgegangen war die Gesellschaft aus dem 1841 von Du Bois-Reymond gegründeten Naturforscherverein, dem neben Brücke drei angehende Chemiker und Physiker angehörten. Auch die Mitglieder der 1845 gegründeten Physikalischen Gesellschaft zählten noch nicht zum akademischen Establishment, sieht man von Gustav Magnus (1802–1870) ab, der die Rolle des väterlichen Schutzpatrons spielte. Die Gesellschaft war damit nicht nur ein Verein „junger Wilder", die sich verschworen hatten, die disziplinären Grenzen zwischen Physik, Physiologie und Medizin neu zu ziehen. In ihr hatten sich darüber hinaus laut Timothy Lenoir „einige der wortmächtigsten Befürworter gesetzlicher und politischer Reformen vereint". Diese Form sozialer Geselligkeit kann somit als ein Phänomen des Vormärz betrachtet werden, das traditionellere Formen des Vereinslebens ablöste. Bei den älteren wissenschaftlichen Vereinen Berlins stand eher die kollegiale Geselligkeit im Vordergrund: So bemühte sich Christoph Wilhelm Hufeland (1762–1836) als Vorsitzender der 1810 gegründeten und später nach ihm benannten Gesellschaft stets, jede Debatte über medizinische Theorien und wissenschaftliche Hypothesen aus den Sitzungen herauszuhalten. Auch der 1831 ins Leben gerufene Collegiale Verein von practischen Ärzten hatte sich der Geselligkeit und Erholung verschrieben und pflegte – neben Sommerfahrten aufs Land und fröhlichen Trinkgelagen im Mondenschein – vor allem das Kartenspiel.

Die Gründung wissenschaftlicher Vereine in den 1840er Jahre reflektierte dagegen ein anderes intellektuelles Klima, in dem sich zum einen die rasche Expansion Berlins zur Großstadt niederschlug. Wurden in der Preußischen Residenzstadt um 1820 rund 200.000 Einwohner gezählt, waren es Ende der 1840er Jahre bereits doppelt so viele. Überproportional dazu hatte sich die Zahl der Ärzte vermehrt. Gab es um 1800 etwa 50 Ärzte in Berlin, so war ihre Zahl 1835 bereits auf 191 gestiegen. 1856 zählte man sogar schon 580 Ärzte. Damit war die medizinische Landschaft größer und unübersichtlicher geworden, und die alten Formen des geselligen Zusammenseins hatten sich überlebt. Zum anderen wurden die neuen Assoziationen von einem anderen Geist beseelt. Wenn sich die 1844 von Carl Wilhelm Mayer (1795–1868) gegründete Gesellschaft für Geburtshülfe zur Aufgabe stellte, zehn „der hervorragendsten und meist beschäftigten Geburtshelfer der preußischen Residenz" zu versammeln, so hob dieses Ziel auf die praktische Arbeit und wissenschaftliche Leistung ab, was nicht notwendigerweise mit akademischen Ehren und amtlicher Stellung einherging. In gewissem Sinne entsprach das wissenschaftliche Ethos einem demokratischen Verständnis, nach dem sich in der Wissenschaft jeder durch eigenes Talent, eigenes Geschick und eigene Arbeit auszeichne. Gepaart war diese demokratische Haltung mit einer liberalen Gesinnung. Das gilt nicht nur für den späteren Schwiegervater Virchows, dessen liberale Einstellung bekannt war. Aus Mayers Gesellschaft ging zum Beispiel das Komitee zur Anbahnung medizinischer Reformen hervor.

Ein Pendant zur Physikalischen Gesellschaft war in vielerlei Hinsicht die Gesellschaft für wissenschaftliche Medicin (gegr. 1844). Auch hier kamen die, wie sie sich selbst charakterisierten, „jüngeren Ärzte" zusammen, um „einen Protest gegen die herrschende Richtung der Medicin" zu bilden: Das Namensregister der ersten Jahre liest sich streckenweise wie ein „Who is who" des medizinischen Berlin der zweiten Jahrhunderthälfte: A. Müller (1810–1875), Carl Posner (1815–1868), Reinhardt, Leubuscher, Carl Liman, Neumann, Traube oder Virchow, um nur die bekannteren zu nennen. Die Gesellschaft war ebenfalls der „Tendenz nach eine rein wissenschaftliche", was zu dieser Zeit fast gleichbedeutend mit einer dezidiert politischen Haltung war. Bereits ein Jahr nach ihrer Gründung mischte sich die Gesellschaft energisch in die Debatte um die Medizinalreform ein – und in den aufziehenden Märzunruhen stellte sie sich „zur Förderung der gesammten Medicin vom wissenschaftlichen Standpunkt aus" ganz in den Dienst der Reformbewegung. Und die von Leubuscher und Virchow herausgegebene Medicinische Reform, in der die Gesellschaft ihre Sitzungsprotokolle veröffentlichte, fungierte während des Revolutionsjahres quasi als Zentralorgan der demokratischen Bewegung der Berliner Ärzteschaft.

Küchenexperimente

Ein weit weniger prominentes Beispiel dieser neuen wissenschaftlichen Geselligkeit ist der Kreis junger Ärzte um Arnold Mendelssohn. Das mag daran liegen, daß manche von ihnen, wie Joseph Meyer, auf Grund ihrer jüdischen Religionszugehörigkeit nicht oder, wie Ludwig Traube, nur verspätet reüssieren sollten. Andere wurden in den Wirren des Vormärz gar, wie Arnold Mendelssohn, zum Opfer politischer Justiz. Bekanntere Mitglieder dieses Kreises sind dagegen der spätere Bonner Kliniker Hugo Rühle – oder eben Rudolf Virchow. Zu diesem Zeitpunkt waren die meisten jedoch, sieht man von Virchow ab, noch als Armenärzte tätig. Der Kreis traf sich Anfang der 1840er Jahre jeden Montagabend im Haus von Arnolds Vater, Nathan Mendelssohn (1782–1852), dem jüngsten Sohn des berühmten Berliner Aufklärers. Dort wurden dann, wie sich Virchow erinnert, „die Untersuchungen der französischen Forscher Magendie, Laennec, Bichat etc." diskutiert. Später kamen vor allem François-Achille Longet und Claude Bernard hinzu. Vor allem die Veröffentlichungen von François Magendie stießen auf reges Interesse. Die Arbeiten der Pariser Schule hatten im Unterricht an der Universität meist nur geringe Beachtung gefunden. In dem kleinen Studierkreise wurde keineswegs nur gelesen und debattiert. Vielmehr fingen einige bald auch an, die ihnen nur aus der Literatur bekannten Experimente nachzubauen und weiterzuführen.

Fügt man die wenigen Anmerkungen und Erwähnungen in den publizierten Versuchsprotokollen zusammen, dann hatten Mendelssohn, Traube und Rühe wohl im Herbst 1843 damit begonnen, die Vaguslösionsexperimente von Longet zu wiederholen. Diese galten als schlagender Beleg für eine neuropathische Entzündungstheorie, nach der die Ursache von Entzündungsprozessen in der gestörten Innervation der lokalen Blut- und Lymphgefäße zu suchen sei. Denn bei seinen Versuchstieren hatte Longet nach experimenteller Durchtrennung der großen Halsnerven binnen weniger Stunden und Tage pathologische Veränderungen des Lungengewebes beobachten können, die er unmittelbar auf die experimentell erzeugte Nervendurchschneidung zurückführte.

Wie gesagt: Arbeitsmöglichkeiten oder gar Laborarbeitsplätze gab es kaum. Folglich wurden die ersten Experimente, wie sich ein Zeitgenosse erinnert, „in der primitivsten Weise in Traubes Wohnung angestellt". In Ermangelung jedes anderen Hilfsmittels wurden die „Kaninchen auf einem Schachteldeckel mit Beinschlingen befestigt", um die so fixierten Versuchstiere operieren zu können. Auch nach vorgenommener Vagusdurchschneidung wurden die Tiere wohl in der Wohnung gehalten, denn wie zwei Versuchsprotokolle vermerken, blieben die Tiere bei nächtlichem Ableben „über Nacht in der kalten Küche liegen", um am nächsten Morgen möglichst frisch seziert zu werden.

Dem Genius loci folgend wurden bei diesen Küchenexperimenten in erster Linie einfache Utensilien verwendet, wie sie eben in der Küche oder auf dem Schreibtisch zu finden waren: Mit Schnur und Faden wurden durchtrennte Luft- oder Speiseröhren abgebunden, mit einem Federkiel künstliche Luftröhrenschnitte offengehalten, zerknüllte Papierkügelchen dienten zur Verstopfung von Luftwegen, und Tinte wurde verwendet, um den mangelnden Abschluss der Luftwege beim Schluckakt des operierten Versuchstieres nachzuweisen.

Improvisationen und einfachste Bedingungen waren also kein Hindernis. Obwohl die Versuche mehr oder minder auf dem Küchentisch durchgeführt wurden, legen die ersten Publikationen von Traube, Mendelssohn und Ruehle Zeugnis über eine umfangreiche experimentelle Praxis ab. Über Wochen erstreckten sich die Versuchsreihen mit regelmäßigen Sequenzen von fünf bis zu 20 Einzelversuchen. Mehr als 60 Versuchstiere ließen allein in der Wohnung von Ludwig Traube ihr Leben. Bald wurden aber auch speziellere Instrumente herangezogen. Traube wie Mendelssohn beschreiben in ihren Veröffentlichungen ein Gerät, mit dem es ihnen gelang, die durchtrennte Luftröhre in Modifikation der Longetschen Experimente zuverlässig vor dem Einbluten oder dem Einsickern von Wundsekreten zu schützen. Dieses Gerät zählte sicherlich auch damals nicht zur üblichen Ausstattung eines Haushaltes. Denn der Abbildung von Traube zufolge (s. unten) dürfte dieser Luftröhren-Tubus aus Metall gewesen sein. Zudem muss das Instrument genau auf diese Verwendung hin konstruiert worden sein. Zum einen waren Ösen im Tubus angebracht, durch die der Nähfaden zur Fixierung der Luftröhre gezogen wurde. Zum anderen war die große Platte, die den Halsschnitt abdeckte, ein unmittelbares Resultat erster Versuchsserien, die auf die Bedeutung in die Luftröhre eindringender Wundsekrete aufmerksam gemacht hatten.

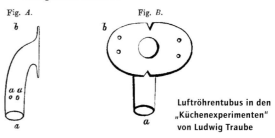

Luftröhrentubus in den „Küchenexperimenten" von Ludwig Traube

Trotz der „primitiven Bedingungen" wurde bei diesen Küchenexperimenten also bereits ein ausgefeiltes Instrumentarium verwendet. Es läßt sich heute nicht mehr nachvollziehen, wo Mendelssohn oder Traube sowohl dieses Gerät als auch weitere in modifizierten Formen anfertigten oder herstellen ließen. Möglicherweise stand der Vater von Arnold Mendelssohn hilfreich zur Seite. Denn Nathan Mendelssohn hatte in seiner Jugend eine Ausbildung als Instrumentmacher in London absolviert. Nach seiner Rückkehr nach Berlin eröffnete er in der Behrenstraße 60 eine Werkstatt für astronomische, geodätische und physikalische Instrumente, die nicht nur Alexander von Humboldt zu rühmen wußte. Mendelssohns Instrumente, wie z. B. Luftpumpen mit gläsernen Zylindern und Tellern, konnten sich „mit den besten englischen und französischen" messen. Zwar ging diese Werkstatt nach der preußischen Niederlage in Jena und dem Einmarsch der französischen Truppen in Berlin ein. Dennoch ist durchaus vorstellbar, daß das Barometer, mit dem Arnold Mendelssohn die Druckschwankungen beim Aus- und Einatmen vermaß, nebst anderen Meßapparaten ebenso aus den Beständen des ehemaligen Instrumentenmachers kam wie die Werkzeuge, mit denen der Luftröhrentubus hergestellt wurde.

Die intensive Zusammenarbeit kam Ende 1844 jedoch zu einem Ende. Arnold Mendelssohn überwarf sich mit Traube und den anderen. Wir kennen den Grund nicht. Naheliegend ist, daß die im Dezember 1844 gegründete Gesellschaft für wissenschaftliche Medicin dem alten Kreis eine neue Organisationsform gab, wofür zum einen der Montagstermin der Versammlungen als auch – zumindest in Teilen – die personelle Kontinuität spräche. Es mag auch sein, dass sich der Kreis wegen Mendelssohns zunehmender Begeisterung für Ferdinand Lassalle (1825–1864) auflöste, die im Sommer 1846 schließlich zur berüchtigten Kassettenaffäre und zu der daraus folgenden Verurteilung Mendelssohns zu fünf Jahren Zuchthaus führte. Und schließlich wäre auch möglich, dass wissenschaftliche Differenzen Anlass für sein Auseinanderbrechen waren. Obwohl Mendelssohn wie Traube das gleiche Experimentalsystem verwendeten, entwickelte nämlich jeder eine andere Theorie, wie die experimentell hervorgerufenen Veränderungen zustande kämen. Mendelssohn betrachtete die Druckveränderungen beim Aus- und Einatmen, die durch die Verengung der gelähmten Stimmritze hervorgerufen wurden, als entscheidende Ursache für die entzündliche „Hyperämie" des Lungengewebes. Traube hingegen führte die Entzündung auf eine sekundäre Folge der Vaguslähmung zurück. Er machte einen entzündlichen Stoff im Mundspeichel verantwortlich, der durch den gelähmten Kehlkopf fälschlicherweise in die Atemwege gelange. Auf jeden Fall publizierte Arnold Mendelssohn seine Versuche 1845 in einer eigenständigen Monographie. 1846 dagegen legte Traube seine Interpretation der Versuche dar, wobei es ihn viel Mühe und Aufwand kostete, die Argumentation des ehemaligen Mitstreiters experimentell zu entkräften.

Dennoch muss man festhalten, dass diese Küchenexperimente in einer engen sozialen Kooperation entwickelt wurden. Nicht nur, dass die Experimente, an denen sich Traube, Mendelssohn und Ruehle erprobten, der gemeinsamen Lektüre und der kritischen Diskussion des Montagskreises in Hause Nathan Mendelssohns entsprungen waren. Auch ihre Umsetzung, die experimentelle Anordnung der modifizierenden Versuchsschritte und die Entwicklung besonderer Gerätschaften sind ein eindrücklicher Beleg für die enge Zusammenarbeit. Und schließlich ist zu berücksichtigen, dass keines dieser Experimente von einem einzelnen allein durchgeführt werden konnte. Die diffizile Operationstechnik verlangte wenigstens ein zweites Paar Hände, das beispielsweise die Haken zu halten hatte und dem in Veröffentlichungen dankbar eine Fußnote gewidmet wurde. So wurden in diesem Kreis um Traube und Mendelssohn nicht nur dieselben Instrumente und Hilfsmittel, sondern auch die gleichen oder analogen Modifikationen des Versuchsaufbaus eingesetzt. Und bei genauer Lektüre der Publikationen lässt sich sogar der eine oder andere Versuchsbericht finden, der darauf schließen lässt,

dass das gleiche Kaninchen von jedem der drei zu unterschiedlichen Versuchen herangezogen wurde.

Der Weg ins Labor

Es wäre ein Kurzschluss zu glauben, Traubes Experimente seien die erfolgreicheren gewesen, weil sie jenen Pathomechanismus beschrieben, den wir heute als Aspirationspneumonie bezeichnen. Entscheidend dürfte vielmehr das wissenschaftliche Forum gewesen sein, in dem Traube seine Ergebnisse publizierte. Sie erschienen nämlich als erster Beitrag eines neu gegründeten wissenschaftlichen Periodikums und wurden von einer knappen, aber sehr konzisen programmatischen Einleitung gerahmt, in dem Traube das wissenschaftliche Bekenntnis der Berliner *pressure group* auf den Punkt brachte. Zudem trat Traube nicht als einzelner Inaugurator in Erscheinung. Als weitere Herausgeber der *Experimentellen Beiträge zur Pathologie* zeichneten Rudolf Virchow und Benno Reinhardt, also ebenfalls zwei zu diesem Zeitpunkt zwar hoffnungsvolle, aber keineswegs anerkannte oder gar etablierte Forscher.

Bildete das Vereinswesen das lokale wissenschaftliche Netzwerk, so formierten sich in der Fachpublizistik des Vormärz neue überregionale Foren. Die *Experimentellen Beiträge zur Pathologie* waren nicht die einzige Neugründung, sondern vielmehr ein (zudem nur kurzlebiger) Vertreter einer neuen Publizistik, die von *Haesers Archiv* über die *Gelben Blätter* der drei Tübinger (Griesinger, Roser und Wunderlich) und die *Zeitschrift für rationelle Medicin* bis hin zu *Virchows Archiv* auf den medizinischen Markt drängten. Am Beginn des 19. Jahrhunderts hatte die medizinische Journalistik – abgesehen von den kurzlebigen und durch ihr Sendungsbewusstsein gekennzeichneten Zeitschriften naturphilosophischer Provenienz – noch den Charakter einer Erfahrungsbörse aufgewiesen, wo jeder praktisch tätige Arzt über die ihm imponierenden Beobachtungen oder Kuriositäten berichten konnte. Neben diesen breiten, dem Praktiker gewidmeten Foren gab es seit Ende des 18. Jahrhunderts zwar auch thematisch orientierte oder fachspezifisch eingegrenzte Zeitschriften, die vorwiegend den jeweiligen Spezialisten ansprachen, wie beispielsweise das von Reil gegründete und von Johannes Müller (1801–1858) weitergeführte *Archiv für Anatomie, Physiologie und wissenschaftliche Medicin*. Im Unterschied zu diesen artikulierte sich in den Neugründungen der wissenschaftlichen Publizistik der 1840er Jahre jedoch, wie Virchow später gerne zugab, ein Generationskonflikt, der sowohl in einem neuen wissenschaftlichen Selbstverständnis als auch in der politisch-freiheitlichen Ausrichtung dieser Zeitschriften seinen Ausdruck fand.

Welche Rolle dieses publizistische Forum spielte, wurde in der wissenschaftlichen Auseinandersetzung deutlich, die Traubes Veröffentlichung hervorrief. Seine experimentellen Ergebnisse wurden nämlich postwendend in Frage gestellt – und zwar von einem jungen Frankfurter Arzt, der seine experimentalphysiologische Ausbildung im Labor von Longet erhalten hatte. Dieser bestritt mit eigenen Experimenten und der ganzen Autorität, die ihm seine Pariser Erfahrungen gab, den von Traube postulierten Pathomechanismus. Es würde zu weit führen, hier die Debatte im Einzelnen aufzurollen, die sich über fast zwei Jahre hinzog. Traube sah sich jedoch gezwungen, seine Küchenexperimente zu wiederholen. Nun allerdings gab er seinen Versuchen einen anderen Rahmen. Er tauschte das Provisorium der heimischen Küche gegen den Sektionsraum der Charité. Statt unter primitivsten Bedingungen fanden seine Versuche nun in einem professionellen Umfeld unter laborähnlichen Umständen statt.

Traube griff nämlich auf das Berliner Netzwerk der „jungen Wilden" zurück. Wie die veröffentlichten Versuchsberichte sorgfältig vermerkten, wurden die wichtigsten Experimente unter der tätigen Mithilfe von Leubuscher, Reinhardt, Ruehle und Virchow im Leichenhaus der Charité wiederholt. Die hinzugezogenen Ärzte fungierten zum einen als Zeugen: Sie bestätigten sowohl das Alter und die Identität der Versuchstiere als auch die morphologischen Befunde der Sektion und bürgten damit für die Authentizität der experimentellen Ergebnisse. Zum anderen wurden die Versuche zumindest in Ansätzen arbeitsteilig durchgeführt. So übernahm beispielsweise Reinhardt den für Traubes Argumentation zentralen Nachweis von Plattenepithelien (also Mundschleimhautzellen) im Entzündungssekret der Lungenbläschen. Damit schaltete ein sozusagen „zweites Auge" den in der instrumentellen Eigenart mikroskopischer Befunde liegenden „subjektiven Faktor" aus.

Zwei Aspekte sind hierbei bemerkenswert: Erstens wurden nicht die renommierten Autoritäten der Berliner Medizin benannt. Stattdessen wurden wiederum die noch nicht etablierten jüngeren Ärzte in den Zeugenstand gerufen, deren Aussage der gleiche wissenschaftliche Wert wie dem der Pariser Autoritäten zustehe. So trat nicht Traube als Einzelner, sondern die ganze Berliner *pressure group* zu seiner Verteidigung an. Die dezidierte Benennung der an den Versuchen beteiligten Wissenschaftler brachte auch in der publizistischen Fachöffentlichkeit den fraktionellen Zusammenschluss Gleichgesinnter sehr deutlich zum Ausdruck. Sie gab dem wissenschaftlichen Kontrahenten, wie bereits Schmiedebach feststellte, unmissverständlich zu erkennen, dass er es nicht mit den subjektiven Eindrücken eines einzelnen Individuums, sondern mit einer wissenschaftlich homogenen Gruppe zu tun habe, deren soziale Bindung auf der gleichen wissenschaftlichen Methode und auf der selben programmatischen Überzeugung basiere.

Zweitens war diese Art gemeinschaftlicher Wahrheitsfindung keineswegs nur ein verbaler Akt, sondern ging auf eine gemeinsame experimentelle Praxis zurück, die nicht nur bezeugende Teilnahme oder assistierende Mithilfe und Beteiligung umfasste. Denn Virchow stellte Traube offensichtlich bereitwillig alle institutionellen Ressourcen zur Verfügung, die ihm mit der Berufung auf die Prosektur der Charité zur Verfügung standen. Wir wissen zwar nicht, wie Virchow dies möglich war. Es war nämlich für Dritte weder selbstverständlich noch einfach, das Leichenhaus für eigene Forschungen zu nutzen. Während die Dienstinstruktionen der Prosektur den Charité-Ärzten zum Beispiel nur einen streng limitierten Zugriff auf die räumliche und apparative Ausstattung des Leichenhauses einräumten, verschaffte Virchow seinen Freunden offenbar einen weitgehenden Zugang zu den dortigen Arbeitsmöglichkeiten.

Die Charité bot jedoch für die physiologischen Tierexperimente keineswegs die besten Bedingungen. Wie aktenkundige Klagen aus späteren Jahrzehnten verdeutlichen, war das Krankenhausgelände für die Haltung von größeren Versuchstieren nicht besonders gut geeignet. Daher wurde jede Möglichkeit genutzt, die sich auftat.

Eine solche gab es auf der anderen Seite der Luisenstraße. Der preußische König hatte kaum Kosten für die Ausbildung „seiner" Veterinärchirurgen, die sich für den Heeresdienst qualifizierten, gescheut. Ihre Ausbildung folgte ganz dem klinischen Modell, so dass die Veterinäre während ihrer „praktischklinischen Übungen im Spital für kranke Pferde" ebenfalls „Krankenjournale" zu führen hatten. Selbst an die „höhere Wissenschaft" war gedacht worden. Bereits 1824 lässt sich ein chemisch-physikalisches Laboratorium nebst Gerätesammlung im Altbau der Tierarzneischule nachweisen – ganz im Gegensatz zur Charité, die erst in den 1850er

Jahren ähnliche Laborplätze einrichten konnte. In der Praxis wurden diese Unterrichtsmöglichkeiten allerdings kaum in Anspruch genommen. So sollte nach der Allerhöchsten Cabinetsordre vom 24. Juli 1836 für eine sinnvolle Verwendung dieser Investitionen gesorgt werden. Damit wurde ganz offiziell für „wissenschaftlich bewährte Männer" die Tür zu den Einrichtungen der Tierarzneischule geöffnet, um dort „zur Förderung der vergleichenden Anatomie, zu physiologischen, zoochemischen, operativen und therapeutischen Zwecken [...] die geeigneten Versuche anzustellen".

Schon 1846 griffen Traube und Ruehle auf diese Gelegenheit zurück. Wie es den beiden gelang, den Director der Tierarzneischule von ihrer „wissenschaftlichen Bewährung" zu überzeugen, ist zwar nicht bekannt. Doch diese Arbeitsmöglichkeit schlug sich umgehend in der experimentellen Praxis nieder. Beide zogen nun auch, wenn auch unter unterschiedlichen Fragestellungen, Hunde zu ihren Versuchen heran, um die bislang nur an Kaninchen gewonnenen Ergebnisse weiter abzusichern. Es ist durchaus möglich, dass die beiden nicht die einzigen waren, die dort experimentierten. Auch Du Bois-Reymond, der vom Fenster seiner Wohnung die schönste

Tierarzneischulgarten, 1890. Bis auf das 1865 errichtete Gebäude der Universitäts-Anatomie dürfte der Lageplan weitgehend der Situation Ende der 1840er Jahre entsprechen. Das physikalisch-chemische Labor befand sich im alten Apothekengebäude (Kreis).

Aussicht auf den Arzneischulgarten genoss, könnte seine Küchenexperimente möglicherweise dorthin verlagert haben.

Der institutionelle Rahmen spielte somit zu diesem Zeitpunkt weder für die Durchführung noch für die Akzeptanz von physiologischen Experimenten eine

Rolle. Es war unerheblich, dass Traube seine klinisch ausgerichteten Versuche an jenem Ort re-inszenierte, der zugleich das sozusagen „innerste Refugium" der sich institutionalisierenden pathologischen Anatomie bildete. Ebenso selbstverständlich war, dass Traube – wie andere aus der *pressure group* – zu den Experimenten von Du Bois-Reymond hinzugebeten wurde. Das liegt sicherlich auch daran, dass zwischen der „eigentlichen" Physiologie, der pathologischen Anatomie und der experimentellen Pathologie (im Sinne der heutigen klinischen Pathophysiologie) noch keine festen disziplinären Grenzen bestanden.

Aber das allein erklärt dieses gemeinschaftliche Experimentieren nicht. Auch als sich die wissenschaftlichen Disziplinen institutionell zu verfestigen begannen, hatte das „Berliner Netzwerk" Bestand. Zwar hatten sich Mitte der 1850er Jahre die meisten der ehemaligen Mitstreiter ein eigenes Arbeitsgebiet erschlossen und zählten als Institutsleiter oder Klinikdirektoren zu den anerkannten Autoritäten der Medizinischen Fakultät. Doch das Netzwerk erstreckte sich nun über die Assistenten und Schüler, die unabhängig von ihrer institutionellen Zugehörigkeit als Kliniker im Labor des Pathologischen Institutes oder umgekehrt als Assistenten Virchows in der Klinik experimentelle Erfahrungen erwarben. Dabei wurden Arbeitsmethoden quer durch die institutionelle Landschaft ausgetauscht, experimentelle Untersuchungstechniken über die Laborgrenzen hinweg vermittelt oder bereitwillig Erfahrungen mit dem apparativen Equipment geteilt. So erhielt beispielsweise Hermann Senator (1834–1911), der als Traubes Schüler dessen Untersuchungen zur Entstehung der Fieberwärme mit Hilfe physiologischer Stoffwechseluntersuchungen fortsetzte, seine Ausbildung in chemischer Analytik bei Willy Kühne (1837–1900), dem Vorsteher des physikalisch-chemischen Laboratoriums von Rudolf Virchow. Virchows Assistent Julius Cohnheim (1839–1884) hingegen wurde von Traube in die experimentalphysiologische Methodik eingeführt, während Isidor Rosenthal (1836–1915), der Assistent Du Bois-Reymonds in der Physiologie, Traube bei der Konstruktion seiner kymographischen Apparate hilfreich zur Seite stand. Kurzum: Obwohl sich inzwischen jeder bemühte, ein eigenes Labor, und sei es noch so klein, mit experimental-physiologischem Instrumentarium zu etablieren, führte die zunehmende Institutionalisierung des klinischen Experimentierens nicht dazu, dass das soziale Netzwerk auseinanderbrach.

Es ging vielmehr in einer wissenschaftlichen Arbeitsweise auf, die kennzeichnend für die *laboratory revolution* der Medizin werden sollte. Experimentelle Verfahren waren nun zunehmend mit dem Einsatz komplizierter Gerätschaften und der Kombination unterschiedlicher Untersuchungstechniken verbunden, die arbeitsteilige Kooperationen sowie methoden- und schulübergreifende Herangehensweisen voraussetzten. Erst in diesem Netzwerk zwischen Wissenschaftlern, experimentellen Techniken und Institutionen wurde somit jene produktive Phase der Berliner Medizin möglich, für die Rudolf Virchow nur ein Beispiel ist.

Der Autor ist Privatdozent am Institut für Geschichte der Medizin (ZHGB), Freie Universität Berlin/ Humboldt-Universität zu Berlin.

* Die Vorarbeiten für den vorliegenden Aufsatz wurden durch ein großzügiges Research-Fellowship des Max-Planck-Institutes für Wissenschaftsgeschichte (Berlin) ermöglicht.

LITERATUR (AUSWAHL)

BRAIN, R. M. und M. N. WISE, *Muscles and Engines: Indicator Diagrams and Helmholtz's Graphical Methods*. In: Universalgenie Helmholtz. Rückblick nach 100 Jahren, Hrsg. L. Krüger, Berlin 1994, S. 124–145

CAHAN, D. (Hrsg.), *Letters of Hermann von Helmholtz to His Parents. The Medical Education of a German Scientist 1837–1846*, Stuttgart 1993

COLEMAN, W. UND F. L. HOLMES, *Introduction*. In: The Investigative Enterprise. Experimental Physiology in Nineteenth-Century Medicine, W. Coleman und F. L. Holmes (eds.), Los Angeles, London 1988, p. 1–14

HESS, V., *Der wohltemperierte Mensch. Wissenschaft und Alltag des Fiebermessens (1850–1900)*, Frankfurt/M. 2000

LENOIR, T., *Laboratories, Medicine and Public Life in Germany, 1830–1849. Ideological Roots of the Institutional Revolution*. In: The Laboratory Life in Medicine, A. Cunningham und L. P. Williams (eds.), Cambridge 1992, p. 14–71

OLESKO, K. M., *Civic Culture and Calling in the Königsberg Period*. In: Universalgenie Helmholtz. Rückblick nach 100 Jahren. Hrsg. L. Krüger. Berlin 1994, S. 23–42

SCHMIEDEBACH, H.-P., *Pathologie bei Virchow und Traube. Experimentalstrategien in unterschiedlichem Kontext*. In: Die Experimentalisierung des Lebens. Experimentalsysteme in den biologischen Wissenschaften 1850/1950. Hrsg. von H.-J. Rheinberger und M. Hagner, Berlin 1993, S. 116–134

Eva Brinkschulte
„Geld und Raum braucht es, um etwas Großes zu schaffen"
Virchow und die Berliner Krankenhäuser

„Die Medizin ist eine soziale Wissenschaft und die Politik ist nichts weiter, als Medizin im Großen", diesem viel zitierten Ausspruch Virchows folgend, wurde seinem Wirken als Abgeordneter im Preußischen Abgeordnetenhaus und im Reichstag weit mehr Beachtung geschenkt als seiner Tätigkeit auf der lokalpolitischen Bühne der Stadt Berlin. Eine Reihe von Autoren und Virchowbiographen haben die Hinwendung Virchows zur Kommunalpolitik als „Resignation" und „Enttäuschung" interpretiert, die aus der Bismarckschen Einigung Deutschlands resultierte. Im Gegensatz dazu will dieser Beitrag herausstellen, dass die Berliner Kommunalpolitik die Basis der Erfolge der Deutschen Fortschrittspartei – zu deren Mitbegründern Virchow gehörte – darstellte.

Berlin – zumal als Reichshauptstadt –, war der Schauplatz, auf dem die liberalen Fortschrittler für einige Jahrzehnte ihr politisches Programm in praktische Taten umsetzten. Ohne diesen Hintergrund hätte die Partei auf Reichsebene nicht den Widerhall gefunden, der sich etwa bei Reichstagswahlen zeigte. Über die Bismarckzeit hinaus blieb der Gründungsort Berlin eine Hochburg der Fortschrittspartei, die in der Stadtverordnetenversammlung die politische Orientierung der Hauptstadt repräsentierte, denn hier stellte sie die Mehrheit. Diese bürgerlich-liberal geprägte kommunale Selbständigkeit stand in der Kaiserzeit im Kontrast zur nationalen Repräsentationsrolle Berlins als königliche bzw. kaiserliche Residenzstadt.

Mehr als 40 Jahre, von 1859 bis zu seinem Tode 1902, hat Rudolf Virchow als Stadtverordneter die Entwicklung des öffentlichen Gesundheitswesens in Berlin (mit)gestaltet und (mit)bestimmt. Aus dem Spektrum seines Wirkens soll hier der Einfluß beleuchtet werden, den Virchow auf die Entwicklung der städtischen Krankenhäuser Berlins genommen hat.

Das Berlin der Kaiserzeit erlebte in der Zeit nach 1871 einen intensiven Ausbau der Krankenhäuser, unter denen die städtischen Einrichtungen Berlins weltweit als richtungsweisend galten. In der Zeitspanne zwischen 1868 bis zu Virchows Tod wurden die vier großen städtischen Krankenhäuser gebaut: das Krankenhaus am Friedrichshain (1875), das Moabiter Krankenhaus (1874), das Krankenhaus am Urban (1890) und schließlich das nach Virchows Tod eröffnete, aber schon 1901 nach ihm benannte Rudolf Virchow-Krankenhaus (1906).

Virchows Konzept einer öffentlichen Gesundheitspflege war umfassend. Die initiierten Maßnahmen zur Assanierung Berlins beinhalteten Reformen für die Reinhaltung von Wasser, Boden und Luft, Maßnahmen zur Verbesserung der Wohnung und der Arbeitsstätten, Kontrolle der Nahrungsmittel usw. Krankenanstalten und Krankenhäuser waren nur ein Bestandteil des Gesamtkonzepts einer öffentlichen Gesundheitspflege, dennoch besaßen sie für den liberal-demokratischen Politiker wie für den sozialpolitisch engagierten Lokalpolitiker Virchow eine besondere Funktion. Das Krankenhaus entwickelte sich in der zweiten Hälfte des 19. Jahrhunderts zu einem Zentrum der medizinischen Versorgung. Parallel dazu verlief eine Kommunalisierung des Krankenhauswesens. Im sozialpolitischen Kontext der Kommunalpolitik wurde das Krankenhaus zum herausragenden Prestigeobjekt der erstarkten städtischen Selbstverwaltung – zum Symbol der städtischen Selbständigkeit schlechthin.

Welche Leitlinien lassen sich an der Berliner Krankenhausplanung ablesen hinsichtlich Baustil, Kapazität, technischer Ausstattung? Wie war es um das soziale Gefüge im Innern der Einrichtungen bestellt? Lassen sich, kontrastiert mit der Programmatik der *Medizinischen Reform* der Revolutionszeit, Traditionslinien in den realisierten Bauprojekten auffinden? „Die medizinische Reform die wir gemeint haben, war eine Reform der Wissenschaft und der Gesellschaft", hatte Virchow in der letzten Nummer der *Medizinischen Reform* formuliert : „Wir wechseln nicht die Sache, sondern nur den Raum".

Die *Medizinische Reform* und das Berliner Verwaltungsdilemma

In der Revolution von 1848 war der Zusammenhang von Armut und Krankheit als „sociale Frage" überdeutlich geworden. Die Forderungen dieser Zeit nach sozialen und politischen Reformen betrafen vor allem die Verbesserung der Lebensbedingungen und die Gesundheit der unteren Schichten. Verbunden waren diese mit Bestrebungen, eine Reform der medizinischen Ausbildung durchzusetzen und eine Neuordnung des Ärztestandes zu erreichen. Zum Programm der Medizinalreform in der Revolutionszeit gehörten neben der allgemeinen Anerkennung eines Rechts der Arbeiter auf Gesundheit der Ruf nach einer freien Ärzteassoziation, der Bildung eines Ministeriums für öffentliche Gesundheitspflege, auch die Forderung nach einer hinreichenden Zahl von Ärzten, Pflegern und Krankenhäusern. Vieles von dem, was in die von Virchow herausgegebene *Medicinische Reform* Eingang fand, hatte bereits der jüdische Arzt Salomon Neumann, der seit 1847 als Armenarzt in Berlin tätig war, in seiner Schrift über *Die öffentliche Gesundheitspflege und das Eigentum* vorformuliert. Über Jahrzehnte hinweg war Neumann Weggefährte und Mitstreiter Virchows, auch wenn ihre politischen Anschauungen recht unterschiedlich waren. Eindeutige Zuschreibungen sind schwierig; war Neumann der Motor der Bewegung, so war Virchow deren Kopf.

Die Medizinalreform scheiterte ebenso wie die Revolution von 1848 selbst, alles blieb beim Alten. 1849 trennten sich die Wege der beiden Reformer. Virchow folgte dem Ruf auf den Lehrstuhl für Pathologie an der Universität Würzburg. Neumann wurde 1849 der 1. Vorsitzende des Ärztekollegiums des Berliner Gesundheitspflegevereins der Deutschen Arbeiterverbrüderung. Im Rahmen dieser Arbeiter-Selbsthilfeorganisation sollten die sozialmedizinischen Vorstellungen vom Recht auf Erhaltung der Gesundheit bis hin zur Assoziation der Ärzte in die Tat umgesetzt werden. Im Vordergrund der Aktivitäten stand die Hauskrankenpflege als ambulante medizinische Versorgung. Durch den großen Zulauf sah der Magistrat im Gesundheitspflegeverein eine Konkurrenz zum Gewerkskrankenverein, der städtischen „Zwangskasse". 1850 wurde die Arbeiterverbrüderung verboten. Der Gesundheitspflegeverein bestand noch bis 1853, dann wurde auch er von der Polizeibehörde mit der Begründung, hier würde „demokratische Propaganda unter dem Deckmantel der ärztlichen Pflege" getrieben, verboten.

Die Machtfülle des Berliner Polizeipräsidenten und die Schwächung der Berliner Selbstverwaltung war signifikant für die Politik in der Reaktionszeit nach dem Scheitern der Revolution von 1848. Das Berliner Verwaltungsdilemma bestand in der Doppelstruktur, die Magistrat und Polizeipräsidium gleiches Mitspracherecht einräumte. Polizeipräsidium, Sanitätskommission und städtische Armendeputation waren die Einrichtungen, die für die verschiedenen Bereiche der öffentlichen Gesundheitspflege zuständig waren. Die Medizinalpolizei unterstand dem Polizeipräsidium, sie war eine staatliche Einrichtung. Ihre Aufgaben und ihre Organisation wurde in den Bestimmungen von 1822 geregelt. Sie führte die Aufsicht über den Umgang mit Medikamenten, traf Vorkehrungen gegen ansteckende Krankheiten (Seuchen), besaß die Aufsicht über die Kranken- und Irrenhäuser, die „Rettungsanstalten" und die Lebensmittelhygiene.

Die Armenkommission war an die Stelle des ehemaligen Armendirektoriums getreten, nachdem die Zuständigkeit für die Armenverwaltung auf die Stadt übergegangen war. Sie setzte sich zusammen aus dem Bezirksvorsteher, dem Stadtverordneten des Bezirks und gewählten Bürgerdeputierten, die später das Recht besaßen, aus ihrer Mitte den Vorsitzenden der Kommission zu wählen. 1826 wurde diese Organisation auf das gesamte Stadtgebiet übertragen und insgesamt 61 Armenkommissionen gebildet. 1886 bestanden 213 Armenkommissionen.

Die Sanitätskommission basierte auf einem unter dem Eindruck des Schreckens der ersten Choleraepidemie 1835 entstandenen Regulativ, das für Städte über 5.000 Einwohner die Einrichtung einer permanenten Sanitätskommission vorsah. Die Berliner Sanitätskommission trat aber nur dann zusammen, wenn sie beim Auftreten von Epidemien vom Polizeipräsidenten einberufen wurde. Im Falle des zu befürchtenden Ausbruchs einer ansteckenden Krankheit hatte die Kommission die erforderlichen Heil- und Pflegeanstalten ausfindig zu machen und deren Einrichtung vorzubereiten. Die Kosten für die Verwaltung und Beschaffung hatte die Kommune zu tragen. Meist wurden hierzu Lokalitäten angemietet, was aber große Kosten verursachte.

Krankenhausbauten als ein Schritt der Emanzipation der kommunalen Selbstverwaltung

Die Aufgabe des Krankenhauses hatte Virchow 1848 wie folgt definiert: „Zunächst sind sie (die Krankenhäuser, d. Verf.) bestimmt für die Pflege von Kranken, sodann für die praktische Ausbildung von Ärzten, endlich für die Pflege und Erweiterung der Wissenschaft. In erster Beziehung sind sie hauptsächlich Gemeinde-Anstalten, in den anderen beiden Staatsanstalten."

Im Oktober 1856 war Virchow auf die für ihn geschaffene Professur, den ersten Lehrstuhl für Pathologische Anatomie, berufen worden und nach Berlin zurückgekehrt. Drei Jahre später war es Salomon Neumann, der Virchow als Kandidaten für die Stadtverordnetenversammlung (in der III. Wählerklasse) des 7. Kommunalwahlkreises in Vorschlag brachte. Neumann selbst war seit der Auflösung des Gesundheitspflegevereins 1856 als Gewerksarzt in der Zwangskasse des Magistrats beschäftigt. Er wurde ebenfalls 1859 in das Stadtparlament gewählt.

Wiederum zwei Jahre später erfolgte unter dem Einfluß einiger Linksliberaler wie Virchow, Mommsen und Siemens in Verbindung mit der Fraktion Max von Forckenbeck die Gründung der Deutschen Fortschrittspartei. Die neue Partei führte von der Hauptstadt aus einen wirkungsvollen Wahlkampf, gestützt auf die Berliner Bezirksvereine und die Kommunalpolitiker. Mit den 48ern Waldeck, Jacoby, Virchow, Schulze-Delitzsch usw. knüpfte die Partei an die Tradition der demokratischen Bewegung an.

Seit 1862 beherrschte eine starke liberale Majorität die Stadtverordnetenversammlung und zog als Ausdruck der rasch gewonnenen „Machtpositionen des liberalen Bürgertums" die Leitung der Kommunalpolitik an sich. Auch bei der Neuwahl des Oberbürgermeisters setzte sich die liberale Mehrheit durch. 1862 wurde Karl Theodor Seydel, ein Schwager Virchows, der erste liberale Oberbürgermeister, ihm folgte 1873 Arthur Hobrecht, der ältere Bruder von James Hobrecht, und 1879 Max von Forckenbeck, der nach fast vierzehnjähriger Dienstzeit 1892 im Amt verstarb.

Exkurs: Berliner Krankenhauslandschaft um 1850

Erste Anregungen zum Bau eines eigenen städtischen Krankenhaus sind bereits für das Jahr 1852 dokumentiert. Es vergingen aber noch ganze 16 Jahre, bis endlich mit dem Bau des ersten städtischen Krankenhauses im Friedrichshain begonnen wurde. Das Polizeipräsidium hatte damals (1852) die Errichtung mehrerer Krankenhäuser mit Cholerastationen angeregt, die bei Bedarf erweitert werden könnten, um dadurch den Leerstand der Lazarette in epidemiefreien Zeiten zu verhindern. Die Stadt verfolgte jedoch ausschließlich die Planung eines Choleralazaretts, dessen Bau 1854 beschlossen und das ein Jahr später an der Anhaltischen Kommunikation eingerichtet wurde.

Die Charité war zweifellos das bedeutendste Krankenhaus der Stadt und blieb es auch bis in die Zeit nach der Jahrhundertwende. Insbesondere nach der Erweiterung von 1835 konnte eine große Anzahl von Patienten aufgenommen werden. Ihrem Status nach war die Charité eine selbständige Anstalt mit eigenem Vermögen. Der Stiftungsauftrag wies der Charité eine Doppelfunktion als Armenkrankenhaus und Ausbildungsstätte zu. Hinsichtlich des Verhältnisses zwischen der Stadt Berlin und der Charité war keine uneingeschränkte Nutzung der Charité möglich, sondern seit der Kabinettsorder von 1835 war eine Beschränkung auf 100.000 freie Verpflegungstage festgeschrieben. Dieses Übereinkommen garantierte der Berliner Kommune eine feste Anzahl von Betten pro Jahr – umgerechnet etwa 300 Betten –, trotzdem aber blieben viele Menschen während der Krankheit ohne medizinische Hilfe. Erste Initiativen zur Gründung einer stationären Versorgung gingen am Ende der 1830er und in den 1840er Jahren zunächst von privater und kirchlicher Seite aus.

Das 1837 errichtete Elisabeth-Krankenhaus verdankte seine Gründung dem evangelischen Geistlichen Johann Gosner und war hervorgegangen aus einem Frauen-Kranken-Verein, einem Zusammenschluß bürgerlicher Frauen zur unentgeltlichen Hilfeleistung. 1837 konnte mit Unterstützung der Königin Elisabeth das Grundstück an der Potsdamer Straße erworben werden. Anfangs bot es Platz für 30–40 Patienten, aufgenommen wurden insbesondere arme Frauen. Der Zuspruch war groß, bereits 1858 wurden über 7.000 Patienten behandelt.

Das zweite konfessionelle Krankenhaus, das katholische St. Hedwigs-Krankenhaus, war aus einem Hospital und Altenheim für katholische Frauen hervorgegangen. Bei der Eröffnung 1846 gab es lediglich neun Betten, mit dem Umzug in die neuen Gebäude 1850 konnten aber bereits 250 Patienten aufgenommen werden.

Das 1847 errichtete Diakonissenkrankenhaus Bethanien sollte anfangs nur ein Ausbildungsinstitut für evangelische Barmherzige Schwestern darstellen. Friedrich Wilhelm hatte 1843 den Schwanenorden gestiftet und stellte auch die 250.000 Taler zum Ausbau der Krankenanstalt zur Verfügung; 1850 waren 355 Betten vorhanden.

Auch diese konfessionellen Einrichtungen standen neben der Charité für die Aufnahme städtischer Patienten zu Verfügung.

Die Einwohnerzahl Berlins hatte sich zwischen 1850 und 1870 von gut 500.000 auf über 800.000 erhöht.

Die Zahl der Verpflegungstage in Krankenhäusern stieg zwischen 1860 und 1870 um mehr als 35% und lag dann bei 520.000 Verpflegungstagen. Dies überstieg bei weitem die 100.000 freien Verpflegungstage, die der Stadt zur Versorgung ihrer Kranken in der Charité garantiert wurden. Schon 1862 mußten jährlich mehr als 60.000 Taler (180.000 Mark) zur stationären Verpflegung der Berliner Hausarmen aufgebracht werden.

Ab 1859/60 erhielt die Berliner Krankenhausplanung neue Konturen. Die städtische Armenkommission regte zu dieser Zeit die Errichtung einer städtischen Heilanstalt in der Großen Frankfurter Straße 119 an. Seit den 1860er Jahren machte sich deutlich bemerkbar, daß die Kapazität der Charité, der Privatkliniken und der konfessionellen Häuser nicht mehr ausreichte.

Die Deputierten der Armenkommission argumentierten denn auch mit den hohen Ausgaben, die die Stadt jährlich an die fremden Krankenanstalten zu zahlen habe. Dennoch lehnte der Magistrat das Projekt eines städtischen Krankenhauses ab. Noch war das projektierte und ab 1861 errichtete Berliner Rathaus, das sogenannte Rote Haus, das vorrangige Prestigeobjekt der Stadtväter.

Vermutlich als Reaktion auf diesen ersten gescheiterten Anlauf, eine städtische Krankenanstalt zu errichten, setzte die Armenkommission 1863 eine Kommission zur Beratung des Projekts „Städtisches Krankenhaus Berlin" ein. Mitglieder dieser Kommission waren u. a. die Ärzte Salomon Neumann und Wolfgang Strassmann (1821–1885), der Vorsteher der Stadtverordnetenversammlung. Diskutiert wurde das Verhältnis zu den anderen Krankenanstalten der Stadt, das auch nach der Errichtung des Städtischen Krankenhauses bestehen bleiben sollte, da ein neues Krankenhaus nicht den gesamten Bedarf würde decken können. Erstellt wurde schließlich ein Katalog, der in 21 Punkten die grundlegenden Fragen und Voraussetzungen zur Errichtung einer städtischen Heilanstalt zum Gegenstand hatte. Nachdem der Abschlußbericht zum Jahresende 1864 der Stadtverordnetenversammlung vorgelegt wurde, verstrichen drei Jahre, bis endlich der Beschluß zum Bau eines Städtischen Krankenhauses mit 600 Betten gefasst wurde. Der daraufhin durch die Stadtverordnetenversammlung neu eingesetzten Deputation für Krankenhausangelegenheiten gehörten nun beide, Virchow und Neumann an. Aus dieser ersten Deputation ging später die Deputation für öffentliche Gesundheitspflege hervor, die zur zentralen Instanz des Berliner Gesundheitswesens wurde. Im Rahmen der Realisierung des ersten Städtischen Krankenhauses war dadurch eine nachhaltige und grundlegende Veränderung in der Organisation der geschlossenen Armenkrankenpflege durchgesetzt und eine neue Basis für die weitere Entwicklung des öffentlichen Gesundheitswesens in Berlin geschaffen worden. Sie wurde im Januar 1874 auf Vorschlag Virchows und Strassmanns durch Kommunalbeschluß gegründet und setzte sich aus Magistratsmitgliedern, Stadtverordneten und Bürgerdeputierten zusammen. Ihr Tätigkeitsbereich umfasste die Aufsicht über die Verwaltung der Krankenhäuser und die ihr sonst unterstellten Anstalten. Der Wirkungskreis der Deputation sollte aber dahin gehend erweitert werden, dass „alle Gegenstände und Gebiete, welche die öffentliche Gesundheitspflege berühren," ihr unterstellt werden sollten. Aus der Mitte dieser Deputation wurde später für jedes städtische Krankenhaus ein Kuratorium gebildet. Als Mitglied dieser Deputation für das öffentliche Gesundheitswesen war Virchow fortan ein Befürworter der Krankenhausprojekte am Urban und der 1889 begonnenen Planung des IV. städtischen Krankenhauses.

Das Pavillonsystem: Vom ersten städtischen Krankenhaus Berlins zur „Gartenstadt für Kranke"

Im Herbst des Jahres 1868 war im Friedrichshain mit dem Bau von zwei zweistöckigen Pavillons und einem Torgebäude begonnen worden, die bis Ende des Jahres 1869 vollendet waren.

Städtisches Krankenhaus am Friedrichshain. Aus: *Die Anstalten der Stadt Berlin für die öffentliche Gesundheitspflege und für den naturwissenschaftlichen Unterricht*, Berlin 1886

„Auf einem luftigen, trockenen Platze, in freier Umgebung, bei vollkommener Leichtigkeit des Windzuganges werden größere Anlagen ohne Sorge zugelassen werden können, während in eingeschlossener Gegend, bei feuchter stagnirender Luft selbst die kleinsten Baracken

Gefahr bringen. So haben unsere städtischen Behörden kein Bedenken getragen, ihr neu zu gründendes allgemeines Krankenhaus auf 600 Betten zu bemessen, weil sie ihm einen hochgelegenen Platz inmitten des Friedrichshaines geben können, vielleicht den schönsten Platz, der je für ein Krankenhaus gewählt worden ist."

Nach der Eröffnung 1875 stellte Virchow in der Stadtverordnetenversammlung fest: „Es ist gegenwärtig anerkannt, dass unser Krankenhaus in der That das beste Krankenhaus in Europa ist, nicht seines Luxus wegen, es gibt viel luxuriösere Krankenhäuser, als seiner Zweckmäßigkeit wegen". Die von Virchow hervorgehobene Zweckmäßigkeit bezog sich insbesondere auf die bauliche Ausführung im Pavillonstil, denn Virchow bezweifelte lange Zeit, dass bestimmte Krankheiten durch Mikroorganismen hervorgerufen würden. Mit Pettenkofer gehörte Virchow zu den prominentesten Vertretern der „Lehre über die Miasmen". Erst 1884 würdigte Virchow öffentlich die Entdeckung des Tuberkuloseerregers durch Robert Koch. Dies mag einer der Gründe dafür sein, weshalb für ihn die Sterblichkeit primär über die äußeren Faktoren Lage, Luft, Größe und innere Einrichtung bestimmt wurde und weshalb er das Pavillonsystem für Krankenhausanlagen favorisierte. Denn „nirgends läßt sich die Zugänglichkeit der frischen Luft und die Lufterneuerung (Ventilation) im Innern der Häuser in solcher Vollkommenheit herstellen, wie in einem Baracken- oder Pavillonspital."

Schon 1866 hatte Virchow am Beispiel der militärischen Barackenlazarette, die während des Sezessionskrieges errichtet worden waren, in einem Vortrag Barackenlazarette als Musteranstalten für zukünftige Krankenhäuser herausgestellt. „Die Bewunderung der großen Spitäler, jener Paläste für die Armen, ist plötzlich in das Gegentheil umgeschlagen. Das Barackensystem, die Krankenzerstreuung haben [...] plötzlich den Sieg davon getragen". Überall sei man bestrebt, „die Isolierung einzelner Krankenabteilungen" voranzutreiben und „höchstens einen loseren und mehr äußerlichen Zusammenhang derselben zuzulassen".

1867 wurde auf dem Charitégelände eine Baracke errichtet, die der Verwaltungsdirektor der Charité, Carl Heinrich Esse, konstruiert hatte, vorrangig um bessere Heilerfolge zu erzielen und den gefürchteten Hospitalbrand abzuwenden. Im großen Maßstab war dann das Essesche Barackenmodell erstmals auf dem Tempelhofer Feld in Berlin 1870 in Form eines zentralisierten Lazaretts mit über

50 Einzelgebäuden für 1.500 Verwundete realisiert worden. Als Präsident der Berliner Hilfsvereine leitete Virchow die Einrichtung der provisorischen Krankenhäuser (der Ulanenbaracke, der Barackenlazarette auf dem Tempelhofer Feld und in Moabit). Die Holzbaracken waren vor allem billig und schnell zu errichten – das „Berliner Modell" aber, so wie es erstmals im Friedrichshain als massiver Steinpavillon ausgeführt wurde, gab neue Impulse in eine andere Richtung. Unter dem Begriff „Pavillon" wurde ein in sich geschlossenes Gebäude in mehr oder weniger enger Verbindung mit einem Haupt- oder Zentralbau verstanden. Architekturhistorisch spricht man von einer „autonomen Architektur", die „die freie Vereinigung selbständiger Existenzen" repräsentiert. Mit dieser „autonomen Architektur" sollte eine deutliche Abgrenzung gegenüber den Korridorbauten alter Prägung vollzogen werden. Auch eine geistige Verknüpfung Virchows bei der Anwendung des Pavillonstils bezüglich seiner theoretischen „Auffassung von der isolierten Betrachtung einzelner Organe und ihrer Funktionen" lässt sich assoziieren. Virchow selbst wurde nicht müde, auf den „demokratischen Geist" zu verweisen, der während der Entwicklung des Systems im Bürgerkrieg in den Vereinigten Staaten vorgeherrscht habe. Schließlich ließen sich am aktuellen Beispiel, dem gerade fertiggestellten Krankenhaus Lariboisière in Paris, die Traditionslinien dieser Idee bis in die Zeit der Französischen Revolution zurückverfolgen. Der Pavillonstil wurde in der Folge der prägende Baustil aller städtischen Krankenhäuser Berlins, die bis zur Jahrhundertwende realisiert wurden.

Teilansicht der Barackenlazarettanlage des Krankenhauses Berlin-Moabit. Photographie, um 1895

Winterhalbjahr 1871/72 errichtet worden. Um einen ovalen Grundriss waren 16 Krankenbaracken für insgesamt 720 Kranke errichtet worden. Aber selbst mit diesem Projekt wollte man innovative Zeichen setzten:

„Denn es stünde zu erwarten, daß nach Beendigung des Krieges Ärzte nicht nur aus allen Deutschen Staaten, sondern auch aus fremden Ländern hierher kommen, um sich über das Barackenwesen zu informieren."

Bereits 1875 faßte die Stadtverwaltung den Entschluss, das Moabiter Seuchenlazarett in ein Allgemeines Krankenhaus umzuwandeln, um Platz für den wachsenden Bettenbedarf zu schaffen. Ab 1882 wurde es offiziell als II. Städtisches Krankenhaus Berlins bezeichnet. Jedoch konnte das Krankenhaus Moabit bis zur Jahrhundertwende den Charakter eines Seuchenlazaretts nie gänzlich abstreifen. Erst 1890 kam eine chirurgische Abteilung hinzu.

Auch das III. Städtische Krankenhaus am Urban wurde als Pavillonbau ausgeführt. Da hier mit einer eingeschossigen Ausführung nicht die gewünschte Anzahl der Betten zu erzielen war, wurden die Pavillons zweigeschossig ausgeführt. Auch diese „neue Musteranstalt der Stadt Berlin", die 1890 fertiggestellt war, wurde ebenfalls mit allen Neuerungen, die die „Fortschritte der Baukunst" auf dem Gebiet der Krankenhauswesens erzielt hatten, und unter der Berücksichtigung der Ansprüche der Hygiene realisiert. So war die Anstalt mit elektrischem Licht ausgestattet, und als weitere Novität waren ein Telefonnetz und Fahrstühle vorhanden. Die Eröffnung wurde öffentlichkeitswirksam inszeniert – sie fand anlässlich des Internationalen Medizinischen Kongresses statt.

Selbst das (später so genannte) Virchow-Krankenhaus, das erste städtische Krankenhausprojekt, an dem in der Stadtverordnetenversammlung nach der Aufhebung der Sozialistengesetze 1890 auch sozialdemokratische Vertreter mitwirkten, wurde als Pavillonanlage ausgeführt. Das knapp 26 Hektar große Terrain eines ehemaligen Exerzierplatzes gab dem Krankenhausgelände große Freizügigkeit. Die breite Mittelallee der Anlage wurde von Bäumen gesäumt, und auch zwischen den einzelnen Pavillon trugen Baumreihen trugen dazu bei, dass man hier nach der Eröffnung von einer „Gartenstadt für Kranke" sprach.

Einig war man sich hier von Beginn an (1893), dass dieser städtische Krankenhausbau auf jeden Fall die Kapazität von mindestens 1.000 Betten haben

Das Moabiter Krankenhaus war während der Pockenepidemie des Jahres 1871 zunächst als reines „Barackenlazarett" unter Federführung des Stadtbaumeisters Hermann v. Blankenstein im

Luftbild des Rudolf Virchow-Krankenhauses. Aus: Ludwig Hoffmann, *Neubauten der Stadt Berlin*, Band 6, Berlin 1907

sollte. Begründet wurde dies mit den fehlenden Betten. 1893 hatte man einen Bestand von insgesamt 6.200 Betten (inklusive aller staatlichen und privaten Krankenanstalten) errechnet. Bereits zu diesem Zeitpunkt wurde das Fehlen von ca. 400 Betten konstatiert. Bei jährlich stark wachsender Bevölkerungszahl, die bereits bei 1,6 Millionen lag, wurde 1888 bereits eine Größenordnung von 1.400 fehlenden Betten errechnet. Verschärft wurde dieser Mangel noch durch die im Jahre 1897 begonnenen Umbaumaßnahmen der Charité, die eine Reduzierung von 1.970 Betten auf 1.200 Betten zur Folge hatte. Seit der Eröffnung des Rudolf Virchow-Krankenhauses stellte die Stadt etwa 60% aller Betten der öffentlichen Krankenhäuser in Berlin.

Im weiteren Planungsprozedere des IV. städtischen Krankenhauses wurde aber erkennbar, dass man die Kapazität auf 2.000 Betten aufstocken musste, wollte man die zu diesem Zeitpunkt größten Häuser in Hamburg-Eppendorf mit 1.600 Betten und das Krankenhaus in Brest mit 1.200 Betten überbieten, damit Berlin sich rühmen dürfte, „im Rudolf Virchow-Krankenhause die größte Heilanstalt der Welt zu besitzen."

Die Bürger der Krankenstadt

Wie aber war es um den „demokratischen Geist" im Innern der Anstalten bestellt? Wer zählte zu den „Bürgern" der Krankenstadt? Welcher Versorgungsauftrag wurde hier umgesetzt?

In der *Medicinischen Reform* hatte Virchow gefordert: „Kann jemand in seiner Wohnung nicht die nöthige Pflege geboten werden, so muss man ihn in eine Anstalt aufnehmen. Die Aufnahme in ein Krankenhaus muß demnach jedem Kranken, der dessen bedarf, frei stehen, gleichviel ob er Geld hat oder nicht, ob er Jude oder Heide ist. Meldet sich jemand zur Aufnahme, so handelt es sich nur darum,

ob er krank ist und ob seine Verhältnisse die Aufnahme in ein Krankenhaus verlangen. Bis jetzt war es immer umgekehrt; man fragte zuerst, ob der Mensch bezahlen könne oder ob ein anderer für ihn zu bezahlen die Verpflichtung habe." Und Virchow fährt fort und übt dabei Kritik an der Berliner Krankenhaussituation: „Es darf ferner nicht vorkommen, dass Communal-Krankenhäuser in exclusiv particularen Interessen unterhalten werden, dass jeder von der Aufnahme ausgeschlossen wird, der nicht zur Gemeinde gehört und kein Geld hat."

In der Planung der städtischen Krankenhäuser gehörte die Erörterung der Frage, welche „Kategorien von Kranken" Aufnahme finden sollten, zu den immer wieder heftig und kontrovers diskutierten Themen. Die 1860 zuerst geplante Heilanstalt war zur Aufnahme von syphilitischen Frauen gedacht. Da die Charité häufig überfüllt war, fanden syphilitisch kranke Frauen keine Aufnahme und die konfessionellen Krankenhäuser nahmen weder syphilitische noch krätzige oder Pockenkranke auf. Erwogen wurde auch die Einrichtung einer Entbindungsanstalt und der Bau eines Cholera- und Pockenhauses, um Unabhängigkeit von der Charité zu erreichen.

Als 1864 die vorbereitende Kommission der Armendirektion den abschließenden Bericht vorlegte, war neben dem allgemeinen städtischen Krankenhaus noch eine gesonderte Krankenanstalt für syphilitische Kranke vorgesehen. Die Ursache für Verzögerungen bei der Beschlussfassung im Magistrat lag in diesem Vorschlag begründet. Der Magistrat wollte einer Einrichtung für die Behandlung von syphilitisch Kranken nicht zustimmen, da der Versorgungsauftrag dieser Kranken auf Grund der Ansteckungsgefahr nicht allein als Aufgabe der Stadt angesehen wurde. Erst nachdem die Planungskommission 1865 anerkannt hatte, dass „diese Einrichtung keinerlei Nutzen und keinerlei Vorteil biete", kam es 1867 zum Beschluss über das erste Städtische Krankenhaus. Salomon Neumann – der sich schon zu Beginn der 1850er Jahre mit der „Berliner Syphilisfrage" beschäftigt hatte und ein Befürworter der Behandlung syphilitisch Kranker auf Kosten der Stadt war, musste an diesem Punkt Zugeständnisse machen, um das Gesamtprojekt Städtisches Krankenhaus nicht zu gefährden. So gehörten Neumann und Virchow schließlich zu den Mitunterzeichnern des Beschlusses.

Aufgenommen wurden Kranke, die von der Armenkommission auf Grund eines vom Armenarzt ausgestellten Attests überwiesen wurden, Personen, die die

Verpflegungskosten für einen Monat im voraus einzahlten oder einer Krankenkasse angehörten, schließlich Personen, deren Zustand eine Zurückweisung ohne Gefahr für ihr Leben nicht gestattete. Ausgeschlossen blieben Kinder unter einem Jahr, Geisteskranke, epileptische Kranke, Augenkranke, Cholera-, Flecktyphus- und Pockenkranke, Krätze- und Syphiliskranke sowie Schwangere. Das Problem war damit keineswegs vom Tisch – in allen weiteren Krankenhausplanungen wurde es immer wieder von Neuem Gegenstand der Diskussion.

Im Gegensatz zum Krankenhaus Friedrichshain wurden in Moabit immer wieder Infektiöse aufgenommen, die häufig aus den anderen Häusern überwiesen wurden. 1892 wurde es angesichts der drohenden Choleraepidemie kurzerhand zum Choleralazarett umfunktioniert. Eine besondere Cholerastation mit 14 Baracken und insgesamt mit ca. 400 Betten wurde eingerichtet. Alle Leichtkranken wurden entlassen und die Schwerkranken auf die zwei anderen städtischen Krankenhäuser, das Krankenhaus Friedrichshain und das 1890 eröffnete Krankenhaus am Urban sowie die Charité verteilt.

Bis kurz nach der Jahrhundertwende wurde das Problem der Versorgung der Geschlechtskranken immer wieder behandelt. Ein akuter Handlungsbedarf entstand, als die bislang geltende Regelung, dass die geschlechtskranken Prostituierten in der Charité behandelt wurden, im Zuge des Neubaues der Charité gekündigt wurde. Der Magistrat hatte zwar im städtischen Obdach und in einem besonderen Gebäude im Südosten Station für Geschlechtskranke geschaffen, aber diese Unterbringungsmöglichkeiten waren nicht hinreichend. „Mit Ausnahme von 30 Betten, die in Moabit für geschlechtskranke Frauen zur Verfügung stehen und 20 Betten für geschlechtskranke Männer im früheren Erziehungshaus am Urban [...] existieren in den Krankenhäusern keine Betten für Geschlechtskranke."

Die Gleichstellung der Geschlechtskranken mit den anderen Kranken wurde erstmals im Rudolf Virchow-Krankenhaus umgesetzt, allerdings blieben auch hier die „Prostituierten" ausgeschlossen. Während ursprünglich keine Einschränkung bei der Wahl der Patienten vorgesehen war und sich insbesondere der sozialdemokratische Stadtverordnete Ignaz Zadek (1858–1931) für den freien Zugang aller Patienten eingesetzt hatte (1894), kam eine „Sub-Kommission" der Krankenhausdeputation, in der Strassmann, der Vorsitzende Bail, Dr. Langerhans, Dr. Bergmann, Prof. Virchow

u.a. vertreten waren, 1897 zu dem einstimmigen Beschluss, Prostituierte von der Behandlung in der Geschlechtskrankenstation des IV. Städtischen Krankenhauses auszuschließen, und diese weiterhin im städtischen Obdach unter sittenpolizeilicher Kontrolle zu belassen. Dies führte zu einer Verschiebung der Bettenzahlen von ursprünglich 100 Männer- und 300 Frauenbetten zu 342 Männer- und 115 Frauenbetten.

Erst als der Anteil der Krankenversicherten in der Bevölkerung allmählich gestiegen war – was allerdings nicht schlagartig die Akzeptanz einer Krankenhausbehandlung veränderte – verschob sich sukzessive die Zusammensetzung der Patientenschaft. Der Status der Patienten veränderte sich, eine Vielzahl von Menschen mussten nun nicht mehr als der bürgerlichen Rechte beraubte „Almosenempfänger" aufgenommen werden. In Moabit betrug 1884/85 der Anteil der Kassenpatienten nur 3,8%; von der Armenkommission wurden bei 82,3% der Kranken die Kosten übernommen. 1893/94 war der Anteil der Kassenpatienten bereits auf 19,7% gestiegen.

„Organisierte Anarchie" – Die leitenden Direktoren der städtischen Krankenhäuser

Um die personelle Binnenstruktur, die „Personalpyramide", wurde ebenfalls von Anbeginn und bei allen Bauprojekten lange und heftig diskutiert. Man war der Auffassung, dass ein Verwaltungsdirektor notwendig sei, die ärztliche Leitung sollte zwei Ärzten, je einem für die innere und einem für äußere Abteilung, übertragen werden. Schon in dieser ersten Debatte 1874 hatte Virchow die Einsetzung von drei Direktoren moniert und diesen Zustand als „organisierte Anarchie" bezeichnet. (1885) Virchow plädierte für einen ärztlichen Direktor an der Spitze, ungeteilt wollte er die Leitung in einer Hand, in der des Arztes sehen. Mit dieser Meinung konnte er sich aber auch bei den folgenden Krankenhausprojekten im Urban und dem IV. Städtischen Krankenhaus nicht durchsetzen. Es gelang ihm zwar auf der Ebene des „Nepotismus", Werner Körte, dessen Patenonkel er war, unter einer Vielzahl von hochrangigen Bewerbern als ärztlichen Leiter und leitenden Arzt der Chirurgischen Abteilung des Urban-Krankenhauses durchzusetzen, die Struktur von zwei ärztlichen Direktoren und einem Verwaltungsdirektor aber blieb die Regel für die städtischen Krankenhäuser. Daran änderte auch der Einspruch der sozialdemokratischen Stadtverordneten in den Diskussionen um die Leitung des Rudolf Virchow-Krankenhauses nichts. Diese forderten darüber hinaus, den ärztlichen Direktoren die Ausübung einer privaten ärztlichen Praxis zu untersagen; sie sollten ihre ganze Kraft für das Krankenhaus einsetzen.

Die solcherart errungene Selbständigkeit der städtischen Selbstverwaltung zeigte sich an den städtischen Krankenhausbauten, die zwischen 1875 und 1906 realisiert wurden. In ihrer baulichen Ausgestaltung, der Backsteinarchitektur verpflichtet und vom Stadtbaurat Hermann v. Blankenstein geplant und ausgeführt, reihten sie sich ein in die öffentlichen Bauten wie Schulen und Markthallen, Marksteine in der Stadtlandschaft und sichtbarer Ausdruck der gewonnenen städtischen Selbstverwaltung. In ihren raumfordernden Ausdehnungen stachen die Pavillonbauten als Prestigeobjekte im Stadtbild hervor. Letztlich sollte das Pavillonsystem als „Berliner Modell" das Krankenhaus als „Krankenstadt mit eigenem Sozialgefüge" im Stadtbild verankern. Die Pavillonbauten wurden zum weithin sichtbaren Ausdruck, wie Virchows Mitarbeit „die ganze Physiognomie der deutschen Hauptstadt" veränderte. „Geld und Raum braucht es, um etwas Großes zu schaffen", so hatte Virchow die hohen Baukosten dieses ersten kommunalen Krankenhauses Berlins in Pavillonbauweise in Höhe von rund 4,5 Millionen Mark gerechtfertigt.

Die Autorin ist wissenschaftliche Mitarbeiterin am Institut für Geschichte der Medizin (ZHGB), Freie Universität Berlin/ Humboldt-Universität zu Berlin.

Literatur

Albu, J., *Die öffentliche Gesundheitspflege in Berlin.* Berlin 1877

Baader, Gerhard, *Salomon Neumann,* in: Berlinische Lebensbilder, Bd.2, Mediziner, hrsg. von Wilhelm Treue und Rolf Winau (=Einzelveröffentlichung der Historischen Kommission zu Berlin, Bd. 60), Berlin 1987, S. 151–174

Boerner, Paul, *Hygienischer Führer durch Berlin.* Im Auftrag der städtischen Behörden als Festschrift für die Versammlung des Deutschen Vereins für Gesundheitspflege und des Deutschen Vereins für Gesundheitstechnik, Berlin 1882

Hagemeyer, A.: *Das allgemeine Krankenhaus der Stadt Berlin im Friedrichshain, seine Errichtung und Verwaltung,* Berlin 1879

Harig, Georg und Lammel, Hans-Uwe, *Zur Geschichte der Beziehung zwischen der Charité und Berlin (1710–1945),* in: Wissenschaftliche Zeitschrift der Humboldt-Universität zu Berlin, Math. Naturwiss. Reihe 36 (1987), S. 14–21

Erbe, Michael, *Berlin im Kaiserreich (1871–1918),* in: Geschichte Berlins. 2. Band. Von der Märzrevolution bis zur Gegenwart. Hrsg. von Wolfgang Ribbe. München 1987, S.691–793

Gabriel, Lutz, *Die Gründungs- und Baugeschichte des ersten städtischen Krankenhauses Berlin im Friedrichshain in den Jahren 1860–1875,* Diss. Med. Berlin 1970

Murken, Axel Hinrich, *Vom Armenhospital zum Großklinikum. Die Geschichte des Krankenhauses vom 18. Jahrhundert bis zur Gegenwart,* Köln 1988

Reckewerth, Ulf, *„Rein verhungern kannste". Zur frühen Geschichte des letzten Städtischen Krankenhauses Berlins,* Diss. med, Berlin 1999

Richter, Günter, *Zwischen Revolution und Reichsgründung (1848–1870),* in: Geschichte Berlins. 2. Band. Von der Märzrevolution bis zur Gegenwart. Hrsg. von Wolfgang Ribbe. München 1987, S. 605–687

Silbereisen, Gabriele, *Das Städtische Krankenhaus Moabit, Turmstr. 20a–22,* in: Geschichtslandschaft Berlin, Orte und Ereignisse, Bd. 2. Hrsg. v. Helmut Engel, Steffi Jersch-Wenzel, Wilhelm Treue. Tiergarten, Teil 2: Moabit (=Publikation der Historischen Kommission zu Berlin aus Anlaß der 750 Jahr-Feier der Stadt Berlin 1987). Berlin 1987, S. 246–261

Siomon, Hain u. Peter Krietsch, *Rudolf Virchow in Berlin,* Berlin 1983

Virchow, Rudolf, *Gesammelte Abhandlungen aus dem Gebiet der öffentlichen Medicin und der Seuchenlehre,* 2 Bde., Berlin 1879

Virchow, Rudolf, *Ueber Hospitäler und Lazarette,* Berlin 1869

Archivalien

Landesarchiv Berlin (LAB STA)
Akten der Stadtverordneten-Versammlung zu Berlin betreffend: Die Verwaltung des Rudolf Virchow-Krankenhauses, Berlin 1904–1913
LAB (STA) Rep.000-02-01, Nr. 1939

Akten der Stadtverordneten-Versammlung zu Berlin betreffend: Die Verwaltung des Rudolf Virchow-Krankenhauses, Berlin 1906–1913
LAB (STA) Rep.000-02-01, Nr. 1940

Akten der Stadtverordneten-Versammlung zu Berlin betreffend: Die Verwaltung des Rudolf Virchow-Krankenhauses, Berlin 1904–1920
LAB (STA) Rep.000-02-01, Nr. 1941

Akten der Stadtverordneten-Versammlung zu Berlin betreffend: Das 4te städtische Krankenhaus, seit 1901 Rudolf Virchow-Krankenhaus 1893–1904
LAB (STA) Rep.000-02-01, Nr. 1942

Akten der Stadtverordneten-Versammlung zu Berlin betreffend: Die Rechnungslegung über den Bau des 4ten städtischen, des Rudolf Virchow-Krankenhaus 1901–1915
LAB (STA) Rep.000-02-01, Nr. 1808

Akten der Stadtverordneten-Versammlung zu Berlin betreffend: Heranziehung der städtischen Krankenanstalten und des Medizinalamtes der Stadt Berlin zu Unterrichtszwecken, Berlin 1920
LAB (STA) Rep.000-02-01, Nr. 1784

Wolfgang Knobloch
Rudolf Virchow als ordentliches Mitglied der Preußischen Akademie der Wissenschaften

Um im 19. Jahrhundert ordentliches Mitglied der Preußischen Akademie der Wissenschaften zu werden, musste man nicht nur durch herausragende wissenschaftliche Leistungen auf sich aufmerksam gemacht haben, so dass ein oder mehrere Akademiemitglieder einen hinreichend begründeten Wahlantrag für die ordentliche Mitgliedschaft einbringen konnten. Vielmehr musste eine zweite Grundvoraussetzung erfüllt sein, um in Preußens höchste wissenschaftliche Institution aufgenommen zu werden. Die Akademiestatuten schrieben vor, dass zu ordentlichen Mitgliedern nur Gelehrte gewählt werden durften, die in Berlin selbst oder in einer solchen Nähe zur Stadt wohnten, dass sie an der Erfüllung ihrer akademischen Pflichten nicht gehindert wurden. Zu diesen Pflichten gehörte die regelmäßige Teilnahme an den Akademiesitzungen. So fanden zwischen 1838 und 1881 die Plenarsitzungen der Akademie im wöchentlichen Rhythmus statt.

Als Rudolf Virchow 1856 den Ruf als ordentlicher Professor der Pathologischen Anatomie und Physiologie an die Friedrich-Wilhelms-Universität Berlin annahm, erfüllte er mit der dadurch bedingten Ansässigkeit in Berlin zugleich eine der Voraussetzungen für eine mögliche Aufnahme als ordentliches Mitglied in die Preußische Akademie der Wissenschaften. Am neugeschaffenen Pathologischen Institut der Universität setzte er seine wissenschaftlichen Arbeiten zur Zellularpathologie fort. 1858 erschien sein Hauptwerk *Die Cellularpathologie in ihrer Begründung auf physiologische und pathologische Gewebelehre*, das Virchows wissenschaftliche Reputation beträchtlich erhöhte. So war es kein Zufall, dass einige Jahre später der Physiologe Emil du Bois-Reymond von seinem Recht als ordentliches Akademiemitglied Gebrauch machte und einen Wahlantrag bei der Physikalisch-mathematischen Klasse auf Zuwahl von Rudolf Virchow

in die Preußische Akademie der Wissenschaften einreichte. Der Wahlantrag trägt das Datum vom 14. November 1864 und enthält auf acht halbseitig beschriebenen Seiten eine umfassende Laudatio der wissenschaftlichen Leistungen und Verdienste des zum ordentlichen Akademiemitglied vorgeschlagenen Virchow. Am Schluss seines Wahlantrags weist Du Bois-Reymond auf den Umstand hin, dass Virchows wissenschaftliche Leistungen größtenteils auf dem Gebiet der Pathologie lägen, die kein anerkanntes Akademiefach wie etwa die Anatomie und die Physiologie sei. Dies dürfe jedoch kein Hinderungsgrund sein, Virchow in die Akademie aufzunehmen. Er sei sich gewiss, „dass die bisherige Stellung der Akademie gegenüber der theoretischen Medizin auf die Dauer unhaltbar, und dass dieser Disciplin in unserer Körperschaft eine Vertretung zu gewähren sein wird". Du Bois-Reymond schließt seinen Wahlantrag mit der Feststellung: „Ein würdigerer Name aber, um die Reihe dieser Vertreter zu eröffnen, als den des Hrn. Virchow, und eine nach solcher Fruchtbarkeit noch immer so viel versprechende Kraft in diesem Gebiete, wie die seinige, wird sich nicht leicht finden."

Über den von Du Bois-Reymond verfassten Wahlantrag musste zunächst die Physikalisch-mathematische Klasse entscheiden. Statutengemäß war die Anzahl der ordentlichen Mitglieder in der Physikalisch-mathematischen Klasse auf 25 begrenzt. Die in der Klasse vertretenen Fachdisziplinen mussten verhältnismäßig besetzt sein. Zu diesem Zweck hatte man sogenannte feste Fachstellen für ordentliche Mitglieder der Physikalisch-mathematischen Klasse eingerichtet, die nur von dafür ausgewiesenen Fachvertretern besetzt werden durften. Neben den festen Fachstellen gab es noch eine bestimmte Anzahl freier Stellen, in die Gelehrte aus allen in der Klasse vereinigten Fachdisziplinen gewählt werden konnten. Zum Zeitpunkt der Aufnahme Virchows in die Berliner Akademie der Wissenschaften entfielen auf die Mathematik sechs feste Fachstellen, auf die Mineralogie und Geognosie zwei sowie auf die Fächer Chemie, Physik, Botanik, Zoologie und Anatomie ebenfalls je zwei feste Fachstellen. Insgesamt gab es somit in der Physikalisch-mathematischen Klasse 18 feste Fachstellen und sieben sogenannte freie Stellen. Nach den Statuten der Akademie konnte ein Antrag auf Zuwahl nur dann bei der Klasse eingereicht werden, wenn die Höchstzahl der ordentlichen Mitglieder in der Klasse nicht erreicht war. In diesem Falle stand es jedem ordentlichen Akademiemitglied frei, eine entsprechende Wahl beim Vorsitzenden Klassensekretar zu beantragen. War ein solcher Antrag auf Wahl erfolgt, hatte der Vorsitzende Klassensekretar alle ordentlichen Mitglieder der Klasse aufzufordern, eventuelle weitere Wahlvorschläge in der nächsten ordentlichen Klassensitzung schriftlich anzuzeigen. In jener Sitzung wurden dann die eingereichten Wahlanträge verlesen und darüber eine mündliche Besprechung eingeleitet. In dieser Phase war es dem Antragsteller auch gestattet, seinen Antrag zurückzuziehen. Blieb der Antrag bestehen, lud der Vorsitzende Sekretar alle ordentlichen Mitglieder schriftlich zu einer ordentlichen oder auch außerordentlichen Klassensitzung ein, in der die Wahl dann vorzunehmen war.

Lange bevor Du Bois-Reymond seinen Wahlantrag für Virchow beim Vorsitzenden Klassensekretar eingereicht hatte, wurde in der Sitzung der Physikalisch-mathematischen Klasse am 18. Juli 1864 die schriftliche Ankündigung der Akademiemitglieder Karl Reichert und Christian Gottfried Ehrenberg vorgelegt, in der nächsten Klassensitzung einen Kandidaten zur Wahl als ordentliches Mitglied für das Fach der Anatomie vorzuschlagen. In der erst nach der Sommerpause einberufenen Klassensitzung am 17. Oktober 1864 wurde zunächst darüber debattiert, ob die vakanten Stellen der Klasse aufgefüllt werden sollten und ob das Fach Anatomie und Physiologie zur Zeit als ausreichend besetzt anzusehen sei. Die Klasse entschied, dass von fünf vakanten Stellen nur drei für noch zu besetzende Fachstellen zu reservieren seien. Somit war die Wahl eines ordentlichen Mitglieds möglich. Allerdings erachtete man das Fach Anatomie als hinreichend besetzt, so dass die Zuwahl nicht für eine feste Anatomiefachstelle, sondern für eine freie Stelle erfolgen sollte. Daher mussten zunächst die Mitglieder zu Gegenvorschlägen aus allen von der Klasse vertretenen Fächern aufgefordert werden, die bis zur nächsten Klassensitzung als Wahlanträge schriftlich einzureichen waren. Diese Gelegenheit nutzte Du Bois-Reymond, um Virchow als ordentliches Mitglied der Physikalisch-mathematischen Klasse vorzuschlagen. In der Sitzung der Physikalisch-mathematischen Klasse am 14. November 1864 fand die Wahlbesprechung statt. Der Vorsitzende Klassensekretar Ernst Kummer stellte fest, dass außer dem Antrag von Reichert und Ehrenberg für die Wahl des Anatomen Nathanael L. Lieberkühn noch ein Antrag von Du Bois-Reymond für die Wahl von Rudolf Virchow vorliege. Beide Wahlvorschläge wurden von den Antragstellern verlesen und die wissenschaftliche Stellung beider Kandidaten mündlich noch ausführlich begründet. Die Möglichkeit, zwei vakante Stellen mit den beiden Kandidaten zu besetzen, wurde durch die Klasse per Abstimmung mit zehn gegen sechs Stimmen verworfen. Da nur ein ordentliches Mitglied zugewählt werden sollte, bedeutete dies eine Konkurrenzwahl zwischen beiden Wahlkandidaten. Da über beide Kandidaten einzeln abzustimmen war, konnte nicht ausgeschlossen werden, dass beide die absolute Majorität der Stimmen auf sich vereinigen würden. In einem solchen Fall war nur derjenige als gewählt anzusehen, der die größte Anzahl bejahender Stimmen vorzuweisen hatte. Um eine solche Kampfabstimmung zu vermeiden, wurden beide Antragsteller befragt, ob sie nicht ihre Anträge zurückziehen mochten. Diese erklärten darauf, dass sie dies im Augenblick nicht tun wollten, sich aber eine Entscheidung darüber noch vorbehielten.

So wurde die nächste Sitzung der Physikalisch-mathematischen Klasse am 12. Dezember 1864 als Wahlversammlung ausgeschrieben, zu der die ordentlichen Mitglieder durch Briefkarten besonders eingeladen wurden. In dieser Sitzung erklärten dann Reichert und Du Bois-Reymond, dass sie ihre Wahlanträge zurückziehen wollten. Sicherlich hat zu dieser Entscheidung beigetragen, dass die Wahlkandidaten Schüler des hochgeachteten, 1858 verstorbenen Johannes Müller waren. Beide Seiten hatten offensichtlich wenig Interesse, ihre Kandidaten gegeneinander antreten zu lassen. Du Bois-Reymond konnte auch nicht sicher sein, dass Virchow bei der Wahlabstimmung die Oberhand behalten würde. Dessen Gegenkandidat Lieberkühn war zwar nur außerordentlicher Professor, doch er vertrat das in der Akademie anerkannte Fach der Anatomie. Bei der konservativen Grundhaltung der meisten Klassenmitglieder gegenüber neuen medizinischen Fachrichtungen wäre es äußerst fraglich gewesen, ob der Zellularpathologe Virchow den Zuschlag erhalten hätte. Virchow selbst hatte in einem Schreiben vom 28. August 1864 an Du Bois-Reymond, das ganz offensichtlich als Vorlage für die Abfassung des Wahlantrages durch Du Bois-Reymond gedient hat, darauf hingewiesen, dass für die Herren Akademiker die Pathologie kein akademisches Fach sei.

So mußten noch neun Jahre vergehen, ehe sich für Du Bois-Reymond eine günstige Gelegenheit bot, einen erneuten Versuch zur Aufnahme von

Rudolf Virchow in die Preußische Akademie der Wissenschaften zu unternehmen. Anfang der 1870er Jahre hatte sich die Zusammensetzung der Physikalisch-mathematischen Klasse etwas verändert. So war Hermann Helmholtz, der Freund von Du Bois-Reymond, ordentliches Mitglied dieser Klasse geworden. Sein Ansehen und Einfluß in der Klasse waren beträchtlich. Du Bois-Reymond selbst hatte inzwischen die Funktion eines Klassensekretars erlangt. Im Juli 1873 kam es zum zweiten Anlauf zur Aufnahme von Rudolf Virchow als ordentlichem Mitglied der Preußischen Akademie der Wissenschaften. Dies geschah in einer konzertierten Aktion zwischen Helmholtz und Du Bois-Reymond. Zunächst zeigte Helmholtz am 20. Juli 1873 schriftlich an, dass er in der nächsten Klassensitzung einen Antrag auf Wahl eines ordentlichen Akademiemitglieds für eine freie Stelle ankündigen werde. Fast den gleichen Wortlaut weist ein Schreiben von Du Bois-Reymond vom 21. Juli 1873 auf. In der Sitzung der Physikalisch-mathematischen Klasse am 21. Juli 1873 stellten Helmholtz und Du Bois-Reymond ihre Anträge auf Besetzung je einer der vier vakanten freien Stellen. Die dafür vorgesehenen Kandidaten sollten in der nächsten Klassensitzung vorgestellt werden. In der Sitzung der Physikalisch-mathematischen Klasse am 20. Oktober 1873 fand die Wahlbesprechung über die von Helmholtz und Du Bois-Reymond angezeigten beiden Wahlvorschläge statt. Zunächst verlas Helmholtz seinen Wahlvorschlag für die Aufnahme von Dr. Werner Siemens zum ordentlichen Mitglied der Physikalisch-mathematischen Klasse, und zwar als Vertreter der angewandten Physik und Mechanik. Der Wahlvorschlag war u. a. von Du Bois-Reymond mitunterzeichnet. Danach trug Du Bois-Reymond den Wahlantrag für Rudolf Virchow als ordentliches Mitglied der Physikalisch-mathematischen Klasse vor. Er bezog sich dabei auf den von ihm bereits im Jahre 1864 für Virchow gestellten Wahlvorschlag, der durch einen kleinen Zusatzantrag ergänzt wurde. In dem Zusatzantrag vom 19. Oktober 1873, der von Helmholtz mitunterzeichnet ist, weist Du Bois-Reymond darauf hin, dass Virchow auch auf einem neuen Wissenschaftsgebiet, dem der Anthropologie und Urgeschichte, eine umfangreiche Tätigkeit entfaltet habe. Der Wahlantrag schließt mit der Feststellung, „dass es für die Akademie nur nützlich sein kann, diese Disciplin durch einen Mann, wie Herrn Virchow, in ihrem Schoße vertreten zu sehen."

Es war ein geschickter Schachzug von Du Bois-Reymond und Helmholtz, die Wahl von Virchow mit der von Werner von Siemens zu koppeln. Die von letzterem betriebene angewandte Wissenschaft lag ebenfalls außerhalb des Kreises akademischer Beschäftigungen, worauf Du Bois-Reymond in seiner Erwiderung auf die Antrittsrede seines Duzfreundes Siemens in der Leibniz-Sitzung am 2. Juli 1874 hinwies.

Von Interesse ist die Erörterung der beiden Wahlvorschläge in der Klasse, die nach deren Verlesen stattfand. In dem von Ernst Kummer, Mathematiker und Vorsitzender Klassensekretar, geführten Protokoll heißt es: „Bei der Besprechung dieser Vorschläge wurden wegen der Wahl des Herrn Siemens nur zustimmende Bemerkungen gemacht, wegen des Vorschlages zur Wahl des Herrn Virchow aber wurden gewisse Bedenken geäußert, welche namentlich hervorhoben, dass die wissenschaftlichen Verdienste desselben mehr nur dem Kreise der specifisch medizinischen Wissenschaften, der Pathologie angehören, welche als solche in der Akademie nicht gepflegt noch vertreten wird. Nachdem diese Ansichten allseitig pro et contra besprochen worden waren, wurde die Wahlbesprechung geschlossen."

In der folgenden Klassensitzung fanden die Zuwahlen von Siemens und Virchow nach dem durch die Statuten vorgeschriebenen Verfahren statt. Vor dem Wahlakt wurde festgestellt, dass die Klasse 20 aktive ordentliche Mitglieder zählte, so dass die absolute Mehrheit der Mitglieder elf Stimmen betrug. Diese Stimmenanzahl mußte jeder Wahlkandidat erreichen, um von der Klasse gewählt zu sein. In der Sitzung anwesend waren 18 Mitglieder. Die geheime Abstimmung fand mit weißen (Ja-Stimmen) und schwarzen (Nein-Stimmen) Kugeln statt. Über jeden Kandidaten wurde einzeln nach alphabetischer Reihenfolge abgestimmt. Die nach der Abstimmung in der Wahlurne befindlichen weißen und schwarzen Kugeln wurden dann ausgezählt und das Ergebnis in der Sitzung mitgeteilt. Zunächst wurde über Werner von Siemens ballotiert. Er erhielt 18 weiße Kugeln und war damit einstimmig gewählt. Auf Rudolf Virchow entfielen bei der Wahl 14 bejahende und vier verneinende Stimmen. Die erfolgreiche Wahl beider Kandidaten in der Klasse war allerdings nur eine Vorwahl, die als Vorschlag der Klasse an die Gesamtakademie ging, wo die entscheidende Wahl zur Aufnahme in die Akademie stattfinden musste.

In der Gesamtsitzung am 27. November 1873 erfolgte die Hauptwahl. Nach Verlesen der Wahlanträge für Siemens und Virchow kam es zur Abstimmung.

Für einen günstigen Ausgang der Wahlen war eine absolute Mehrheit von 22 bejahenden Stimmen erforderlich. Bei 36 anwesenden Akademiemitgliedern ergab die Kugelung für Virchow 30 weiße und sechs schwarze Kugeln, so dass er damit zum ordentlichen Mitglied der Physikalisch-mathematischen Klasse gewählt war. Noch am Wahltag teilte Du Bois-Reymond aus der Akademie Virchow die Aufnahme in die Akademie mit.

Nach den Statuten der Akademie musste die Wahl noch durch den König bestätigt werden. Mit Schreiben vom 30. November 1873 hatten die Akademiesekretare beim Minister der geistlichen, Unterrichts- und Medizinalangelegenheiten um die allerhöchste Bestätigung der Wahl Virchows zum ordentlichen Akademiemitglied nachgesucht. Am 6. Januar teilte das Ministerium der Akademie mit, dass auf Antrag des Ministers der König mit Erlass vom 22. Dezember 1873 die Wahl von Rudolf Virchow zum ordentlichen Mitglied der Physikalisch-mathematischen Klasse bestätigt habe. Seit dem 22. Dezember 1873 zählte Rudolf Virchow somit zu den 50 auserwählten ordentlichen Mitgliedern der Preußischen Akademie der Wissenschaften. Als Mitglied hatte er auch Anspruch auf ein jährliches Gehalt. Allerdings erhielt Virchow sein akademisches Jahresgehalt in Höhe von 300 Reichstalern erst ab dem 1. März 1874, da erst ab diesem Zeitpunkt das akademische Gehalt eines verstorbenen Akademiemitglieds zur Verfügung stand.

Seine Antrittsrede in der Akademie, die von Du Bois-Reymond als Klassensekretar erwidert wurde, hielt Virchow in der öffentlichen Festsitzung zur Feier des Leibniztages am 2. Juli 1874. Darin gab er einen Überblick über die historische Entwicklung der Pathologie und betonte, dass es eine seltene Ehre sei, als Pathologe in die Akademie aufgenommen worden zu sein, in der ein ganzes Menschenalter hindurch kein pathologischer Vortrag zu hören gewesen sei.

Als ordentliches Mitglied hat Rudolf Virchow aktiv an der Arbeit der Preußischen Akademie der Wissenschaften teilgenommen. Nach dem am 8. Januar 1874 erfolgten Eingang der königlichen Wahlbestätigung teilte Du Bois-Reymond Virchow mit, dass nunmehr die Akademie sein Erscheinen in den Akademiesitzungen erwarte, und lud ihn zur nächsten Gesamtsitzung der Akademie am 15. Januar 1874 ein. Der Vorsitzende Sekretar Du Bois-Reymond begrüßte in dieser Sitzung die zum ersten Mal anwesenden neuen Mitglieder Werner von Siemens und Rudolf Virchow. Am 29. Januar 1874 nahm Virchow erstmals an einer Sitzung der Physikalisch-mathematischen Klasse teil. Es handelte sich um eine außerordentliche Sitzung, in der die Klassenmitglieder auf Geheiß des Kultusministeriums die Entsendung eines Zoologen und eines Botanikers zu einer Expedition auf die Insel Mauritius zu erörtern hatten. An der Diskussion beteiligte sich auch Virchow.

Eine Durchsicht sämtlicher Protokolle der Sitzungen der Physikalisch-mathematischen Klasse und des Plenums während der Mitgliedschaft Virchows, d.h. vom 15. Januar 1874 bis zum 31. Juli 1902, ergibt folgendes Bild über die Präsenz von Rudolf Virchow in den Sitzungen der Preußischen Akademie der Wissenschaften. Berücksichtigt werden muss dabei, dass die Akademie bis zu den neuen Statuten vom 28. März 1881 mit Ausnahme der Ferienzeit wöchentlich einmal eine Gesamtsitzung und monatlich einmal je eine Sitzung der beiden Klassen abhielt. Mit den neuen Statuten fanden die Gesamtsitzungen und die der Klassen im wöchentlichen Wechsel statt. Ferner konnten außerordentliche Gesamt- bzw. Klassensitzungen abgehalten werden.

Von den insgesamt 455 Sitzungen der Physikalisch-mathematischen Klasse, die im fraglichen Zeitraum stattfanden, hat Virchow an 276 Sitzungen teilgenommen. Das entspricht einem Prozentsatz von nicht ganz 61%. Etwas ungünstiger fällt Virchows Präsenz in den Gesamtsitzungen der Akademie aus. Hier hat Virchow an 343 der insgesamt 650 Plenarsitzungen teilgenommen. Seine Anwesenheitsquote erreicht damit nicht ganz 53%. Nicht berücksichtigt werden konnte bei dieser Aufstellung Virchows Teilnahme an den drei jährlichen Festsitzungen der Akademie zur Feier der Geburt Friedrichs II. (Friedrichstag), zum Andenken an den ersten Präsidenten der Akademie Gottfried Wilhelm Leibniz (Leibniztag) und zum Geburtstag des regierenden Königs. Zu diesen Sitzungen liegen uns leider keine Anwesenheitslisten und Protokolle vor, die über die Anwesenheit der Akademiemitglieder Auskunft geben könnten. Es handelte sich bei diesen Sitzungen um öffentliche Akademiesitzungen, zu denen nach den Statuten der Akademie „allen anständigen Personen" der Zutritt zu gewähren war.

Virchows oftmalige Abwesenheit von Berlin, bedingt durch ausgedehnte, vor allem prähistorische Studienreisen sowie durch seine häufige Teilnahme an Kongressen, Tagungen und wissenschaftlichen

Versammlungen, verhinderte ganz offensichtlich eine stärkere Teilnahme an den Akademiesitzungen. Hinzu kam die enorme arbeitsmäßige Belastung durch seine Tätigkeit als Universitätsforscher und -lehrer, als Politiker in der Berliner Stadtverordnetenversammlung, im Preußischen Landtag und im Reichstag, als Herausgeber medizinischer Fachzeitschriften sowie als führendes Mitglied zahlreicher wissenschaftlicher Vereine und Gesellschaften. Wenn man dieses gewaltige Arbeitspensum Virchows berücksichtigt, dann verwundert es eher, wie aktiv Rudolf Virchow auch als ordentliches Mitglied der Preußischen Akademie der Wissenschaften gewirkt hat. So ist er seiner Pflicht als ordentliches Akademiemitglied, in den Gesamt- und Klassensitzungen wissenschaftliche Vorträge zu halten, ziemlich regelmäßig nachgekommen. Auffallend ist allerdings, dass Virchow entgegen den Erwartungen, die man aus seiner

Protokoll der Sitzung der physikalisch-mathematischen Klasse der Preußischen Akademie der Wissenschaften vom 6. Dezember 1875, in der Rudolf Virchow vorgetragen hat. Archiv der Berlin-Brandenburgischen Akademie der Wissenschaften

Antrittsrede in der Akademie hätte hegen können, kaum zu pathologischen Themen vorgetragen hat. Streng genommen hat er nur in der frühen Phase seiner Mitgliedschaft zwei Vorträge der Pathologie gewidmet. In der Sitzung der Physikalisch-mathematischen

Klasse am 6. Dezember 1875 hielt Virchow einen Vortrag über die Entstehung von Knorpelgeschwülsten am Knochen, und in der Klassensitzung am 12. Juni 1876 folgte ein Vortrag über die Entwicklung von Knochenzysten. Der erste Vortrag erschien als Auszug, der zweite vollständig in den Monatsberichten der Preußischen Akademie der Wissenschaften. Nahezu alle anderen Akademievorträge Virchows sind anthropologischen, ethnologischen oder prähistorischen Inhalts. Wilhelm Waldeyer hat in seiner am 2. Juli 1903 in der Leibnizsitzung der Akademie gehaltenen Gedächtnisrede auf Rudolf Virchow darauf hingewiesen, dass sich dieser schon vor seiner Aufnahme in die Akademie verstärkt der Anthropologie zugewandt hatte. Hier fand Virchow eine terra incognita vor, die er umfassend bearbeiten und wissenschaftlich begründen konnte. Virchows erster Akademievortrag, den er in der Plenarsitzung am 7. Januar 1875 hielt, war die anatomisch-anthropologische Abhandlung *Über einige Merkmale niederer Menschenrassen am Schädel*, die in den Abhandlungen der Akademie erschien. Ein Grund für die Bevorzugung anthropologischer, ethnologischer und prähistorischer Themen in Virchows Akademievorträgen mag auch darin gelegen haben, dass diese Wissenschaften den übrigen in der Akademie vertretenen Disziplinen näher lagen als die Pathologie. Seine pathologischen Forschungsergebnisse veröffentlichte Virchow vorwiegend in medizinischen Fachzeitschriften, insbesondere in seinem von ihm selbst herausgegebenen *Archiv für pathologische Anatomie und Physiologie und für klinische Medizin*. Zehn Akademievorträge widmete Virchow der Beschreibung von Schädeln verschiedener Völker. Ein weiterer Teil der von Virchow in der Akademie vorgetragenen Arbeiten betraf prähistorische Themen, wie z. B. über einen neuen Bronzewagen von Burg an der Spree (1876) und über die Zeitbestimmung der italienischen und deutschen Hausurnen (1883). Ethnologischen Fragestellungen waren ebenfalls mehrere Vorträge Virchows gewidmet, wie z. B. über die Sakalaven (1880), über die Weddas von Ceylon (1881), über die Verbreitung des blonden und des brünetten Typus in Mitteleuropa (1885), über die kulturgeschichtliche Stellung des Kaukasus (1895), über die Bevölkerung der Philippinen (1897 und 1899) sowie über die ethnologische Stellung der prähistorischen und protohistorischen Ägypter (1898). Aus Virchows Reisen zu den Ausgrabungen Heinrich Schliemanns in Troja sind ebenfalls mehrere Akademievorträge hervorgegangen. Als Ergebnis seiner Reise nach Ägypten hielt Rudolf Virchow in den Plenarsitzungen am 21. Juni und am 12. Juli 1888 einen Vortrag über die Mumien der Könige im Museum von Bulaq. Virchows letzter Akademievortrag war einem prähistorischen Thema gewidmet. In der Klassensitzung am 30. November 1899 trug der 78-jährige die wissenschaftliche Mitteilung *Über ein Flachbeil aus Jadeit von der Beeker Haide am Niederrhein* vor.

Insgesamt sind von Rudolf Virchow 37 Vorträge und wissenschaftliche Mitteilungen in den Klassen- und Plenarsitzungen der Akademie vorgetragen worden. Bis auf wenige Ausnahmen wurden sie in den Akademiepublikationen veröffentlicht.

Ein anderes akademisches Betätigungsfeld, auf dem sich Virchow als Akademiemitglied stark engagierte, war seine Tätigkeit im Rahmen der bei der Akademie bestehenden Humboldt-Stiftung für Naturforschung und Reisen. Diese Stiftung wurde nach dem Tode Alexander von Humboldts von seinen Verehrern, zu denen auch Rudolf Virchow zählte, durch Sammlung von Geldbeträgen bei der Akademie der Wissenschaften errichtet. Am 19. Dezember 1860 erhielt sie die königliche Bestätigung. Mit den Zinsen des Stiftungskapitals wurden naturwissenschaftliche Arbeiten und Forschungsreisen finanziell unterstützt. In der Gesamtsitzung der Akademie am 26. Juli 1877 wurde Virchow mit großer Mehrheit in das Kuratorium dieser Stiftung gewählt. Virchows Wirken in dieser Funktion als Gutachter von wissenschaftlichen Anträgen auf finanzielle Unterstützung und als Organisator von Forschungsreisen ist Gegenstand einer gesonderten Untersuchung, so dass hier nicht näher darauf einzugehen ist.

Als ordentliches Akademiemitglied hatte Rudolf Virchow auch von seinem Recht Gebrauch gemacht, mittels entsprechender Wahlanträge herausragende Wissenschaftler für die Aufnahme in die Akademie vorzuschlagen. Dabei wurde er sowohl als Autor von Wahlvorschlägen als auch als Mitbefürworter und Mitunterzeichner von Wahlanträgen anderer Akademiemitglieder tätig. Von Virchows Hand stammt der Wahlantrag für die Aufnahme des Anatomen Wilhelm Waldeyer als ordentliches Mitglied vom 28. November 1883, der von H. Helmholtz, E. du Bois-Reymond und H. Munk mitunterzeichnet wurde. Waldeyer wurde am 17. Januar 1884 im Plenum zum ordentlichen Mitglied der Physikalisch-mathematischen Klasse gewählt. Reichlich zwei Jahre später schlug

Virchow den Physiologen und außerordentlichen Professor an der Berliner Universität Gustav Fritsch zum ordentlichen Akademiemitglied vor. Der Wahlantrag Virchows für Fritsch vom 11. Februar 1886, der von F. E. Schulze, H. Munk und E. du Bois-Reymond mitunterzeichnet war, gelangte in der Wahlsitzung der Physikalisch-mathematischen Klasse am 25. Februar 1886 zur Abstimmung. Auf Fritsch entfielen 16 weiße und vier schwarze Kugeln. Damit war er zwar durch die Klasse gewählt, doch die Gesamtakademie versagte Fritsch die Zustimmung.

Aus Virchows Feder stammt auch der Wahlvorschlag vom 28. November 1883 für Carl Gegenbaur, Professor für vergleichende Anatomie an der Universität Heidelberg, zum korrespondierenden Akademiemitglied. Der Vorschlag war erfolgreich. Gegenbaur wurde am 17. Januar 1884 vom Plenum der Akademie zum korrespondierenden Mitglied gewählt.

Als Mitbefürworter und Mitunterzeichner von Wahlanträgen beteiligte sich Virchow aktiv an der Zuwahl der ordentlichen Mitglieder Hermann Munk (Wahldatum: 12.02.1880) und Franz Eilhard Schulze (Wahldatum: 19.06.1884), der auswärtigen Mitglieder Charles Darwin (Wahldatum: 07.11.1878), Adolphe Wurtz (Wahldatum: 25.10.1883), Albert von Koelliker (Wahldatum: 18.02.1892) und Max von Pettenkofer (Wahldatum: 10.02.1898) sowie der korrespondierenden Mitglieder Anton de Bary (Wahldatum: 12.12.1878), Rudolf Heidenhain (Wahldatum: 17.01.1884), Friedrich von Recklinghausen (Wahldatum: 26.02.1885), Franz von Leydig (Wahldatum: 20.01.1887), Adolf Fick, Victor Hensen, Willy Kühne, Carl von Voit (Wahldatum: 24.02.1898) und Sir William Turner (Wahldatum: 10.03.1898).

In Vorbereitung auf die 200-Jahrfeier der Preußischen Akademie der Wissenschaften im Jahre 1900 war Virchow als Akademiemitglied auch an der Aufnahme von repräsentativen Ehrenmitgliedern beteiligt. Die eingesetzte Jubiläumskommission erhielt vom Plenum das Recht zugesprochen, entsprechende Vorschläge zur Wahl von Ehrenmitgliedern den beiden Klassen zu unterbreiten. Auf Beschluss der Jubiläumskommission sollte die Physikalisch-mathematische Klasse die ehemaligen Kultusminister Dr. Falk und Dr. von Gossler sowie Frau Elise Wentzel (geb. Heckmann) zu Ehrenmitgliedern wählen. Letztere hatte im Jahre 1894 der Akademie 1,5 Millionen Goldmark zur Errichtung der „Hermann und Elise geborene Heckmann

Wentzel-Stiftung" vermacht. Mit den Zinsen des Stiftungskapitals sollten wissenschaftliche Unternehmungen größeren Umfangs gefördert werden. In der Sitzung der Physikalisch-mathematischen Klasse am 16. November 1899 wurden die Vorschläge zur Wahl von Ehrenmitgliedern erörtert. Zunächst brachten die Akademiemitglieder Karl Klein, Ferdinand von Richthofen und Rudolf Virchow einen zusätzlichen Antrag auf Wahl von Wilhelm Reiss zum Ehrenmitglied ein. Bei der Erörterung der Wahlvorschläge wurden insbesondere bei Frau Wentzel (geb. Heckmann) starke Vorbehalte geäußert. Das Akademiemitglied Munk verwies darauf, dass nach den Statuten der Akademie die Ehrenmitglieder das Recht hätten, an den Akademiesitzungen teilzunehmen und bei öffentlichen Sitzungen in den Reihen der Akademiker Platz zu nehmen. Bei der Abfassung der Statuten habe daher sicherlich der Gedanke ferngelegen, dass Frauen Mitglieder der Akademie werden könnten. Im Protokoll der Klassensitzung heißt es dann weiter: „Die Herren Klein, Virchow und Fuchs sprechen sich entschieden gegen die Wahl der Frau Wentzel-Heckmann aus, wesentlich aus denselben Gründen, die Herr Munk geltend gemacht hat; sie beantragen, daß ihr Widerspruch in das Protokoll aufgenommen werde." Auf Antrag von Munk wurde das Sekretariat ersucht, die Wahl von Frauen zu Mitgliedern der Akademie auf ihre statutenmäßige Zulässigkeit zu prüfen. Zwei Wochen später fand am 30. November 1899 die Wahlsitzung der Klasse statt. Der Wahlvorschlag für Wilhelm Reiss zum Ehrenmitglied war inzwischen von den Antragstellern zurückgezogen worden. Der Klassensekretar Waldeyer teilte die Auffassung des Sekretariats mit, dass die Statuten die Wahl von Frauen zu Ehrenmitgliedern zuließen. Im Protokoll ist dann weiter vermerkt: „Übrigens sei ein Präzedenzfall vorhanden, indem die Zarin Katharina II. von Rußland auf Vorschlag Friedrichs des Großen zum Mitglied der Akademie erwählt worden sei." Bei der anschließenden geheimen Abstimmung erhielt Frau Wentzel (geb. Heckmann) 18 weiße und drei schwarze Kugeln. Eine der schwarzen Kugeln stammte sicherlich von Rudolf Virchow, der jedoch damit die Mitgliedschaft der zweiten Frau in der Geschichte der Berliner Akademie der Wissenschaften nicht verhindern konnte.

Abschließend sei noch kurz auf weitere Aktivitäten von Virchow als Akademiemitglied eingegangen. Virchow nutzte häufig die Akademiesitzungen, um wissenschaftliche Untersuchungen und Mitteilungen anderer Wissenschaftler vorzulegen, die dann oftmals Aufnahme in die Akademiepublikationen fanden. Sein Rat als Sachverständiger war in der Akademie sehr gefragt, sei es bei der Begutachtung eingesandter Schriften für die Drucklegung in den Akademiepublikationen, bei der Entscheidung über die Aufnahme des Schriftentauschs mit anderen wissenschaftlichen Institutionen oder bei der Erörterung der neuen Akademiestatuten von 1881. Virchow unterbreitete auch Vorschläge, um die Arbeit der Klasse effektiver zu gestalten, wie z. B. die obligatorische Berichterstattung durch die Forschungsreisenden, denen die Akademie finanzielle Unterstützung gewährt hatte. Virchow gehörte seit 1878 dem Geldverwendungsausschuss des Plenums und seit 1881 dem Geldverwendungsausschuss der Physikalisch-mathematischen Klasse als Stellvertreter an.

Er beteiligte sich auch an der Formulierung von Preisaufgaben, die von der Akademie gestellt wurden. 1875 wurde Virchows Preisfrage über den Kalkgehalt des Blutes in der öffentlichen Sitzung des Leibniztages am 1. Juli 1875 bekanntgegeben. Der genaue Wortlaut der Preisfrage lautete: „In welchen Verbindungen findet sich der Kalk im Blute der Säugethiere und der Vögel? und wie geschieht der chemische Niederschlag seiner Salze in die Gewebe, namentlich in die Knochen?" Die Preisfrage sollte durch experimentelle Untersuchungen an wachsenden Tieren beantwortet werden, wobei insbesondere der chemische Zustand des Blutes und der Knochen bei längerer Fütterung mit Phosphor und getrennt davon mit pflanzensauren Salzen genauer festzustellen sei. Als Frist für die Einsendung von Lösungen wurde der 1. März 1878 festgelegt. Der Preis in Höhe von 100 Dukaten (925 Reichsmark) sollte in der Leibnizsitzung im Juli 1878 erteilt werden. Da zu diesem Zeitpunkt keine Beantwortung der Frage eingegangen war, beschloss die Akademie auf Antrag Virchows, die Preisaufgabe unter den gleichen Bedingungen für 1881 zu erneuern. Als auch dann keine Bewerbungsschrift die Akademie erreicht hatte, wurde die Preisaufgabe zurückgezogen.

Nicht unerwähnt bleiben darf Virchows Wirken in der bei der Akademie im Jahre 1889 errichteten Graf Loubat-Stiftung. Graf Joseph Florimond Loubat aus New York hatte der Akademie eine Summe von 22.871 Mark und 55 Pf. für die Errichtung einer Preisstiftung vermacht. Alle fünf Jahre sollte durch die Akademie ein Preis von 3.000 Mark an die beste gedruckte Schrift auf dem Gebiete der amerikanistischen Studien (präkolumbische Altertumskunde von ganz Amerika und Geschichte Nordamerikas) erteilt werden. Zum Zwecke der Begutachtung, Preiserteilung und Verwaltung der Stiftung wurde eine Kommission gebildet, in die in geheimer Abstimmung auch Rudolf Virchow gewählt wurde. Dieser übernahm den Vorsitz in der Kommission und wurde auch stets in die Kommission wiedergewählt, zuletzt in der Plenarsitzung am 24. Februar 1898.

Für die Akademie hatte Virchow gelegentlich auch repräsentative Aufgaben wahrzunehmen, so etwa als Mitglied der Akademiedeputation bei den Feierlichkeiten zum 50-jährigen Bestehen der Königlichen Museen in Berlin im Jahre 1880 oder als Delegierter der Akademie anlässlich der 300-Jahrfeier der Universität Edinburgh im Jahre 1884.

Im Auftrage der Akademie verfasste Virchow auch einige Glückwunschadressen zu Doktorjubiläen von Akademiemitgliedern, wie z. B. für die

Dankschreiben Rudolf Virchows anläßlich seiner Auszeichnung mit der Helmholtz-Medaille der Preußischen Akademie der Wissenschaften, 2. Februar 1899. Archiv der Berlin-Brandenburgischen Akademie der Wissenschaften

korrespondierenden Mitglieder Karl von Siebold und Jakob Henle.

Als die Preußische Akademie der Wissenschaften im Jahre 1900 ihre 200-Jahrfeier beging, war es der fast 80-jährige Virchow, der für die Leopoldina die Begrüßungsansprache hielt.

Die Preußische Akademie der Wissenschaften hat die wissenschaftlichen Leistungen und akademischen Dienste ihres ordentlichen Mitglieds Rudolf Virchow durch Auszeichnungen und Ehrungen gewürdigt. Anlässlich seines 50-jährigen Doktorjubiläums am 21. Oktober 1893 überreichte ihm die Akademie eine von Hermann Munk verfasste Glückwunschadresse. 1898 erhielt Virchow mit der Helmholtz-Medaille die höchste wissenschaftliche Auszeichnung der Akademie verliehen. Die Helmholtz-Medaille wurde 1891 anlässlich des 70. Geburtstages von Hermann von Helmholtz gestiftet und entsprechend dem Statut der Helmholtz-Stiftung seit 1892 an in- und ausländische Naturwissenschaftler für herausragende wissenschaftliche Leistungen verliehen. Jeder Preisträger erhielt die Medaille in Gold und zugleich eine Kopie in Bronze. Infolge des hohen Goldgehaltes der Medaille (620 g Feingold) stellen die goldenen Helmholtz-Medaillen heutzutage eine gesuchte Rarität dar.

Anlässlich des 80. Geburtstages von Virchow am 13. Oktober 1901 ließ die Akademie eine Ehrenplakette für den Jubilar anfertigen, die ihm am 12. Oktober 1901 während der Virchow-Feier im Preußischen Abgeordnetenhaus durch die Akademiesekretare überreicht wurde.

Ein Jahr später, am 5. September 1902, verstarb Rudolf Virchow. Da zu diesem Zeitpunkt die Akademieferien noch andauerten, konnte erst in der Plenarsitzung der Akademie am 23. Oktober 1902 seines Todes gedacht werden. Die akademische Gedächtnisrede auf Rudolf Virchow hielt Wilhelm Waldeyer in der Leibnizsitzung der Akademie am 2. Juli 1903.

Der Autor ist Leiter des Archivs der Berlin-Brandenburgischen Akademie der Wissenschaften.

QUELLEN UND LITERATUR ZU RUDOLF VIRCHOW

1. QUELLEN

Archiv der Berlin-Brandenburgischen Akademie der Wissenschaften: Bestand Preußische Akademie der Wissenschaften (1812–1945); Nachlass R. Virchow Geheimes Staatsarchiv Preußischer Kulturbesitz: I. HA, Rep. 76Vc, Sekt. 2, Tit. XXIIIF, Nr. 1–2

2. LITERATUR

2.1. Akademievorträge Rudolf Virchows

1. *Ueber einige Merkmale niederer Menschenrassen am Schädel.* In: Physikalische Abhandlungen der Königlichen Akademie der Wissenschaften zu Berlin (im folgenden Phys. Abh.) Abtheilung (im folgenden Abth.) 2. S. 1–130 mit 7 Tafeln. Auszug: Monatsberichte der Königl. Preussischen Akademie

der Wissenschaften zu Berlin (im folgenden MB abgekürzt), 1875, S. 11–12 unter dem Titel: Über niedere Menschenrassen und einzelne Merkmale niederer Entwicklung.- Zusätzliche Bemerkungen über das Os interparietale. Ebenda. S. 214–215

2. *Über die Entstehung des Enchondroma und seine Beziehungen zu der Ecchondrosis und der Exostosis cartilaginea.* In: MB, 1875, S. 760–773 mit 1 Tafel

3. *Beiträge zur physischen Anthropologie der Deutschen, mit besonderer Berücksichtigung der Friesen.* In: Phys. Abh. Abth. 1. 1876, S. 1–391 mit 5 Tafeln

4. *Über die Bildung von Knochencysten.* In: MB, 1876, S. 369–381 mit 1 Tafel

5. *Weitere Mittheilungen über friesische und niederländische Schädel.* In: MB, 1876, S. 622–645

6. *Über einen neuen Bronzewagen von Burg an der Spree.* In: MB, 1876, S. 715–725 mit 1 Tafel

7. *Der Hospitaliter-Orden vom heiligen Geist, zumal in Deutschland.* In: MB, 1877, S. 339–371

8. *Zur Craniologie Illyriens.* In: MB, 1877, S. 769–819 mit 2 Tafeln

9. *Beiträge zur Landeskunde der Troas.* In: Phys. Abh. III., 1879, 190 S. mit 2 Tafeln

10. *Bericht über Beobachtungen des Hrn. J. M. Hildebrandt auf Madagascar.* In: MB, 1879, S. 546–553

11. *Über den Schädel des jungen Gorilla.* In: MB, 1880, S. 516–543 mit 2 Tafeln; In: Sitzungsberichte der Königlich Preussischen Akademie der Wissenschaften zu Berlin (im folgenden SB abgekürzt) II., 1882, S. 671–678 mit 1 Tafel

12. *Über die Sakalaven.* In: MB, 1880, S. 995–1029 mit 2 Tafeln

13. *Ueber die Weddas von Ceylon und ihre Beziehungen zu den Nachbarstämmen.* In: Phys. Abh. I., 1881, 143 S. mit 3 Tafeln

14. *Über die ethnologische Bedeutung des Os malare bipartitum.* In: MB, 1881, S. 230–267 mit 1 Tafel und 1 Tabelle

15. *Über mikronesische Schädel.* In: MB, 1881, S. 1113–1143

16. *Die letzten Schicksale und der Tod des Reisenden Johann Maria Hildebrandt.* In: MB, 1881, S. 1173–1176

17. *Alttrojanische Gräber und Schädel.* In: Phys. Abh. II., 1882, 152 S. mit 13 Tafeln

18. *Über die Zeitbestimmung der italischen und deutschen Hausurnen.* In: SB II., 1883, S. 985–1026

19. *Über alte Schädel von Assos und Cypern.* In: Phys. Abh. II., 1884, 55 S. mit 5 Tafeln

20. *Die Verbreitung des blonden und des brünetten Typus in Mitteleuropa.* In: SB I., 1885, S. 39–47

21. *Über krankhaft veränderte Knochen alter Peruaner.* In: SB II., 1885, S. 1129–1140

22. *Das plötzliche Verschwinden der beiden Lavaseen in dem Krater des Vulkans Kiliauea auf Hawaii.* In: SB I., 1886, S. 414

23. *Über südmarokkanische Schädel.* In: SB II., 1886, S. 991–1005

24. *Die Mumien der Könige im Museum von Bulaq.* In: SB II., 1888, S. 767–787

25. *Über ostafrikanische Schädel.* In: SB I., 1889, S. 381–391

26. *Neue Untersuchungen ostafrikanischer Schädel.* In: SB I., 1891, S. 123–147

27. *Schliemann's letzte Ausgrabung.* In: SB II., 1891, S. 819–828

28. *Über den troischen Ida, die Skamander-Quelle und die Porta von Zeitunlü.* In: SB II., 1892, S. 969–982

29. *Über griechische Schädel aus alter und neuer Zeit und über einen Schädel von Menidi, der für den Sophokles gehalten ist.* In: SB II., 1893, S. 677–700

30. *Über die culturgeschichtliche Stellung des Kaukasus, unter besonderer Berücksichtigung der ornamentirten Bronzegürtel aus transkaukasischen Gräbern.* In: Phys. Abh. I., 1895, 66 S. mit 4 Tafeln

31. *Anlage und Variation.* In: SB I., 1896, S. 515–531

32. *Die Bevölkerung der Philippinen.* In: SB I., 1897, S. 279–289. Zweite Mittheilung. In: SB I., 1899, S. 14–26

33. *Über die ethnologische Stellung der prähistorischen und protohistorischen Ägypter, nebst Bemerkungen über Entfärbung und Verfärbung der Haare.* In: Phys. Abh. I., 1898, 20 S. mit 2 Tafeln

34. *Ein Flachbeil aus Jadeit von der Beeker Haide am Niederrhein.* In: SB II, 1899, S. 870–876, 1 Abb.

2.2. Literatur über Rudolf Virchow (Auswahl)

Antrittsrede von R. Virchow in der Akademie. In: MB, 1874, S. 468–474

Erwiderungsrede von E. du Bois-Reymond. In: Ebenda, S. 474–482

Gedächtnisrede von W. Waldeyer. In: Abhandlungen der Königlich-Preußischen Akademie der Wissenschaften, 1903, Gedächtnisreden, 1, 52 S.

ANDREE, C., *Rudolf Virchow als Prähistoriker,* Bd. 1–3, Köln, Wien 1976, 1986

HARNACK, A., *Geschichte der Königlich Preußischen Akademie der Wissenschaften zu Berlin,* Bd. 1–3, Berlin 1900

HERRMANN, J., MAAß, E., ANDREE, C., HALLOF, L., *Die Korrespondenz zwischen Heinrich Schliemann und Rudolf Virchow (1876–1890),* Berlin 1990

KIRSTEN, C., *Quellen über Rudolf Virchow im Zentralen Archiv der DAW und im Archiv der Humboldt-Universität zu Berlin.* In: Zeitschrift für die gesamte Hygiene und ihre Grenzgebiete, 18 (1972) 6, S. 426–429

SIMON, H., KRIETSCH, P., *Rudolf Virchow und Berlin,* Berlin 1985

WEISER, J., *Quellen über Rudolf Virchow in der Historischen Abteilung II des Deutschen Zentralarchivs.* In: Zeitschrift für die gesamte Hygiene und ihre Grenzgebiete, 18 (1972) 6, S. 418–425

WENIG, K., *Rudolf Virchow und Emil du Bois-Reymond: Briefe 1864–1894,* Marburg/L. 1995

Es gibt keine höhere Treue, als die gegen das Recht,
und kein höheres Recht, als das der Wahrheit.
RUDOLF VIRCHOW

Klaus Wenig
Den Kulturen der Welt auf der Spur
Rudolf Virchow als Organisator von Forschungsreisen

Die Arbeitsorientierung von Rudolf Virchow
erweiterte sich in den 1850er Jahren um einige,
wie sich später erwiesen hat, sehr erkenntnis-
trächtige Gebiete. Seine Untersuchungen *Über*
die Entwicklung des Schädelgrundes von 1857
markieren die Anfangsphase der Erschließung von
Anthropologie, Ethnologie und Urgeschichte als
neue Arbeitsfelder. Für vergleichende Untersuchungen auf diesen Gebieten konnte sich Virchow
nicht mit der Sichtung des regionalen Materials
begnügen. Aussagekräftige und statistisch unter-
legte Daten konnten nur durch überregionale Vergleiche und Untersuchungen vor Ort erzielt werden.
Die Bilanzen der Expeditionen aus früheren Jahr-
hunderten verwiesen auf erhebliche „weiße Stellen"
besonders in der Kenntnis der außereuropäischen
Erdteile. Das Landesinnere solcher Erdregionen wie
des „schwarzen Kontinents" Afrika, der Transural-
gebiete, großer Teile von Südamerika oder der süd-
ostasiatischen Inselwelt bis Australien blieben mit
ihrer Geographie und Geologie, ihren Faunen und
Floren, den Menschenrassen und ihren Kulturen
weitgehend unbekannt. Die bislang bestehenden
Mythen sollten durch Wissen ersetzt werden. Das
wachsende Interesse an der Aufklärung der natürlichen Verhältnisse dieser Gebiete entfachte in
Europa ein von Erkenntnisdrang, Abenteuerlust
und Nationalbewusstsein getragenes Wetteifern
darum, als Erster am Ziel zu sein und damit den
Namen des Entdeckers und den seines Landes im
Gedächtnis der Menschengemeinschaft zu spei-
chern. Nationalistische und kolonialistische Ambitionen der aufstrebenden Industriestaaten spielten
darin eine ebenso zentrale Rolle wie die Suche
nach Rohstoffen für die exponentiell wachsende
Industrieproduktion. Obwohl gerade dieses letzt-
genannte Ziel eine der wichtigsten Motivationen
für die Länderregierungen bzw. Monarchen und
die verschiedenen Industriezweige zur finanziellen

Unterstützung der Forschungsreisen war und bis
heute ist, kann hier lediglich ein Aspekt herausge-
griffen werden: die Rolle von Rudolf Virchow bei
der Planung, Organisation und wissenschaftlichen
Auswertung von Forschungsreisen sowie bei der
Verwissenschaftlichung ihrer Arbeitsmethoden
der von der Humboldt-Stiftung geförderten Reisen.

Virchow als Mitbegründer der Humboldt-Stiftung für
Naturforschung und Reisen

Im 19. Jahrhundert wird tendenziell deutlich, wie
Expeditionsreisen auf ein qualitatives Niveau ge-
hoben werden, das die Formulierung der Ziele und
der konkreten Sammlungs- und/oder Beobachtungs-
aufgaben wie auch die umfassende wissenschaftliche Auswertung und Publikation der Ergebnisse
umfasste. Virchow und seine Naturforscherkollegen
bemühten sich um eine Transformation der Methoden ihrer naturwissenschaftlichen Fächer auf den
gesamten Ablauf der Forschungsreisen, um genaue
und reproduzierbare Ergebnisse zu erhalten.
Mit seiner Amerikareise (1799 bis 1804) und ihrer z.T.
bis in unsere Zeit andauernden Auswertung (wie
etwa Reisetagebücher, Korrespondenzen) hatte
Alexander von Humboldt als Forschungsreisender
zu Beginn des 19. Jahrhunderts die Konturen der
anzustrebenden Maßstäbe gesetzt. Diese Seite
seiner vielseitigen Tätigkeit war eines der Stand-
beine seines wissenschaftlichen Renommees und
die daraus abgeleiteten Erkenntnisse Basis seines
wissenschaftlichen Weltbildes. Der Zuspruch
der Berliner Bevölkerung zu Humboldts „Kosmos-
Vorlesungen" in der Berliner Singakademie (heute:
Gebäude des Maxim Gorki Theaters) in den Jahren
1827/28 zeugt nicht nur von der Beliebtheit, sondern auch vom Interesse des Bildungsbürgertums
an solchen Informationen.
Der junge Rudolf Virchow gehörte wie viele der naturkund-
lich Interessierten zu den Verehrern Humboldts.
Als frisch immatrikulierter Zögling sah er Humboldt
unter den Honoratioren bei der Stiftungsfeier der
Pépinière am 30. Oktober 1839, worüber er seinem
Vater in einem Brief berichtete. Aber zu einer persönlichen Begegnung scheint es nicht gekommen
zu sein. Virchow hatte von Humboldt 1857 lediglich eine positive Resonanz auf seine Schrift *Unter-*
suchungen über die Entwicklung des Schädel-
grundes erhalten.
Schon wenige Wochen nach Humboldts Tod am 6. Mai 1859
vereinten sich renommierte Naturforscher und
Berliner Honoratioren, um zu Ehren des großen
Naturforschers zur Gründung einer Stiftung

aufzurufen, die der Förderung der Naturforschung und der Forschungsreisen dienen und seinen Namen tragen sollte. Rudolf Virchow gehörte zu den Initiatoren der Gründungsinitiative, war Mitglied des Gründungskomitees und Schriftführer in der Gründungsphase. Den Gründungsvätern ging es – wie später im §1 des Statuts der Stiftung dargelegt – darum, „hervorragenden Talenten, wo sie sich finden mögen, ohne Rücksicht auf Nationalität oder Confession, in allen Richtungen, in welchen A.v. Humboldt seine wissenschaftliche Thätigkeit entfaltete, namentlich zu naturwissenschaftlichen Arbeiten und grösseren Reisen, Unterstützung zu gewähren. Sie soll in A. v. Humboldt's edlem Sinne wirkend der von ihm mit unermüdlichem Eifer bethätigten Förderung aller naturwissenschaftlichen Bestrebungen gewähren."

Diese relative Unabhängigkeit bei der Auswahl von Reisezielen, wissenschaftlichen Aufgaben und geeigneten Personen konnte nur erreicht werden, wenn eine Finanzquelle vorhanden war, die nicht vom Willen einzelner privater Geldgeber abhängig war, aber der Kontrolle durch eine moralisch integre Körperschaft unterlag. Die Initiatoren entschlossen sich daher, einen Aufruf an die europäischen Kulturvölker und an die von Humboldt besuchten Völker Amerikas zu verfassen und um Spenden für ein Stiftungskapital zu werben. Die Reaktion des In- und Auslandes war über Erwarten groß: Spenden kamen von mehreren Mitgliedern des preußischen Königshauses, von der Stadt Berlin immerhin 10.000 RM, von zahlreichen deutschen Städten, aus England, Nord- und Südamerika sowie von zahlreichen Geschäftsleuten und Persönlichkeiten des öffentlichen Lebens. Bereits sechs Monate nach der ersten „Einladung zu einer A. v. Humboldt-Stiftung für Naturforschung und Reisen" vermerkte der erste Bericht der Stiftung vom 7. Januar 1860 ein Stiftungskapital von 20.580 Reichstalern, 4 Silbergroschen, 6 Pf. und 500 Reichstalern in Preußischen Staatsanleihen mit 5%iger Verzinsung. Nur die akkumulierbaren Zinsen des Stiftungskapitals standen für wissenschaftliche Unternehmungen, die wissenschaftliche Auswertung des Sammlungsgutes bis hin zur Publikation der Ergebnisse zur Verfügung. Die Stiftung wurde unter die Obhut der Preußischen Akademie der Wissenschaften gestellt. Ein Kuratorium, dem der Minister der geistlichen, Unterrichts- und Medizinalangelegenheiten bzw. einer seiner Vertreter, der Oberbürgermeister von Berlin, zwei ordentliche Mitglieder der Preußischen Akademie der Wissenschaften und ein in Berlin ansässiger Bankier angehörten, übernahm die Geschäfte. Der Vorsitz stand dem jeweiligen Sekretar der Physikalisch-mathematischen Klasse der Akademie zu.

Rudolf Virchow gehörte der Humboldt-Stiftung seit der Gründung an, aber erst vier Jahre nach seiner 1873 erfolgten Wahl zum ordentlichen Mitglied der Preußischen Akademie der Wissenschaften wurde er 1877 auch in das der Akademie laut Statut zugeordnete Kuratorium der Stiftung gewählt.

Der Physikalisch-mathematischen Klasse der Preußischen Akademie der Wissenschaften oblag das Vorschlagsrecht für die Reiseunternehmungen, die Auswahl der Person(en), der Geldtransfer auf der Reiseroute und in die bereisten Länder, die wissenschaftliche Leitung und die organisatorische Betreuung der Reisenden bis hin zur wissenschaftlichen Auswertung. In der Regel war das Sammlungsgut Eigentum der Akademie, die es in die Institute bzw. die entsprechenden Museen weiterleitete, da sie selbst keine Einrichtungen mehr dafür besaß.

Für die Entscheidungen des Kuratoriums über die Art des Unternehmens und die Auswahl der Personen haben die Erfahrungen voriger Reiseunternehmungen Pate gestanden, besonders diejenigen A. v. Humboldts, der aus eigenem Erleben die vielfältigen Fähigkeiten und Fertigkeiten eines Expeditionsreisenden für den Erfolg des Unternehmens kannte. In diesem Auswahlverfahren hatten nur erfahrene Expeditionsreisende eine Chance, die entsprechende positive Gutachten von Akademie-Mitgliedern oder anderen renommierten Naturforschern vorlegen bzw. die Teilnahme an erfolgreichen Forschungsreisen nachweisen konnten. Nach der Bestätigung schloss das Kuratorium der Humboldt-Stiftung mit dem jeweiligen Reisenden ein Abkommen bzw. einen Vertrag über die Reise ab, der oft akribisch gehaltene wissenschaftliche Instruktionen für die Reiseroute und die Sammlungstätigkeit beinhaltete.

Die Unterstützung der Reisenden läuft an – Virchow favorisiert Madagaskar

Die erste Reise aus den Mitteln der Humboldt-Stiftung bestritt der Lehrer der Naturwissenschaften an der Handelsschule Berlin, Reinhold Hensel, mit dem Auftrag, Säugetierskelette in verschiedenen südamerikanischen Regionen zu sammeln. Da sich Darwin auf solches Material bei der Begründung des Selektionsprinzips stützte, liegt die Vermutung nahe, Nachforschungen zur Materialbasis betrieben zu haben. Virchow war in diese Reise nicht involviert.

Der erste eigene Vorschlag für eine Unternehmung mit
Unterstützung der Humboldt-Stiftung erfolgte erst
1874 für eine naturwissenschaftliche Reise nach
Ostafrika und Madagaskar, deren Begründung er
gemeinsam mit dem Anatomen Bogislaw Reichert
unterzeichnete. Virchow verfolgte dabei weitgehend
anthropologische und ethnographische Interessen,
Reichert – wie der Reisevertrag und die Reiseinstruktionen ausweisen – vorwiegend zoologische.

Die Insel Madagaskar war geographisch kaum erschlossen
und zählte wegen ihres tropischen, sehr feuchten
Klimas, des unwegsamen Hochlandes und der als
unberechenbar geltenden Einwohner zu den besonders gefährlichen Regionen. Bis auf die Kartierung
des Küstenverlaufs und die Beschreibung von zwei
durch das Binnenland verlaufenden Routen, worüber nur erste Berichte des französischen Naturforschers Grandidier erschienen waren, gab es
keine weiteren Informationen in der Reiseliteratur.

Der Gärtner und Afrika-Reisende Johann Maria Hildebrandt
empfahl sich für das Unternehmen durch seine zwei-
maligen Ostafrikareisen zwischen 1871 und 1874.
Die dabei gesammelten wertvollen botanischen Objekte verkaufte Hildebrandt an private und öffentliche Sammler, aber einige der wertvollen Säuge-
tierschädel stellte er dem anatomisch-zootomischen
Museum in Berlin zur Verfügung. Die Berliner Anthropologische Gesellschaft erhielt darüber hinaus
zahlreiche ethnologische Gegenstände und photographische Aufnahmen Menschen dieser Region.
Virchow und Reichert durften nach diesen Ergebnissen auf reiches Sammlungsgut hoffen, das
nach Vereinbarung mit der Akademie dieser bzw.
den öffentlichen Museen zugestanden hätte.

Finanziell ausgestattet mit den Mitteln aus dem Verkauf
seiner botanischen Sammlungen und einer Unterstützung von der Humboldt-Stiftung, startete
Hildebrandt am 1. Februar 1875 zunächst nach Aden,
um anthropologische Messungen in Somalia vorzunehmen. Seine Reiseroute sollte ihn weiter bis nach
Kenia und nach Madagaskar führen. Aber fibröse
Erkrankungen und die Stammesauseinanderset-
zungen zwischen den Somalistämmen verhinderten
trotz der Unterstützung durch das Reichs-Kriegs-
ministerium, von dem er Waffen entliehen hatte,
die Fortsetzung seiner Reiseroute. Er kehrte nach
Mombassa zurück und verpackte seine umfangreichen Sammlungen zum Versand nach Deutschland.
Ein spektakuläres Ergebnis dieser ersten Reise
war ein lebendes Nilpferd, das er 1876 nach
Berlin brachte. Die botanischen und zoologischen,
die mineralogischen und ethnographischen

Sammlungsobjekte waren von beachtlichem Umfang und großer Seltenheit. Allein das Verzeichnis
der dem Ethnographischen Museum in Berlin über-
gebenen 64 Gebrauchsgegenstände reichten von
Zahnbürstenstäbchen bis zu Esslöffeln und Töpfen,
Musikinstrumenten, eisernen Glöckchen und Lan-
zen. Sie erlaubten mit den Photographien und den
Schilderungen des Reisenden immerhin eine erste
Vorstellung von der Lebensweise und der Kultur
der besuchten ostafrikanischen Volksstämme.

Nach seiner Rückkehr nach Berlin und der Genesung
erklärte sich Hildebrandt bereit, erneut einen
Versuch zu starten, um Madagaskar zu erforschen.
Im April 1879 beantragte Virchow die Fortsetzung
der Reise nach Madagaskar mit Mitteln der
Humboldt-Stiftung. Neben Virchow und Reichert
zeigten besonders der Geograph Heinrich Kiepert
und der Botaniker Nathanael Pringsheim Interesse
an Messdaten und Sammlungsmaterial. Von jedem
der vier involvierten Akademiemitglieder wurde ein
spezieller Auftrag für den Reisenden mit genauen
Anweisungen für die jeweilige Aufgabe einschließlich der methodischen Anleitung für die Sammlung
und die Konservierung der Objekte erarbeitet.
Diese Reiseinstruktionen belegen, welche Vielfalt
an Aufgaben ein Forschungsreisender für die Akademie zu erledigen hatte und über welche Talente ein
Forschungsreisender verfügen musste, um die naturwissenschaftlichen Aufgaben, die Organisation vor
Ort bis hin zum psychologischen Einfühlungsvermö-
gen im Umgang mit den Eingeborenen und ihrer
weitgehend unbekannten Kultur zu bewältigen.
Das Programm Hildebrandts umfasste u. a.
• im geographischen Teil die Ermittlung der Ober-
flächenformen mit topographischen Angaben und
Kartenzeichnungen, der klimatischen Verhältnisse
und der Höhenbestimmungen nach der Methode
des Siedepunktes des Wassers
• im botanischen Auftrag die Sammlung und
Konservierung von sog. niederen Pflanzen wie
speziell endemische Algen, Moose, Farne und
große Meeresalgen, die nach exakten Angaben
zu konservieren waren
• im Auftrag für das anatomisch-zootomische
Museum faktisch alle Vertreter endemischer Tier-
gruppen einschließlich der Halbaffen zu konservieren bzw. deren Skelette mitzubringen. B. Reichert
gab besonders ausführliche Anweisungen zur
Konservierung der Tiere. Besonderen Wert legte
man (wahrscheinlich von Virchows Seite) auf
menschliche Skelette und Schädel aus älteren
und neueren Grabstätten sowie auf Haarproben.

Hildebrandt brach am 20. Februar 1879 zum zweiten Mal nach Madagaskar auf, erkundete mit zehn bewaffneten Begleitern vor allem Teile der Westküste der Insel und sammelte (wahrscheinlich) große Mengen von Pflanzen und Tieren, Skelette und ethnographische Objekte. Die klimatischen Bedingungen, Widerstände der Eingeborenen und vor allem seine wieder aufgebrochene Krankheit verhinderten einen erfolgreichen Abschluss der Forschungsreise. Hildebrandt schrieb am 2. September 1880 aus Sirabé in Zentral-Madagaskar an Virchow: „Meine Reise von der Westküste zum Centralplateau war sehr interessant, als ich aber nur noch 2 Stunden von der Hauptstadt entfernt war, ergriff mich mein altes Übel wieder. Ein sehr bedeutender Blutfluß, der aus einem Magengeschwür zu kommen schien, zwang mich die erste beste Hütte am Wege aufzusuchen. Das Bluten dauerte auch hier fort, sodaß ich in wenigen Stunden über (unleserlich) meines gesammelten Blutvorrathes verlor. In diesem Zustande fand ich gerathen, in Antananarivo Hilfe zu erbitten." Diese fand er in der norwegischen Mission. Nach vorübergehender Besserung seines Zustandes setzte er die Reise Ende Juli 1880 fort zu „zu den heissen Quellen von Sirabé in Betsileo, wo ich mich noch jetzt befinde. Da ich während der Krankheit fast immer das Bett hüten mußte, so war natürlich an ein gedeihliches Arbeiten nicht zu denken; es hat sich aber dennoch manches Brauchbare angesammelt, theils noch von der Reise zur Hauptstadt herstammend, theils von der Reise hierher u. hier. Darunter nenne ich nur den ziemlich wohlerhaltenen Schädel u. Skelet einer ausgestorbenen Hippopotamos Art, die ich aus einem Moor ausgraben ließ." Die Reise wurde immer wieder von fibrösen Erkrankungen und von seinem Magenleiden unterbrochen. Virchow, Reichert, Eichler und Pringsheim beantragten am 16. Juni 1881 nochmals 6.000 RM für Hildebrandt zur Fortsetzung seiner Reise, da er durch die Übernahme seiner Sammlungsstücke durch öffentliche Institute nur einen sehr geringen Erlös hatte. Doch inzwischen war Hildebrandt am 29. Mai 1881 in der norwegischen Mission nahe Tananarivo verstorben.

Als man in der Akademie vom Tode Hildebrandts erfuhr, stellte Virchow am 21. Juli 1881 einen erneuten Antrag zur Fortsetzung der Reise und schlug den in Südafrika lebenden Forschungsreisenden Aurel Schulz dafür vor. Seine Begründung enthält – einer Kurzfassung ähnlich – die Ergebnisse der bisherigen Reise und ihre Verwertung in den wissenschaftlichen Gesellschaften und Instituten. Die vom Comité der Humboldt-Stiftung aus den verfügbaren Zinsen verfügbaren Mittel von 6.000,00 RM reichten Schulz dafür aber nicht aus, weshalb er ablehnte.

Die Sammlungen gelangten nur zum Teil nach Berlin. Hildebrandt hatte lediglich die ersten Sammlungsobjekte vor seiner Erkrankung nach Berlin an das Ethnographische Museum geschickt. Die Sammlungen von der Reise zum Süden befanden sich noch in Madagaskar. Virchow, der sich gemeinsam mit Emil du Bois-Reymond über das Auswärtige Amt um Hilfe für den erkrankten Hildebrandt bemühte und mit der norwegischen Mission Verbindung aufgenommen hatte, versuchte nach Hildebrandts Tod, die auf Madagaskar bzw. auf Sansibar verbliebenen Teile der Sammlungen nach Berlin zu bringen. Letztlich sind die meisten Sammlungsgüter über diplomatische Wege mit Hilfe der norwegischen Vertretung nach Berlin gelangt.

Neue Ziele im Visier:
Papua-Neuguinea – und ein Einwohner in Gepäck

Reiseziele für neue Entdeckungen besonders in der südpazifischen Inselwelt gab es hinreichend, zumal die meisten der Forschungsreisen nur erste Einblicke in die Kulturen dieser Region ermöglichten.

Rudolf Virchow benötigte aber weitaus mehr auswertbares Material, um ein langfristiges Projekt der Anthropologie, eine Kartierung der Merkmale der menschlichen Rassen, mit Hilfe der Anthropologischen Gesellschaften realisieren zu können. Dies war für ihn einer der Gründe, sich im Comité der Humboldt-Stiftung für die Bewilligung der finanziellen Ausstattung des Zoologen, Anthropologen und Ethnographen Otto Finsch einzusetzen, der von 1879 bis 1882 Hawaii, Mikronesien, Polynesien und Neu-Britannien besuchen sollte, um die schwindende autochthone Bevölkerung dieser Inseln zu erforschen.

Die siebzig Briefe, die Finsch an Virchow während seiner dreijährigen Reise schrieb und weitere an andere Mitglieder der Deutschen Anthropologischen Gesellschaft, die sich z. T. im Archiv der Berlin-Brandenburgischen Akademie der

Otto Finsch mit einem Eingeborenen aus Neu-Britannien. Rückseitig Widmung Finschs an R. Virchow vom 15. Juni 1884. Photo: L. Herzog. Archiv der Berlin-Brandenburgischen Akademie der Wissenschaften, Nachlass Virchow

Wissenschaften befinden, geben einen detaillierten Einblick in die wissenschaftliche Ausbeute der Reise. Finsch sandte ca. 2.000 ethnographische Gegenstände, u.a. 164 Gesichtsmasken sowie einen umfangreichen Katalog mit Beobachtungen über die Rassenverhältnisse der südpazifischen Inseln, Abbildungen über die Hauttypen nach den Photographien, Umrisszeichnungen der Hände und Füße sowie anthropometrische Messungen nach Berlin. Über die anthropologischen und ethnographischen Beobachtungen und Sammlungsobjekte hinaus verschiffte Finsch mehr als 5.600 Wirbeltiere und ca. 30.000 wirbellose Tiere nach Berlin. Die anthropologischen Daten und Objekte wurden größtenteils in der Berliner Anthropologischen Gesellschaft zur Diskussion gestellt und die zoologischen Objekte in die Sammlungen des Berliner Zoologischen Museums eingegliedert.

Für die Öffentlichkeit am spektakulärsten war sicherlich, dass Finsch auf seiner Rückreise von Papua-Neuguinea im November 1882 einen eingeborenen Papua mit nach Berlin brachte, den er seinen Freunden und Gönnern in der Berliner Anthropologischen Gesellschaft und den Honoratioren in Berlin, Leipzig und Dresden vorstellte.

Das Geheimnis der Lepra

Im März 1883 beantragte Rudolf Virchow bei der Humboldt-Stiftung für den Dermatologen an der Universitätsklinik für Syphilis und Hautkrankheiten in Breslau, Eduard Arning, finanzielle Unterstützung für eine Reise zu den Sandwich-Inseln zur Erforschung der Lepra anaestetica. Virchow erwartete – wie Du Bois-Reymond – Schwierigkeiten in der Physikalisch-mathematischen Klasse bei der Bewilligung des Antrages, denn in der Akademie war Medizin als Wissenschaftsdisziplin nicht vertreten, und Mediziner wurden in der Regel daher nicht als Mitglieder aufgenommen. Virchow verwies deshalb in seinem Antrag an die Klasse darauf, dass es sich hierbei zwar um eine medizinische Aufgabe handelte, einer solchen aber durch die Statuten der Humboldt-Stiftung keine Beschränkungen auferlegt würden. Er betonte ausdrücklich die Komplexität der Auftretens der Lepra: „Ueberdies nimmt der Aussatz unter den Krankheiten eine ganz besondere Stellung, sowohl historisch, als geographisch, ein. Sein Auftreten zu gewissen Zeiten u. an gewissen Orten hat ihm von jeher etwas Geheimnisvolles gegeben, welches zur Erklärung aufforderte u. welches in naher Beziehung zu religiösen Vorstellungen gebracht wurde. Obwohl man ihn gewissermaßen

als die älteste Krankheit bezeichnen kann, ist es doch erst in den letzten Jahren gelungen, in einem pflanzlichen Parasiten die Ursache derselben zu entdecken. Allein noch immer weiß man nicht, welche besonderen Lebensbedingungen diese kleine Pflanze für ihre Erhaltung u. Fortpflanzung erfordert, ob sie außerhalb des Körpers sich entwickeln kann, ob sie mit der Nahrung in den Menschen gelangt, ob sie sich von Mensch zu Mensch durch Ansteckung überträgt."

Arning traf Ende des Jahres 1883 in Honolulu ein und erhielt die Möglichkeit, im Lepra-Krankenhaus von Honolulu zu arbeiten. Er berichtete Virchow regelmäßig über seine Beobachtungen an den Infizierten, über seine Versuche, die Übertragungswege zu erforschen und über pathologische Befunde an Verstorbenen, über die Virchow in einer Sitzung der Physikalisch-mathematischen Klasse der Akademie (2. Dezember 1886) ausführlich berichtete.

Da während des zweijährigen Aufenthalts keine umfassenden Antworten auf die gestellten Fragen nach der Verbreitung, Erblichkeit und Ansteckungsfähigkeit der Lepra gegeben werden konnten, eine größere Verbreitung über die bekannten Lokalitäten hinaus andererseits nicht zu befürchten war, aber Furcht vor der von der Regierung verhängten Segregation bestand, war die weitere anamnestische und therapeutische Ermittlung in Frage gestellt. Neben dem medizinischen Ertrag brachte Arning noch eine umfangreiche Sammlung ethnographischer Gegenstände mit, die dem Ethnographischen Museum in Berlin übereignet wurden.

Der Stratege Virchow

Die hier angeführten Beispiele stellen nur einen kleinen Ausschnitt aus der Vielfalt von Aktivitäten zur Organisation von Forschungsreisen dar, die Virchow für anthropologische, ethnologische, urgeschichtliche und medizinische Ziele unterstützte bzw. mit organisierte. Allein seine Reisen zu den Ausgrabungsstätten in der Türkei, in Griechenland oder in Ägypten und die brieflichen Kontakte mit den jeweiligen Reisenden zeugen von dem ungeheuren Ausmaß an zeitlichem Aufwand bis hin zur Verarbeitung der daraus resultierenden wissenschaftlichen Informationen.

Interessant ist dabei die konsequente Strategie Virchows seit seinen wissenschaftlichen Anfangsjahren, als es um die Ausarbeitung seiner Theorie der Zellularpathologie ging, Gleichgesinnte um sich zu scharen, sich ein Forum für den gemeinsamen Informationsaustausch zu schaffen und

Förderungsmöglichkeiten für solche Forschungen
zu eruieren, die seinen Intentionen entsprachen.
Diese Strategie, in die auch sein Engagement als
Organisator von Forschungsreisen fällt, hat sich
bis zu seinem Lebensende bewährt.

**Der Autor ist wissenschaftlicher Mitarbeiter
in der Berlin-Brandenburgischen Akademie
der Wissenschaften.**

**Die Reiseunternehmungen der Humboldt-Stiftung für Naturforschung
und Reisen bzw. von ihr finanziell unterstützte Forschungsreisen im 19. Jahrhundert**

Zeitraum	Naturforscher	Region	Aufgabenstellung
1863–66	Reinhold Hensel	Südamerika,	Paläontologische Sammlungen
1868–71	Georg Schweinfurth	NO Afrika, Äquatorialafrika	Botanische, zoologische und ethnographische Sammlungen
1874–75	Reinhold Buchholz	West-Afrika	Botanische, zoologische und ethnographische Sammlungen
1876/77, 79–81	J. Maria Hildebrandt	Äquatorial- und Ost-Afrika	Botanische, zoologische, ethnographische und geographische Sammlungen
1877–78	Carl Sachs	Südamerika	Zoologische Sammlungen
1878–82	Otto Finsch	Mikronesien, Polynesien	Anthropologische und ethnographische Sammlungen
1881	Gustav Fritsch	Ägypten	Zoologische Sammlungen
1882	Paul Güssfeldt	Chilen. Anden	Geologisch-geografische Expedition
1883–84	Eduard Arning	Hawaii, Sandwich Inseln	Untersuchungen über die Lepra
1884	Georg Schweinfurth	Nordostafrika	Geologische, mineralogische, paläontologische Sammlungen und topographische Untersuchungen
1887–88	Karl von den Steinen	Brasilien	Anthropologische und ethnographische Untersuchungen
1888–89	Hensen, Brandt, Schütt, Dahl, Krümmel, Eschke	Nördlicher Atlantik und Golfstrom bis Südamerika	Plankton-Expedition
1891–93	A. Voeltzkow	Madagaskar	Zoologische Sammlungen
1892–93	G. Volkens	Kilimandscharo	Botanische Sammlungen
1893–95	Ludwig Plate	Chile	Westliche Meeresfauna
1893	Gustav Fritsch	Ägypten	Zoologische Untersuchung
1893–94	Karl Dove	Südwest-Afrika	Klimatologische, geografische Untersuchungen
1895	Max Verworn	Rotes Meer	Meeresbiologische Studien
1895	W. Moericke	Chilenische Anden	Geologische Unter-suchungen
1896	A. Dohrn	Neu-Pommern	Errichtung Zoologischer Station
1897	Dahl	Neu-Pommern	Zoologische Sammlungen
1897–99	G. Thilenius	Neuseeland, Polynesien	Zoologische Untersuchungen

(Die Jahreszahlen der unterstützten Unternehmungen geben nur den Zeitraum der Unterstützung an, nicht den gesamten, auch aus anderen
Quellen finanzierten Zeitraum der Reisen. Der von der Humboldt-Stiftung zur wissenschaftlichen Auswertung des Materials nach der Reise
folgende Zeitabschnitt wurde hier nicht berücksichtigt).

LITERATUR UND QUELLEN

*Alexander von Humboldt-Stiftung 1953–1993.
40 Jahre im Dienst von Wissenschaft und Forschung.*
Bonn-Bad Godesberg 1993

*Archiv der Berlin-Brandenburgischen Akademie der
Wissenschaften:*
• Protokolle der Physikalisch-mathematischen Klasse
• Nachlass Virchow, Briefwechsel mit Hildebrandt,
  Otto Finsch, Aurel Schulz, Victor Hensen und Eduard Arning
• Akten der Humboldt-Stiftung

ECKART, W. U., *Die Medizin und das „Größere Deutschland".
Kolonialpolitik und Tropenmedizin in Deutschland, 1884–1914.*
Berichte zur Wissenschaftsgeschichte 13 (1990), S. 129–139

EMBACHER, F., *Die wichtigsten Forschungsreisen des
neunzehnten Jahrhunderts.* Braunschweig 1880

HOPPE, B., *Naturwissenschaftliche und zoologische Forschungen
in Afrika während der deutschen Kolonialbewegung bis 1914.*
Berichte zur Wissenschaftsgeschichte 13 (1990), S. 193–206

SCHNEE, H. (Hrsg.), *Deutsches Kolonial-Lexikon.* Leipzig 1920

WENIG, K., *Rudolf Virchow und Emil du Bois-Reymond.
Briefe 1864–1864.* Marburg/L. 1994

ZEPERNICK, B., *Zwischen Wirtschaft und Wissenschaft –
die deutsche Schutzgebiets-Botanik.* Berichte zur Wissenschaftsgeschichte 13 (1990), S. 207–217

Kai Michel
Der Anti-Bode
Rudolf Virchow als Museumsgründer

Rudolf Virchow kehrt in die Mitte Berlins zurück –
und zwar undercover. Denn das, was da auf dem
Berliner Schlossplatz in einem wie auch immer ge-
arteten Neubau untergebracht werden soll, wird
den Namen „Humboldt-Forum" tragen. Es geht,
laut Empfehlung der Kommission Historische Mitte
Berlin, um die derzeit in Dahlem untergebrachten
außereuropäischen Sammlungen der Staatlichen
Museen und die verstreut liegenden Wissenschafts-
sammlungen der Humboldt-Universität. Erstere
wären ohne Virchow, der als Begründer der Berliner
Gesellschaft für Anthropologie, Ethnologie und
Urgeschichte (BGAEU) maßgeblich am Zustande-
kommen des einstigen Völkerkundemuseums beteiligt war, nicht denkbar. Welch zentrale Rolle er
als Professor und Rektor für die Berliner Universität
und deren Sammlungen spielte, demonstrierte un-
längst die Ausstellung „Theatrum Naturae et Artis"
im Martin-Gropius-Bau. Dort war Virchow inmitten
seiner pathologischen, anthropologischen und
prähistorischen Sammlungsstücke zu besichtigen.
Die im Humboldt-Forum unterzubringende Zentrale Landesbibliothek steht übrigens auch in
der Tradition Virchows, dieses Protagonisten der
Volksbildung, der über vierzig Jahre in der Berliner
Stadtverordnetenversammlung saß und der Stadt-
bibliothek seine eigene Bibliothek vermachte.
Da dieses Bildungsensemble im Herzen Berlins aber nicht
mit dem Namen Virchows identifiziert wird, blieb
bisher die außerordentliche Gegenüberstellung
unbemerkt, die es impliziert. Denn das, was ich einfach einmal „Virchow-Forum" nennen möchte, wird
das Gegenstück zu dem Museumsensemble bilden,
das als „Museumsinsel" in die Weltkulturerbeliste
der UNESCO eingetragen ist. Deren „Weltgeltung"
verdankt sich, das ist wohl die einhellige Auffassung, der Tätigkeit Wilhelm von Bodes. Es erscheint
daher reizvoll, zu fragen, ob die topographische
Gegenüberstellung auch als eine persönliche zu
nehmen ist und Rudolf Virchow als Antipode
Wilhelm von Bodes betrachtet werden kann.

Virchows Museen

Aber reicht diese topographische Zufälligkeit aus,
um die beiden in ein Spannungsverhältnis zu
setzen? Kann man Rudolf Virchow, den Mediziner
und Politiker, überhaupt als einen Museumsmann
bezeichnen? Um es kurz zu machen: Man kann. Er
ist vielleicht nicht der singuläre Museumsgründer
gewesen, also der große Einzelne, sondern mehr
das Energiezentrum eines auf Vereinsbasis orga-
nisierten Netzwerks, aber gerade dadurch wurde
er zur wichtigen Initiativkraft. Doch dazu später
mehr. An dieser Stelle nur ein kurzer Überblick
über seine Museumstätigkeiten:
Vor allem setzte er sich für das Museum für Völkerkunde
ein. Dessen institutionelle Keimzelle war zwar die
ins Neue Museum gelangte ethnologische Kollek-
tion der Königlich Preußischen Kunstkammer. Aber
erst durch die 1869 gegründete BGAEU, deren
Impulsgeber Virchow unzweifelhaft war, erfuhr
sie einen immensen Sammlungszuwachs. Denn
Adolf Bastian, der den Objekten im Neuen Museum
vorstand und den Virchow den „größten Reisenden
der Welt" nannte, gehörte zugleich dem Vorstand
der Gesellschaft an und konnte so von deren Engagement, ihren Forschungsreisen und Kontakten in
die ganze Welt profitieren. Mit der Forderung, die
ethnologischen – und übrigens auch vaterländischen – Bestände auszugliedern, war die BGAEU
erfolgreich. 1873 sagte Kaiser Wilhelm I. den Neubau eines eigenständigen Museums für Völkerkunde zu, in dem die BGAEU eigene Räumlichkeiten
erhielt und auch ihre anthropologische Schädel-
sammlung unterbringen konnte.
Weniger bekannt ist die Beteiligung Virchows an der
Gründung des Märkischen Museums. Da das neue
Völkerkundemuseum erst 1886 bezogen werden
konnte, unterstützte Virchow in der Zwischenzeit
das Engagement eines anderen Vorstandsmitglieds
der BGAEU. Ernst Friedel hatte schon 1870 in
einer Sitzung der Gesellschaft beklagt, dass man
sich in Berlin noch nicht sehr „für die Merkmale der
ältesten Vorgeschichte" interessiere. In den Museen
sei kein einziges paläolithisches Werkzeug zu
finden, da aber „nur derjenige über die paläolithischen Artefakte ein sicheres Urteil gewinnen kann,
der sie nicht bloß aus Abbildungen kennt, sondern
in ihren Lagerstätten gesehen und in der Hand
gehabt oder doch mindestens in einem Museum
betrachtet hat, so ist man bei uns zur Zeit noch

gezwungen, weite mit Opfern verknüpfte Reisen zu unternehmen, will man überhaupt erst einmal einen dieser merkwürdigen Kulturreste des Menschen zu Gesicht bekommen." Nachdem Friedel zum Berliner Stadtrat gewählt worden war, gründete er 1874 das Märkische Provinzialmuseum. Fast achtzig Prozent der Sammlungsstücke gingen als Geschenke ein, zu größten Teilen von Mitgliedern der BGAEU. Rudolf Virchow war vom ersten Tag an Mitglied der Direktion und blieb das bis zu seinem Tod. Friedel übrigens ist auch der Dichter der unsterblichen Zeilen: „Wenn uns Virchow ruft mit Macht, / Buddeln wir selbst in der Nacht, / Buddeln wir uns durch dick und dünn / Bis zur Erde Zentrum hin."

Ausstellungsraum des auf Betreiben Virchows und anderer 1874 gegründeten Märkischen Provinzialmuseums im Köllnischen Rathaus in der Breiten Straße, 1880–1899. Photo: Stadtmuseum Berlin

Spätestens 1874, auf dem Internationalen Kongress für prähistorische Archäologie in Stockholm, erkannte Virchow die große Bedeutung der Volkskunde. Eine Ausstellung mit volkstümlichen Trachten, Möbeln und Geräten aus der schwedischen Landwirtschaft ließ in ihm den Plan reifen, dem Berliner Völkerkundemuseum eine entsprechende deutsche Abteilung anzufügen. Doch als es 1886 endlich eröffnet wurde, reichte der Platz nicht mehr, enthielt es doch auch noch die prähistorische Sammlung, die sich erst 1931 zum Museum für Vor- und Frühgeschichte mauserte. Virchow überzeugte daher den profilierten Volkskundler Ulrich Jahn, nach Berlin überzusiedeln und auf privatem Weg ein „Museum für deutsche Volkstrachten und Erzeugnisse des Hausgewerbes" (heute: Museum Europäischer Kulturen) zu gründen. Ein aus interessierten Mitgliedern der BGAEU

zusammengesetztes Komitee besorgte die Finanzierung der ersten Ausstellung. Virchow initiierte 1891, als seine Versuche, das Museum zu verstaatlichen, ohne Resonanz geblieben waren, einen Verein, der die Trägerschaft übernahm. Erst nach Virchows Tod wurde das Institut auf Geheiß des Kaisers als Museum für Volkskunde den Königlichen Museen angegliedert, angestoßen hatte das Bodes Großmäzen James Simon.

Und dann war da noch das Virchow-Museum schlechthin: Das von ihm an der Charité vorgefundene Pathologisch-anatomische Kabinett baute er zu einem musealen Archiv der krankhaften Körperveränderungen aus. Alle pathologischen Abweichungen des menschlichen Körpers sollten in einem Stück belegbar sein. Jeder Krankheitsbefund konnte so im direkten Vergleich mit den vorhandenen Stücken beschrieben werden. 1899 wurde es eröffnet.

Für einen, der als Politiker und Mediziner auch nicht gerade unterbeschäftigt war, ist das in Sachen Museen eine eindrucksvolle Bilanz. Insbesondere wenn man die gescheiterten Projekte hinzunimmt: Vergebens hatte er sich seit Mitte der 1860er Jahre bemüht, ein der Volksbildung gewidmetes städtisches Humboldtmuseum zu initiieren. Auch seine seit den 1890er Jahren immer wieder unternommenen Versuche, ein Nationalmuseum zu etablieren, das die gesamte Menschheitsentwicklung auf deutschem Boden präsentieren sollte und in denen auch die volkskundlichen Sammlungen aufgegangen wären, blieben ohne Erfolg.

Wenig beachtet wurde bisher, dass Virchow als Vorsitzender der Budgetkommission im Preußischen Abgeordnetenhaus über Jahrzehnte hinweg für die Königlichen Museen von großer Bedeutung war. So spielte er bei der Durchsetzung des Museumsstatuts von 1878, das den Abteilungsdirektoren größere Freiheiten gegenüber dem Generaldirektor einräumte, eine zentrale Rolle. Er forderte auch längere Öffnungszeiten, bessere Kataloge und eine angemessene Bezahlung des wissenschaftlichen Museumspersonals.

Autokratie gegen Republik

Insofern überrascht es, den Blick in die Memoiren Bodes zu werfen, der, bevor er Generaldirektor der Königlichen Museen wurde, als Abteilungsdirektor selbst einmal von Virchows Engagement profitiert hatte. Lediglich an einer einzigen Stelle ist von Virchow die Rede: Im Preußischen Abgeordnetenhaus, schreibt Bode, „gab es für uns niemanden, der Kunstinteresse besaß. Mommsen und Virchow waren ihren Kollegen im Abgeordnetenhause auch in der Kunst maßgebend, und diese betrachteten sie ausschließlich vom wissenschaftlichen Standpunkt. Die Zustände in der Verwaltung der Museen wurden von ihnen in die Diskussion gezogen, die sich von der Kammer auch in die Presse (Curtius contra Mommsen) übertrug, aber sie trafen nicht den Kern, sondern hielten sich in starren Theorien, die von falschen Gesichtspunkten ausgingen und daher mehr schadeten als nützten. Eine Republik selbständiger Direktoren der einzelnen Abteilungen, deren Konsortium den Generaldirektor ersetzen sollte, und die völlige Lostrennung der Museen vom Hof unter Beseitigung des Protektors, schien ihnen die wünschenswerte Lösung."

Nun hatte Virchow tatsächlich nie mit seiner Meinung hinterm Berg gehalten, dass er die Einrichtung eines Generaldirektors, der den einzelnen Abteilungsdirektoren vorgesetzt war, für eine überflüssige, wenn nicht schädliche Einrichtung hielt: „Sie wissen, meine Herren, es handelt sich hier um eine Reihe von Abteilungen, welche so differente Gegenstände umfassen, dass die genaueste Kenntnis, welche jemand in dem einen dieser Gegenstände besitzt, kaum als ausreichend erachtet werden dürfte, ihn als einen Sachverständigen auf dem Gebiete der anderen zu betrachten", führte Virchow 1876 vorm Abgeordnetenhaus aus. „Ich darf vielleicht daran erinnern: es handelt sich um die Gemäldegalerie, um die Skulpturengalerie sowohl in Bezug auf Antike als auf Renaissance, es handelt sich um das Kupferstichkabinett, um das Münzkabinett, um ägyptische Altertümer, assyrische Altertümer, Antiquarium, ethnologische Sammlungen, heimische Altertümer, also die allerdifferentesten Gegenstände [...]. Ich glaube, diese Betrachtung allein genügt, um dazutun, dass es nicht füglich jemals eine einzelne Person geben kann, welche, an die Spitze eines solchen Instituts gestellt, sich ein maßgebendes Urteil in Bezug auf alle diese verschiedenen Abteilungen anmaßen könnte." Schon zwei Jahre zuvor hatte er deshalb vorgeschlagen: „Es liegt auf der Hand, dass bei so komplizierten Anstalten kollegiale Körper vorhanden sein müssen, welche im geeigneten Augenblicke zusammentreten und die größeren Entscheidungen treffen. Analoge Einrichtungen bestehen namentlich in demjenigen Lande, wo in neuerer Zeit die größten Fortschritte in dem Museumswesen gemacht worden sind, nämlich in England; das ‚College of trustees', also ein Sachverständigen-, ein Vertrauensmännerkollegium steht in regelmäßiger Verbindung mit dem Institut, und wird nicht etwa bloß bei besonderen Gelegenheiten, bei ungewöhnlichen Ereignissen zusammengerufen. Dadurch erzielt man eine schnelle Lösung." Virchow glaubte an die Kraft des rationalen Arguments: Wenn „die verschiedenen Sachverständigen sich zusammen hinsetzen und sich gegenseitig motivieren, warum die Ansprüche, die sie erheben zu berücksichtigen sind, dass es dann gewiss leicht sein wird, sich gegenseitig davon zu überzeugen, wo die größere Dringlichkeit ist." Er forderte deshalb für die Königlichen Museen „ein größeres Maß von Kompetenz an die eigentlichen Sachverständigen abzugeben und die Machtbefugnisse des nominellen Chefs (des Generaldirektors, d. Verf.) einigermaßen zu beschränken".

Diesem demokratischen Modell mochte Wilhelm von Bode nicht folgen. „Cäsarismus" oder „Diktatur Bode" nannten Kritiker sein Herrschaftsmodell. Und Karl Schefflers Wort vom „Bismarck des Museums" war nicht nur bewundernd gemeint. Max J. Friedländer erinnerte sich an seinen langjährigen Vorgesetzten: „Gegen selbstständige Regungen im Stabe seiner Mitarbeiter war er misstrauisch. Seine Abneigung, selbst feindselige Einstellung gegen Fachgenossen, Direktoren anderer Museen, die sich ihm nicht unterordneten, nicht seinen Weisungen gehorchten, trat mit einiger Regelmäßigkeit hervor." Dem autokratischen Selbstverständnis Bodes, dieses Condottiere des Museumswesens, musste eine „Republik selbständiger Direktoren" ein Graus sein.

Der 1914 geadelte Bode war ein Geistesaristokrat erster Güte. Seine bildungsbürgerlich-konservative Weltanschauung ließ ihn anfällig werden für das kulturpessimistische Manifest der Zeit: „Rembrandt als Erzieher" von Julius Langbehn. Bode rezensierte es nicht nur wohlwollend – ihm war es ein Zeugnis „echt deutschen und konservativen Sinns", dem es um die „Wiedergeburt der deutschen Bildung und Kunst" ging –, sondern er hatte sich zuvor auch vehement für die Veröffentlichung des Manuskripts eingesetzt und von 1889 bis 1892 mit Langbehn korrespondiert. Dieser setzte gegen das bloß registrierende Spezialistentum den Geist der schöpferischen Synthese und propagierte, dass die „demokratisch-naturwissenschaftliche Richtung" nur durch einen „cäsaristisch-künstlerischen Typus" zu überwinden sei. Bode, solchen Gedankengängen wohl gewogen, musste also in Virchow, dem Protagonisten der „demokratisch-naturwissenschaftlichen Richtung", seinen Antipoden sehen. Rudolf Virchow war für ihn tatsächlich der Anti-Bode.

Streitfall Märkisches Museum

Aus dieser Perspektive erklärt sich auch Bodes Zorn auf das Märkische Museum, dass er in seiner Schrift *Aufgaben der Kunstgewerbemuseen* (1896/97) als „Rumpelkammer", als „Kuriositätenkammer der bedenklichsten Art" beschimpfte: „Wie kann es auch anders sein, wenn in manchen, ja in den meisten Fällen Sachverständigen-Kommissionen, Stadträte oder andere Bureaukraten die Direktoren nicht nur wählen, sondern auch leiten wollen." Tatsächlich war das Märkische Museum 1874 gerade nach dem Virchowschen Modell der „Trustees" begründet worden. Einem Direktorenkollegium, dem Virchow angehörte, stand der Stadtrat Friedel vor, ein wissenschaftlicher Beirat wurde von diversen Vereinen und Gesellschaften bestückt. Gegen einen einzelnen Museumsdirektor hatte man sich ganz bewusst entschieden, denn ein solcher Mann könne, so Friedel, „durch Unfreundlichkeit gegen das Publikum, durch Eigensinn und dadurch, dass er, ohne beständig auf dem Laufenden der Wissenschaft und Museums-Technik zu bleiben, seinen Posten als Altersversorgung betrachtet, das ganze Museum in Verruf und Verfall bringen". Die Schärfe des Bodeschen Urteils scheint also auch darin begründet zu sein, dass er in dem Märkischen Museum ein städtisches, und das heißt bürgerlich-liberales Gegenmodell sah, das unter Friedels und Virchows Ägide so erfolgreich war, dass es sich gerade anschickte, einen Prachtbau zu errichten, der stolz gegenüber der Südspitze der Spreeinsel, deren nördlicher Teil („Museumsinsel") von den Königlichen Museen eingenommen wurde, platziert wurde.

Feudal oder bürgerlich?

Hier Bode, dort Virchow – das war also mehr als ein topographischer Gegensatz. Bode als der Repräsentant der Königlichen Museen stand in Diensten einer Institution, deren Existenz unanzweifelbar war. Hervorgegangen aus den fürstlichen Sammlungen der preußischen Herrscher hatten die Museen seit ihrer Begründung 1830 eine Entwicklung hinter sich, die sie unangreifbar werden ließ. Und über den Rang ihrer Sammlungen, ihre Relevanz im 19. Jahrhundert als dem Zeitalter der Kunstreligion muss kein Wort verloren werden. Bode, der gefeierte Kunstkenner, stand ganz und gar in ihren Diensten. Nur dem Ruhme der Kunst war sein Schaffen verpflichtet, dem qualitätvollen Ausbau der Sammlungen der Königlichen Museen und der Schaffung eines repräsentativ-ästhetischen Rahmens. Alles andere erhielt dadurch einen instrumentellen Charakter.

Sein viel bewunderter Kennerblick war begehrt, vor allem in den Kreisen reicher Privatsammler aus der Hochbourgeoisie. Bode ließ sich seine Beratungstätigkeiten nicht entlohnen, nur erwartete er großzügige Geschenke an „seine" Museen. Seine Fähigkeiten, ein komplexes Netzwerk aus Sammlern, Mäzenen und Kunsthändlern zu stricken, sind legendär. Um aber alle Fäden wirklich fest in der Hand zu halten, rief er 1896 den Kaiser-Friedrich-Museums-Verein ins Leben. Der imposante Mitgliedsbeitrag der Vereinsmitglieder sowie außerordentliche Gaben sicherten Bode eine Art Privatetat, über den er selbst verfügen konnte, ohne mit dem Staat verhandeln zu müssen oder einer Budgetkommission rechenschaftspflichtig zu sein – der Traum eines jeden Museumsdirektors. Seinem bereits angedeuteten Temperament war die strikte Bürokratie zuwider. Wann immer es ging, wählte er den direkten Weg zum Hof und benutzte seine persönlichen Beziehungen zum Kronprinzenpaar, dem späteren Kaiser Friedrich III. und seiner Frau Victoria, oder – später – zu deren Sohn Wilhelm II. Das Kunstmuseum war als eine feudale Einrichtung entstanden, und der Autokrat Bode pflegte weiterhin feudale Praktiken. Auch der Kaiser-Friedrich-Museums-Verein gehörte in dieses Repertoire. Ein reges Vereinsleben entfaltete er nicht, sondern fungierte letzten Endes nur als ein Finanzierungsinstrument, Bode ganz zu Willen. Der Kaiser-Friedrich-Museums-Verein war ein Verein *für* das Museum, für jenes Renaissancemuseum, das heute den Namen Bodes trägt.

Betrachtet man hingegen die Museen Virchows (vielleicht mit Ausnahme des Pathologischen Museums), so liegt man nicht ganz falsch, in ihnen Museen der Vereine zu sehen. Es sind Museen, die erst neu entstehen, und zwar nicht in Diensten der Kunst, sondern der Wissenschaft. Diese – Anthropologie, Prähistorie, Volks- und Völkerkunde, aber natürlich auch die Pathologie – fußten in Virchows Intention auf einer rein naturwissenschaftlich-positivistischen Basis. Jeglicher Spekulation stand er ablehnend gegenüber. „Beschreiben Sie nur das, was Sie sehen!", forderte er von seinen Studenten in der medizinischen Ausbildung. Als wissenschaftlich wahr, galt ihm, was sichtbar, was – im tatsächlichen Wortsinn – real belegbar war. So ging all seine wissenschaftliche Tätigkeit notwendig mit dem Sammeln von Beweisstücken einher. Denn Beweisstücke waren nötig: Noch steckten die hier genannten Disziplinen in den Kinderschuhen und waren kaum institutionalisiert. Hier gilt das Wort

Thomas Nipperdeys: „Alle bürgerliche Aktivität organisiert sich in Vereinen." Und Virchow, wie es sich für die Zeit gehörte, selbst Mitglied in unzähligen Vereinen, kennzeichnete das Prinzip dieser Vereinigungen: „Jeder Mensch, der Augen hat und sehen kann, der eine gewisse Bildung und ein Interesse dafür hat, kann daran mithelfen".

Alle genannten Wissenschaften wurden also in gelehrtgeselligen Vereinen und wissenschaftlichen Gesellschaften praktiziert. An den Universitäten waren sie noch nicht vertreten. Bemerkenswert unter dem Aspekt der Musealisierung ist zudem vor allem eins: Die von Virchow betriebenen Wissenschaften waren ganz besonders auf materielle Zeugnisse angewiesen. Vorgeschichte und Völkerkunde bezogen sich per definitionem auf schriftlose Kulturen, für die Volkskunde galt das weitgehend auch – und die Anthropologie, meist als Anthropometrie mit dem Messen von Körperteilen beschäftigt, bedurfte gleichfalls einer Sammlung von konkretem Vergleichsmaterial.

Das Sammeln ging also geradezu der wissenschaftlichen Praxis dieser Disziplinen voraus, respektive war es der erste integrale Bestandteil. Die dabei angehäuften Sammlungen mussten natürlich irgendwo untergebracht werden, was in der Regel provisorisch, oft im Vereinslokal oder bei den Mitgliedern zu Hause, geschah. Umso größer die Bestände wurden, umso dringender mussten neue Aufbewahrungsorte gefunden werden. Da den Vereinsmitgliedern an der Etablierung „ihrer" Wissenschaft und deren angemessenen Repräsentation im öffentlichen Raum gelegen war, trachteten sie danach, die Vereinssammlungen allgemein zugänglich zu machen, also sie in Museen zu verwandeln.

Selbstorganisation der Gesellschaft:
Die neuen Tempel in der säkularisierten Welt

Solche Art der Museumsgründung entsprach dem liberalen Politikverständnis Rudolf Virchows, das dem Ideal einer Selbstorganisation der Gesellschaft verpflichtet war. Die Museen sind nicht so sehr das Werk einzelner Personen, sondern das Produkt eines gesellschaftlichen Netzwerks. Das schuf sich mit den Museen einen festen Ort, der dem wissenschaftlichen Unternehmen eine Dauer verlieh, die über die je zeitlich begrenzten personalen Mitgliedschaften hinausreichte. Vereine waren, wiederum nach Thomas Nipperdey, die „Schulen bürgerlicher Selbsttätigkeit im öffentlichen Bereich". Hier organisierte sich die bürgerliche Gesellschaft selbst, indem sie sich ihre eigenen Institutionen schuf.

Die Aufgabe des Staates ist es dann lediglich, sie zu übernehmen und auf Dauer zu stellen.

In dieser Perspektive sind die Museen, auch und gerade wenn sie sich im Rahmen der Königlichen Museen entwickeln, als Zeugnisse der gesellschaftlichen Anerkennung bürgerlicher Wissenschaftsvorstellungen zu deuten. Das findet seinen Ausdruck darin, dass den jeweiligen Sammlungsstücken als den Repräsentanten der Wissenschaft ein eigenes Museum geschaffen wird. Museen – Pierre Bourdieu spricht von „diesen bürgerlichen Tempeln, in denen die bürgerliche Gesellschaft deponiert, was sie an Heiligstem besitzt" – sind nämlich nicht mehr nur als allgemein zugängliche Sammlungen anzusehen, sondern als Legitimation setzende Orte, an denen über Öffentlichkeit und die in ihr vertretenen gesellschaftlich anerkannten Bildungsgüter entschieden wird. Was Aufstellung in einem Museum gefunden hat, wird als Teil der herrschenden Kultur geachtet. Die Naturwissenschaften galten fortan als Bestandteile des Kanons bürgerlicher Bildung und behaupten nun neben der Kunst ihren Anspruch auf Repräsentanz in der säkularisierten Welt.

In seiner zweiten Rektoratsrede 1893 sprach Virchow von der Ablösung des philosophischen Zeitalters durch das naturwissenschaftliche. Damit sollte auch eine neue Ordnung der Dinge einhergehen, deren Fundament nicht mehr Gott war, sondern die Wissenschaft. Den alten Kathedralen sollten neue gegenübergestellt werden, in denen die Experten die Rolle der Hohepriester übernahmen.

Gerade von diesem universalistischen Impetus musste sich Bode provoziert fühlen. Virchows naturwissenschaftlich fundierte Sicht auf Welt und Geschichte lief auf eine Herabsetzung der Kunst hinaus; diese verlor ihren außerordentlichen Rang und wurde letzten Endes zu einem Teil der Kulturgeschichte. Denn um das „Studium der Kulturentwicklung" zu betreiben, reichte es in Virchows Augen keinesfalls, „dass man nur die vollkommenste Kultur nimmt oder die höchste Blüte irgend einer Periode herausgreift". Man braucht „auch die kleinen Zwischenstationen, an denen man sieht, wie der menschliche Geist sich allmählich herausgearbeitet hat, und wie dann der fertige Kanon zu Stande gekommen ist". Die Meisterleistungen der Kultur sind nur im Kontext der ganzen Kultur, also auch der des Alltags, zu verstehen. Diese Marginalisierung der Kunst kam für Bode einem Sakrileg gleich.

Virchow hingegen ging es letztlich um mehr: Museen, diese Tempel der Wissenschaft, waren für ihn ein „mächtiges Bildungsmittel nicht bloß für einzelne

Gelehrte und höher Gebildete, sondern für das gesamte Volk". Das machte ihren gesellschaftlichen Wert aus. Als Volksbildungsstätten trugen sie liberalem Selbstverständnis gemäß zum allgemeinen Fortschritt bei, erhöhten sie doch den Bildungsgrad der Menschen. Noch im Jahr vor seinem Tod forderte Virchow von der preußischen Regierung einen neuen „Dienst" für die Museen, der die Besucher über die Dinge, „welche dort vertreten werden, und über die Bedeutung, welche dieselben im einzelnen haben", unterweisen solle. So ließe sich die wissenschaftliche Weltsicht verbreiten und eine liberale Welt begründen. Denn „wenn die Leute einmal verstehen, was eigentlich in einem solchen kultur- und kunstgeschichtlichen Raume zusammen ist und welche wunderbaren Arbeiten sich dort in ihren Leistungen darstellen, so würden sie, glaube ich, auch davon zurückkommen, sich immer nur in die Tingeltangel und die verschiedenen Renommiervorstellungen hineinzubegeben, um dort die Zeit zu verbringen."

Schluss

In einer Hinsicht zumindest stimmten Bode und Anti-Bode überein: in der immensen Wertschätzung der Museen. Das ist zugleich ihr dauerhaftestes Erbe. Denn so sehr um die äußere Gestalt des künftigen Virchow-, pardon, Humboldt-Forums gestritten wird, so unumstritten war die Entscheidung, an diesem Ort, der als der bedeutendste der Bundesrepublik Deutschland gehandelt wird, Museen unterzubringen. Allein deshalb gilt es, Rudolf Virchow auch heute Gehör zu schenken, der am 16. März 1901 vor dem Preußischen Abgeordnetenhaus gefordert hatte: „Meine Herren, wenn wir uns gewissermaßen als die Rechtsnachfolger der genannten alten Kulturvölker hinstellen, wenn wir zeigen wollen, was da gewesen ist, und was sich daraus gebildet, dann muss es in einer Weise geschehen, die sich sehen lassen kann, und mit der man vor aller Welt bestehen kann."

Der Autor ist Historiker und freier Journalist in Berlin.

LITERATUR

BERNAU, NIKOLAUS/MICHEL, KAI, *Das Märkische Museum*, Berlin 1999

BODE, WILHELM, *Aufgaben der Kunstgewerbemuseen*, in: Pan 2, 1896/97, S. 121–127

BODE, WILHELM VON, *Mein Leben*, 2 Bände. Hrsg. von Thomas W. Gaehtgens und Barbara Paul, Berlin 1997

BOURDIEU, PIERRE, *Zur Soziologie der symbolischen Formen*, Frankfurt a. M. 1997

GOSCHLER, CONSTANTIN, *Naturwissenschaft, Liberalismus und die Kultur des Fortschritts.* Eine biographische Studie über Rudolf Virchow, Köln 2002 (im Druck)

MATYSSEK, ANGELA, *Die Wissenschaft als Religion, das Präparat als Reliquie. Rudolf Virchow und das Pathologische Museum der Friedrich-Wilhelm-Universität zu Berlin*, in: Sammeln als Wissen. Das Sammeln und seine wissenschaftsgeschichtliche Bedeutung, hrsg. von Anke te Heesen und Emma C. Spary, Göttingen 2001, S. 142–168

MICHEL, KAI, *Das Museum und seine Vereine.* Zur Vorgeschichte des Vereins der Freunde und Förderer des Stadtmuseums Berlin, in: Jahrbuch Stiftung Stadtmuseum Berlin, 4 (2000), S. 62–83

NIPPERDEY, THOMAS, *Verein als soziale Struktur im späten 18. und frühen 19. Jahrhundert*, in: Geschichtswissenschaft und Vereinswesen im 19. Jahrhundert, hrsg. von Hartmut Boockmann u.a., Göttingen 1972, S. 1–44

ALEXIS JOACHIMIDES UND SVEN KUHRAU (HRSG.), *Renaissance der Kulturgeschichte? Die Wiederentdeckung des Märkischen Museums in Berlin aus einer europäischen Perspektive*, Berlin 2001

STEINMANN, ULRICH, *Die Entwicklung des Museums für Volkskunde von 1889 bis 1964*, in: 75 Jahre Museum für Volkskunde 1889–1964. Festschrift, hrsg. von den Staatlichen Museen zu Berlin, Berlin 1964, S. 7–47

Stenographische Berichte über die Verhandlungen des Preußischen Abgeordnetenhauses, diverse Jahrgänge

STOCKHAUSEN, TILMANN VON, *Gemäldegalerie Berlin. Die Geschichte ihrer Erwerbungspolitik*, Berlin 2000

WESTPHAL-HELLBUSCH, SIGRID, *Hundert Jahre Museum für Völkerkunde Berlin.* Zur Geschichte des Museums, in: Baessler-Archiv. Beiträge zur Völkerkunde, N. F. 26 (1973), S. 1–99

ANGELIKA WESENBERG (HRSG.), *Wilhelm von Bode als Zeitgenosse der Kunst*, Berlin 1995

Wilhelm von Bode. Museumsdirektor und Mäzen, hrsg. von den STAATLICHEN MUSEEN ZU BERLIN, Berlin 1995

bis zu seinem Tod im Jahr 1902 ablesbar – und einige Probleme davon ziehen sich bis heute durch die wechselvolle Geschichte der Sammlung.

Voraussetzungen

Schon in den ersten Jahren des Wirkens der BGAEU, deren Profil Rudolf Virchow über Jahrzehnte prägte, sind Spuren des Interesses auch für die Sammlung und Bewahrung nationalen ethnologischen Kulturguts nachzuvollziehen. So zeigte sich Rudolf Virchow bereits 1873, als Ergebnis einer Reise zu Museumskollegen nach Bremen, gleichermaßen beeindruckt von den Sammelresultaten einer Exkursion nach Westsibirien als auch von den Bemühungen des schwedischen Kollegen Arthur Hazelius um die Förderung der modernen skandinavischen Ethnologie. Virchows klare Haltung äußerte sich in programmatischen Aufsätzen und in den von ihm selbst wiederholt vorgelegten Berichten beispielsweise zur regionalen Hausforschung sowie in Beobachtungen zur Entwicklung von Hauswirtschafts- und Arbeitsgerät. Immer wieder forderte Virchow dabei den ethnologisch-anthropologischen Vergleich ein. Die Berichte der BGAEU spiegeln die kontinuierliche Darlegung regionaler Beobachtungen wider. So finden sich darin ebenso Beschreibungen volkstümlicher Kleidungsweisen, zum Beispiel anhand von Trachtenabbildungen aus verschiedenen Distrikten Thüringens, wie auch von Herdanlagen und Feuerstätten von Gehöften.

Virchow betonte in seinem langjährigen Wirken für die BGAEU und in seiner unmittelbaren wissenschaftlichen Tätigkeit stets die Darstellung der kulturgeschichtlichen Zusammenhänge und den kulturellen Vergleich verschiedener Regionen. Das hat ihn anscheinend dazu geführt, nationale, europäische und außereuropäische Kulturäußerungen immer wieder gegenüberzustellen. Seine ursprüngliche Museumsidee sah deshalb durchaus eine umfassende vergleichende Präsentation dieser Kulturäußerungen vor.

Zugleich sah er sich jedoch zu einer inhaltlichen Konzentration seines Engagements und zur Akzeptanz politisch-gesellschaftlicher Konstellationen gezwungen. Das fand sowohl in einer persönlichen Schwerpunktsetzung als auch in pragmatischen Entscheidungen seinen Ausdruck. Im Dezember 1886, unmittelbar nach Gründung des Berliner Museums für Völkerkunde und anlässlich des 17-jährigen Bestehens der BGAEU, konnte Virchow in seinem Jahresbericht resümieren, dass „noch

---

Dagmar Neuland-Kitzerow

„ ... denn niemand kann sagen, wo die Kunst beginnt und wo die Arbeit des täglichen Lebens endet"
Das Wirken Rudolf Virchows für das „Museum für deutsche Volkstrachten und Erzeugnisse des Hausgewerbes"

Im Herbst 1889 erschien ein programmatisch-populärwissenschaftlicher Aufsatz Rudolf Virchows in der *Gartenlaube*, einer Zeitschrift, die in vielen groß- und kleinbürgerlichen Familien gelesen wurde. Virchow lag daran, ein neues Museum vorzustellen und für dessen aktive Unterstützung durch interessierte Bürger zu werben; in der *Gartenlaube* war dies gut platziert.

Am Sonntag, dem 27. Oktober 1889, so die *Norddeutsche Allgemeine Zeitung*, wurde „mit einem schlichten Akte ein Institut der Öffentlichkeit übergeben, das bestimmt ist, die scheinbar letzte Lücke in der glänzenden Reihe der Museen und Sammlungen zu füllen, welche in der deutschen Reichshauptstadt den Wissenschaften und Künsten gewidmet sind, das Museum für deutsche Volkstrachten und Erzeugnisse des Hausgewerbes. Mehr denn zehn Jahre sind verstrichen, ehe die von der Berliner Gesellschaft für Anthropologie, Ethnologie und Urgeschichte (im folgenden: BGAEU, d. Verf.) erfolgten Anregungen zur That wurden".

Die Darstellung, wonach nunmehr mit der öffentlichen Präsentation von deutschen ethnologischen Sammlungen ein umfassender „ethnologischer Fächer" von Disziplinen eine Vervollständigung erfahren habe, erfasste die reale Situation nur unzureichend, griff aber deren positiven, hoffnungsvollen Aspekt auf. In jedem Fall spiegelt die Gründung dieses Museums das unermüdliche Engagement Rudolf Virchows für die Idee des Sammelns, Bewahrens und Ausstellens von nationalem alltäglichen Kulturgut wider. Die Schaffung eines neuen Museums stellte für Virchow jedoch kein ideales Ergebnis dar. Dies ist sowohl an der Geschichte dieser Institution als auch an Virchows andauernd notwendigen Bemühungen um die Sammlung und die Sicherung ihrer Perspektiven

niemals während des Bestehens der Gesellschaft so viel Veranlassung vorlag, den Jahrestag in gehobener Stimmung zu begehen, wie diesmal unter der Eindruck der schönen Feier, nämlich der Eröffnung des neuen Museums für Völkerkunde". Er sah allerdings ein, „dass sich jetzt, nachdem das neue Museum für Völkerkunde gebaut und in Benutzung genommen ist, zeigt, dass [...] die ehemaligen Raumberechnungen das tatsächliche Bedürfnis unterschätzt haben. Das Museum ist gefüllt, ohne dass gerade für die nationale Seite der Ethnographie Platz vorhanden ist". Deshalb plädierte er dafür, praktische Schritte für die Errichtung einer eigenständigen nationalen Sammlung – außerhalb des gegenwärtigen Museums – zu initiieren.

Wenngleich sich in den ethnologischen Berichten Virchows nicht explizit Ausführungen zum gesellschaftspolitischen Klima finden, die das Sammeln von Kulturgut aus verschiedenen Regionen befürworten oder ablehnen, so ist doch von davon auszugehen, dass ihm die grundsätzlichen politischen Haltungen bewusst waren. Die Gründung eines völkerkundlichen Museums entsprach in der damaligen Zeit aber in jedem Fall den Interessen des Kaiserhauses wie des preußischen Staates, und so spiegelten die Sammlungen und ihre öffentliche Präsentation doch das koloniale Engagement und Interesse wider.

An der Einrichtung einer europäischen und nationalen Sammlung von ethnographischen Objekten bestand hingegen nur marginales Interesse, da sich daran vordergründig keine politischen Botschaften knüpfen ließen; zudem schienen die politische, die Militär- und Herrschaftsgeschichte im Zeughaus in Berlin (als preußischer „Ruhmeshalle") bzw. im Germanischen Nationalmuseum in Nürnberg genügend präsent. Die Darstellung der alltäglichen Geschichte des „Volkes" und seiner verschiedenen sozialen Gruppen stand zu diesem Zeitpunkt nicht zur Debatte. Trotz dieser geringen gesellschaftspolitischen Akzeptanz eines Vergleichs von nationalen, europäischen und außereuropäischen Kulturäußerungen ließ das Engagement Virchows dafür nicht nach.

Initiativen zur Gründung eines Museums

Im Jahr 1888 griff Virchow sein Vorhaben, eine nationale ethnographische Sammlung zusammenzutragen, wieder konkret auf. Er sah darin einen wichtigen Schritt, um den Behörden und der Öffentlichkeit die Bedeutung und Durchführbarkeit des Unternehmens vor Augen zu führen, und setzte

dabei vor allem auf privates Engagement. Es galt also aktive, interessierte Persönlichkeiten zur Mitwirkung heranzuziehen. Virchow verstand es, die politischen Konstellationen und Interessen einzuordnen, und setzte deshalb beharrlich auf eine Wissenschaftspolitik der vollendeten Tatsachen. In seinen Berichten an die BGAEU machte er wiederholt darauf aufmerksam, dass es der Zukunft vorbehalten sein müsse, zu entscheiden, wer die Sorge um eine solche Sammlung tragen werde. Er hoffte darauf, dass sich der Staat dieser Verantwortung später nicht mehr würde entziehen können.

Im Herbst initiierte Virchow die Bildung eines „Comités zur Gründung eines Museums der Trachten und Geräte". Neben Virchow als Vorsitzendem und Ulrich Jahn als Schriftführer gehörten diesem Komitee an: Adolf Bastian, Direktor des Museums für Völkerkunde Berlin, Albert Voss, Direktor der Prähistorischen Abteilung am Museum für Völkerkunde Berlin, Hermann Weiss, Direktor des Zeughauses Berlin, Wilhelm Schwartz, Gymnasialdirektor in Berlin, Max Bartels, praktischer Arzt, William Schönlank, Generalkonsul, Alexander Meyer-Cohn, Berliner Bankier, Franz Goerke, Direktor der Urania, Jean Keller, Weingroßhändler und Louis Castan, Besitzer des gleichnamigen Berliner Panoptikums. Im Frühjahr 1889, nach seinem Umzug aus Breslau nach Berlin, trat auch Karl Weinhold, Germanist und Volkskundler, dem Komitee bei. Dieses beschloss, tatkräftig und zugleich taktisch klug vorzugehen, indem man zunächst das Zusammentragen regionaler Sammlungen anregte und förderte.

Virchow verstand es, sich dabei des besonderen Engagements Einzelner zu versichern. Eine erste Probesammlung wurde im Jahr 1888 von Ulrich Jahn zusammengetragen. Jahn, ein Gymnasiallehrer aus Stettin, hatte die Bekanntschaft mit Virchow bereits im Juni 1886 gemacht, anlässlich der Besichtigung des von Jahn ausgegrabenen Megalithgrabes in Pommern. Auf dem Kongress der BGAEU im August 1886 in Stettin trafen sich Virchow und Jahn wieder. Jahn hielt dort einen Vortrag über *Heidnische Reste im heutigen Volksglauben in Pommern*. Im Anschluss an den Kongress fand eine Exkursion nach Rügen statt. Dort erwarteten die Tagungsteilnehmer in Göhren auf der Halbinsel Mönchgut „eine Anzahl festlich gekleideter Eingeborener [...] alle Besonderheiten des physischen Habitus und der Tracht vorzuführen". Virchow erkannte in Jahn einen fähigen und engagierten jungen Wissenschaftler und verstand es, ihn für seine Pläne einzunehmen. Insofern war es nur folgerichtig, dass Virchow, an die Begegnung von 1886 und die gemeinsamen Interessen anknüpfend, Jahn für das praktische gemeinsame Vorgehen gewann. Dieser, der auf Anraten Virchows nach Berlin umgesiedelt war, bekam deshalb im Herbst 1888 den Auftrag, eine Probesammlung in Mönchgut durchzuführen. Das Vorhaben fand die großzügige Unterstützung von Louis Castan.

Auf der Halbinsel Mönchgut erwarb Jahn zahlreiche volkstümliche Textilien und viele Trachtenteile, darunter Brustlätze und Bernsteinschmuck, Prunkhandtücher, Bett- und Tischwäsche sowie Schwingelblätter mit farbigen Wachseinlagen, Waschhölzer, Mangelbretter und Gebrauchsgeschirr. Aber auch Arbeitsgeräte zur Fischerei, u. a. Steinanker und Eigentumsmarken, fanden sein Interesse. Das Ergebnis dieser Sammlung entsprach den inhaltlichen Vorstellungen Virchows. Es bestärkte Virchow und Jahn in ihren Ideen zur Gründung einer eigenständigen nationalen Sammlung, die sie als Grundstock für ein späteres eigenständiges Museum sahen.

Um diesen Sammelerfolg rasch der Öffentlichkeit zu präsentieren, wurde das Angebot Castans gern angenommen, die Sammlung in den neu eröffneten Räumen des Panoptikums in der Friedrich- Ecke Behrenstraße zu zeigen. Castan, seit 1883 ebenfalls Mitglied der BGAEU, förderte die Arbeit Virchows prinzipiell. Auch zuvor hatte er seine Räumlichkeiten schon häufig für die „Vorführung" außereuropäischer ethnischer Gruppen zur Verfügung gestellt. Ebenso waren im Castanschen Panoptikum die in Wachs nachgebildeten anthropologischen Typen als Ausstellungsstücke präsent. Die Ausstellung der Mönchguter Sammelobjekte wurde ein Erfolg, und die Berliner Presse begleitete die Präsentation wohlwollend. Virchow selbst erörterte diese positive Resonanz in den Berichten der BGAEU und kommentierte, dass es gelungen sei, „eine überraschende Fülle von Erzeugnissen der Hausindustrie aufzufinden und dieselben, darunter vielleicht manches letzte Stück, zu erwerben. Die Nachrichten der Presse haben gezeigt, dass der [von uns] vertretene Gedanke unerwartete Sympathie fand". Nicht zuletzt diese positive Resonanz sowohl im Sammelergebnis als auch in der Öffentlichkeit hatte Virchow veranlasst, aus interessierten Mitgliedern das oben genannte Museumsgründungskomitee zu bilden.

Der Inhalt der Mönchguter Probesammlung bestärkte Virchow in seinen Konzeptvorstellungen für die Sammlung, Bewahrung und Präsentation von Alltagsobjekten, betrachtete er diese Kulturzeugnisse doch als Ergebnis einer kontinuierlichen Entwicklung von der Vorgeschichte zur Gegenwart. Dieser Denkansatz Virchows unterschied nicht vordergründig zwischen nationalem, europäischem und außereuropäischem Kulturgut; vielmehr betrachtete er die außereuropäischen ethnographischen Materialien als Belege einer vorzivilisatorischen historischen Entwicklungsetappe, wie sie in Europa nicht mehr anzutreffen sei. Sein Blick auf die menschliche Gesellschaft in ihrer Komplexität und die Übertragung naturwissenschaftlicher Methoden auf historische Prozesse, einhergehend mit genauer Beschreibung und zuverlässiger Untersuchung, hatten Virchow veranlasst, sog. urtümliche Sachgüter als Belege eines unverfälschten nationalen Lebens zu sammeln. Er befürchtete ihr Verschwinden durch die Modernisierung der Gesellschaft.

Zum Ende des Jahres 1888, noch unter dem Eindruck der positiven Resonanz der Mönchguter Probesammlung in Presse und Öffentlichkeit stehend, hatte der anthropologischen Fragestellungen aufgeschlossene und Virchow verbundene Kultusminister Gustav von Gossler dem Museumsgründungskomitee leer stehende Räume im Palais Creutz in der Berliner Klosterstraße bis auf Widerruf zur Verfügung gestellt. Regelmäßig berichtete Virchow nun sowohl vom Fortschreiten der baulichen Arbeiten zur Herrichtung der Räume als auch vom Zusammentragen weiterer Sammlungen und ihrer pekuniären Sicherung. Parallel arbeitete er am Aufbau einer breiten Lobby, um das Projekt „Museum der deutschen Trachten und Hausgeräthe" perspektivisch auf eine feste Basis zu stellen.

Gleichzeitig erstellte Jahn zu Anfang des Jahres 1889 einen Sammelplan für das zu gründende Museum. Darin ging er davon aus, dass es insbesondere an der Erforschung der Sachgüter mangele, dass man z. B. über Siedlungsanlagen und volkstümliche Hausbauten sowie über Kleidung, Haus- und Arbeitsgerät zu wenig wisse. Da man sich gleichzeitig des begrenzten Platzes bewusst war, andererseits aber den Anspruch einer Darstellung komplexer kultureller Zusammenhänge verfolgte, wurden manche Objekte auch als Modelle in Erwägung gezogen. Solche Modelle, ergänzt durch Originalobjekte, schienen geeignet, um regionale Wohn- und Wirtschaftsweisen museal aufbereiten und darstellen zu können. Mit diesem Sammelplan traf Jahn die Interessen Virchows. Der direkte Einfluss

Virchows wurde wiederum an den darin aufgeführten Auflistungen von Feuerstätten im Hausbau sowie am Interesse an der Erfassung der verschiedenartigen Giebelverzierungen spürbar. Virchow selbst thematisierte den systematischen Sammelplan im März 1889 in der Sitzung der BGAEU.

Im gleichen Zeitraum waren einige Sammler in verschiedenen Regionen Deutschlands bereits unterwegs und trugen Trachten und Hausgerät zusammen. Finanzielle Unterstützung erfuhren sie vor allem durch das aktive Komitee-Mitglied Meyer-Cohn, der die Sammler wiederholt mit großzügigen Krediten ausstattete. Aber auch andere Förderer des Unternehmens wie Castan unterstützten die Erweiterung der Sammlungen mit finanziellen Mitteln. Virchow selbst brachte unentwegt seine Autorität als auch inhaltliche Anregungen und Ideen ein, um das Vorhaben „Museum der deutschen Trachten und Hausgeräthe" inhaltlich zu profilieren und öffentlich zu machen. Immer wieder orientierte man sich am Stockholmer Vorbild. Das Vorgehen des schwedischen Kollegen Arthur Hazelius, volkstümliche Trachten, Möbel und Geräte aus diversen schwedischen Landschaften zu sammeln, beeindruckte Virchow noch immer, und so wurde das Zusammentragen ganzer regionaler Bauernstuben, ausgestattet mit Trachtenfiguren, erklärtes Ziel. Hazelius selbst hatte Virchow schon auf dem Kongress für prähistorische Archäologie 1874 kennen gelernt. Virchow registrierte mit großem Interesse, wie die schwedischen Sammelerfolge die Aufmerksamkeit der Fachwelt auf sich zogen.

Im Herbst 1889 erschien der bereits erwähnte Aufsatz Virchows *Das Museum für deutsche Volkstrachten und Erzeugnisse des Hausgewerbes in Berlin* in der *Gartenlaube*. Virchow legte darin auf verständliche Weise Grundsatzpositionen der musealen Bewahrung von Kulturgütern dar. Ausgehend davon, dass Kultur „nie und nirgends auf einmal entstanden" sei, sondern vielmehr „aus der Arbeit des Tages allmählich die höheren Aufgaben eines idealen Strebens" erwüchsen, war es aus seiner Perspektive notwendig, materielle Gegenstände, Objekte des Gebrauchs zu bewahren.

Deutlich plädierte er dafür, vor die eigentliche Kunstgeschichte die Geschichte der Arbeit zu setzen, „denn niemand kann sagen, wo die Kunst beginnt und wo die Arbeit des täglichen Lebens endet". Seine These, dass ein „Museum der Trachten und Geräthe" daher die Lücke zwischen den ethnologischen und den prähistorischen Museen einerseits und den historischen Museen andererseits schließen würde, baute

er argumentativ aus, um eine breite Unterstützung in potentiell interessierten Bevölkerungskreisen zu erzielen.

Dieser Aufruf verfehlte seine Wirkung nicht. Sehr schnell füllten sich die Räume in der Klosterstrasse mit ersten Sammlungen und Schenkungen. Viele Objekte davon wurden Virchow unmittelbar verehrt. Seine Person wurde mit dem Vorhaben identifiziert, wenngleich die eigentlichen Aktivitäten auf breiteren Schultern ruhten. Sein Verdienst bestand vor allem darin, dass er andere für Ideen und Konzepte begeistern konnte und zudem selbst unermüdlich Anregungen einbrachte.

Im Sommer 1889 präsentierte Virchow auf der Sitzung der BGAEU die Ergebnisse einer Exkursion in die Vierlande, einer Region südlich von Hamburg. Insbesondere landwirtschaftliche Arbeitsgeräte hatten dort seine Aufmerksamkeit gefunden; so beschrieb er im Detail Mähwerkzeuge mit abgepasstem Handgriff. Sein Bericht enthielt die genaue Beschreibung dieser Geräte, ihre Handhabung und die Herstellung. Virchow hob darin hervor, dass die Werkzeuge besonders gestaltete Handgriffe aufwiesen, die auf eine kreative Anpassung von Werkzeugen an die menschliche Hand verwiesen. Dabei hob er hervor, dass es vergleichbare Werkzeuge sowohl in Westfalen als auch in Alaska gebe. Virchow erwarb an Ort und Stelle eines dieser speziellen Werkzeuge für die Sammlung des zukünftigen Museums und erklärte dezidiert, dass die Reste einer solchen Hausindustrie möglichst bald gesammelt werden müssten und dass das Museum für derartige Gaben stets offen sei. In den folgenden Monaten war ein ständiges Wachstum der Sammlungen festzustellen. Zugleich wurde jedoch notiert, dass der zur Verfügung stehende Raum schon zu eng zu werden drohe.

Die Museumsgründung

Die Eröffnung des Museums am 27. Oktober 1889 wurde ein Erfolg, denn die Öffentlichkeit reagierte sehr interessiert. Die Berliner Presse berichtete mit großer Aufmerksamkeit von der neuen Institution. Zeitgenössische Kritiker hoben das Engagement der Gründer und Förderer des „Volkstrachtenmuseums", wie es gern in Kurzform genannt wurde, hervor. Sie vermerkten, dass man überall wertvolle Trachtenfigurinen für die Trachten verwendet hatte, da sich Louis Castan der Mühe unterzogen hatte, diese Wachsfiguren sinngemäß, nach vermeintlichen Abbildern von Regionaltypen, zu modellieren.

Dem neuen Museum standen in den Räumen des Berliner Hygieneinstituts im Palais Creutz ein größerer und sechs kleinere Räume zur Verfügung. Zur Ausstattung des neuen Museums war älteres Mobiliar von anderen Institutionen übernommen worden. Man stellte die Objekte nach regionalen Prinzipien auf, um die kulturellen Eigenheiten der Landschaften hervorzuheben. Das ließ sich jedoch in der Enge der Räume nur partiell realisieren, da viele Objekte wegen des Platzmangels wahllos gestellt werden mussten. Schon bei der Eröffnung des Museums hatte Rudolf Virchow dies zum Anlass genommen, den Wunsch und die Notwendigkeit eines größeren Gebäudes vorzutragen. Voller Überzeugung trug er dort auch die Notwendigkeit eines Museum für die „deutsche Ethnographie" vor, damit die Forschungen über die kulturgeschichtliche Entwicklung der deutschen Landbevölkerung, als lebendiges Archiv, einen festen Platz hätten.

In den Ausstellungsräumen wurden einzelne Regionalgebiete zusammen präsentiert. So waren im ersten Saal nicht nur Objekte aus Mönchgut, Pommern, Schleswig-Holstein, aus den Vierlanden und Hannover untergebracht, sondern auch aus Baden, der Schweiz und dem Elsass. Im zweiten Raum zeigte man die Sammelergebnisse aus dem damaligen Preußisch-Litauen und in den folgenden Räumen aus Oberfranken und Hessen, aus Brandenburg mit der Ober- und Niederlausitz sowie der Region Braunschweig. Die große oberbayerische Sammlung, die Adrian Jacobsen zusammengetragen hatte, wurde mit Objekten aus Schwaben, Niederbayern und Franken gezeigt. Mit Adrian Jacobsen, ursprünglich Kapitän und in ethnologischen Objekten und Sammlungen erfahren, der bereits in Alaska und anderen außereuropäischen Regionen geforscht und gesammelt hatte, kamen signifikante Objekte, wie Zunftzeichen und Arbeitsgeräte, z. B. Joche, in das Museum. Die inszenierte Spreewälder Stube zog mit fünf aufwendigen Trachtenfigurinen die Aufmerksamkeit der Besucher auf sich. Die räumlichen Umstände, die Enge und die unzureichende Beleuchtung schmälerten allerdings den Eindruck der Gesamtpräsentation sehr. Das hatte zur Folge, dass Virchow und die anderen Komitee-Mitglieder bei allen sich bietenden Gelegenheiten einerseits die unzureichende räumliche Situation beklagten und andererseits dafür warben, dass sich der Staat des Museums annehme. Die Rechtslage der Berliner Sammlungen war zu diesem Zeitpunkt noch ungeklärt. Vorgesehen war jedoch die Gründung einer Eigentümergesellschaft, bis eine Übernahme durch den Staat gewährleistet sein würde. Trotzdem kam es zu weiteren Sammelaktionen. Zudem wirkte die Berliner Initiative und Museumsgründung als Anregung für viele Regionen Deutschlands, sich ebenfalls für die materiellen Sachzeugnisse der Volkskultur zu interessieren.

Die Idee Karl Weinholds zur Gründung eines Vereines, der die Obhut über das Museum tragen und sich der Deutschen Gesellschaft für Anthropologie, Ethnologie und Urgeschichte zuordnen sollte, scheiterte an deren Statuten. So entstand im November 1890 ein selbstständiger Verein für Volkskunde, in dem Virchow als stellvertretender Vorsitzender agierte. Meyer-Cohn wurde Schatzmeister und Jahn Schriftführer. Parallel dazu bemühte sich Virchow unentwegt um die Verstaatlichung des Museums. Bereits 1891 beantragte er gemeinsam mit Albert Voss die Gründung eines „Deutschen Nationalmuseums für Altertümer und Volkskunde". Dieses zu gründende Museum sollte sowohl die volkskundlichen als auch die prähistorischen Sammlungen aufnehmen, einschließlich derjenigen der BGAEU. Dieser Antrag spiegelte wiederum zwei Anliegen Virchows wider: Einerseits erschien es taktisch klug, die Anbindung der Sammlungen des „Trachtenmuseums" an eine übergreifende staatliche Institution zu arrangieren, andererseits waren daran inhaltliche Ansätze Virchows ablesbar.

Jahn beförderte unterdessen das weitere Sammeln von Sachzeugnissen und war daran interessiert, Ausstellungen aufzubauen. Mit finanzieller Unterstützung durch Meyer-Cohn realisierte er in London 1891 die „German Exhibition" und baute dort ein nordfriesisches Bauernhaus auf. Die Objekte dieses Ausstellungsvorhabens gelangten anschließend nach Berlin und wurden im Palais Creutz aufgebaut.

Eine andere Sammlung, die Ulrich Jahn in Zusammenarbeit mit Kollegen in der Region im Alten Lande zusammengetragen hatte, wurde Rudolf Virchow 1891 zu seinem 70. Geburtstag für das Museum geschenkt. Die Geschichte zur Sammlung symbolisiert die Verehrung, die Virchow von vielen Zeitgenossen entgegengebracht wurde. Jahn war es gelungen, sowohl in Hamburg als auch in Berlin eine Summe von 3.800 Reichsmark dafür zusammenzubringen. Ergänzt wurden diese Finanzmittel durch Sachspenden, die ebenfalls in die Sammlung flossen. Das Geschenk der Gebrüder Louis und Gustave Castan, der Besitzer eines Berliner und des Kölner Panoptikums, bestand

P. 11783   Haus in Wessach Egern Oberbayern.

P. 11782   Haus in Wessach Egern Oberbayern

P. 11882.   Haus in Berchtesgaden.

P. 11781   Haus in Rottach Egern. Oberbayern.

Aufnahmen von Rudolf Virchow 1891

Photographische Aufnahmen Rudolf Virchows, entstanden im Rahmen seiner Exkursionen zur Hausforschung, 1891. Museum Europäischer Kulturen SMB. Photo: Sandra Steiß

darin, unentgeltlich zwei Figurinen zu stellen. Jacob Nordheim, ein langjähriger Förderer aus Hamburg, schenkte einen wertvollen geschnitzten Schrank sowie einen Fayenceofen. Diese beispielhaften Tatsachen verweisen darauf, dass alle Mitstreiter davon ausgingen, dass das Geschenk an die volkskundliche Sammlung einer persönlichen Gabe an Virchow gleichkam und demnach als Identifikation der Person mit dem wissenschaftlich begründeten und öffentlich verfochtenen Anliegen empfunden wurde.

Berichte aus den folgenden Jahren spiegeln das anhaltende Bemühen um bessere Wirkungsmöglichkeiten für das Museum und seine staatliche Absicherung wider. Den Obersten Behörden unterstellte Virchow ein lediglich „platonisches Interesse" und musste zugleich erkennen, dass wegen des Wechsels des Kultusministers im Jahr 1891 die schon nah gerückte Hoffnung, ein anderes staatliches Gebäude zu erhalten, wieder dahinschwand.

Es ist deshalb nicht verwunderlich, wenn Virchow 1892 die Initiativen Jahns unterstützte, die deutsche Ethnographie auch außerhalb Deutschlands, wie z. B. auf der Weltausstellung in Chicago, in den Blick der Öffentlichkeit zu rücken. Letzterer begann deshalb, unterstützt durch ein Finanzkomitee als Aktiengesellschaft, die aus deutschen Banken und New Yorker Firmen bestand, deutsche Kulturgüter zu sammeln. Er versicherte sich der Unterstützung durch Virchow, Meyer-Cohn und Voss, und Louis Castan stellte eine größere Anzahl von Wachsfigurinen für die Präsentation der Trachten her. Andere fertigten Modelle von prähistorischen Gräbern und ebenso entstanden Hausmodelle. Es wurde vereinbart, dass die gesammelten Ausstellungsstücke nach Abschluss des Unternehmens aus Chicago in das „Museum für deutsche Volkstrachten und Erzeugnisse des Hausgewerbes" gelangen sollten. Die deutsche Teilnahme an der Weltausstellung in Chicago wertete Virchow als wissenschaftlich erfolgreich, finanziell jedoch als sehr prekär.

1894 erhielt das Museum die Chicago-Sammlung als Leihgabe überwiesen. Aufgrund der Platzprobleme konnten die Objekte nur beengt aufgestellt werden. Die prächtigen Trachtenfigurinen wurden deshalb in allen Räumen verteilt. Die Berliner Presse berichtete lebhaft, so, dass wiederum eine größere Besucherzahl die Sammlungen im Palais Creutz frequentierte. Für die perspektivische Entwicklung und Reputation des Museums hatte dies jedoch keine Konsequenzen. Trotzdem brachte Virchow zum Ende des Jahres 1894 sein Anliegen, ein deutsches nationales Museum zu begründen, wieder vor.

Nach der Weltausstellung in Chicago war es zu einem Bruch zwischen Ulrich Jahn und Rudolf Virchow gekommen. Es wird angenommen, dass finanzielle Unregelmäßigkeiten sowie das zunehmende pekuniäre Interesse Jahns die Ursachen dafür waren. Jahns Rückzug aus dem Berliner Museumsvorhaben hatte zur Folge, dass die Objekte aus der Chicago-Sammlung kaum dokumentiert wurden und demzufolge konkrete Herkunftsangaben nicht zur Verfügung standen. Es galt also, andere Personen für die Sammlungsbetreuung zu gewinnen. An die Stelle Jahns trat nunmehr Hermann Sökeland, Pumpernickel-Fabrikant aus Westfalen und späterer Berliner Stadtverordneter. Auch er war seit 1888 Mitglied der BGAEU und Freund Max Bartels, der ihn zu regionalen Forschungen inspirierte. In den Akten des „Museums für deutsche Volkstrachten und Erzeugnisse des Hausgewerbes" findet sich sein Engagement deutlich vermerkt, hatte er doch die Eintragungen der frühen Inventare sehr akribisch vorgenommen. Ebenso setzte sich Sökeland wiederholt dafür ein, dass das Museum an anderen thematischen Ausstellungen teilhatte, so an der Berliner Gewerbe-Ausstellung 1896. Denn noch immer waren die Möglichkeiten, die Berliner Sammlungen des „Trachtenmuseums" auf vergleichender oder regionaler Grundlage besser zu präsentieren, sehr eingeschränkt.

Parallel zu diesen Initiativen und Entwicklungen in Berlin entstand in Wien im Januar 1897 das Volkskundemuseum. Durch das zielbewusste Vorgehen der beiden Gründer, Michael Haberlandt und Wilhelm Hein, war in Wien ein Verein mit über 1.000 Mitgliedern entstanden, durch den sowohl eine Zeitschrift als auch das Museum finanziert wurden.

Angespornt durch das Wiener Beispiel, das in gewisser Weise als Konkurrenzunternehmen galt, wurde Virchow nicht müde, regelmäßig seinen Antrag zur Gründung eines „Deutschen Nationalmuseums" zu stellen. So registrierte man in Berlin mit großem Interesse, dass die Wiener Kollegen ihre Sammlungen nach vergleichenden Prinzipien aufgebaut hatten. Umso mehr wurden die beschränkten Wirkungsmöglichkeiten der Berliner Sammlung beklagt. Verfolgt man die häufigen Eingaben Virchows nach staatlicher, rechtlicher Sicherung der Sammlung wie auch seine Bemühungen um eine breite Sammelpraxis, so war seine Beharrlichkeit bemerkenswert.

Die Museen in Berlin und Wien beobachteten und orientierten sich in diesen Jahren aneinander, man verfolgte die Sammelpolitik und das öffentliche Profil. Als dem Berliner Museum 1897 beispielsweise ein Legat des verstorbenen Völkerkundlers Wilhelm Joest angetragen wurde, sollte für das Museum etwas ganz Besonderes erworben werden, um sich von der Wiener Konkurrenz abzuheben. Die rechtliche Seite einer solchen Schenkung an die Berliner Sammlung war aber nicht rasch zu klären, und so verauslagte wieder einmal Meyer-Cohn einen größeren Betrag, nämlich 10.000 Reichsmark, für diese spezielle Erwerbung. Das daraufhin auf einer Auktion in Amsterdam erworbene westfriesische Zimmer, eine reich bemalte Stubeneinrichtung aus Hindeloopen mit zehn Trachten, konnte leider nur unter sehr beengten Verhältnissen in Berlin aufgebaut werden. Die Präsentation der Stube selbst wurde ein großer Erfolg. Und doch blieben Virchows Anstrengungen, ein neues Gebäude zu erhalten, erfolglos.

Um die Jahrhundertwende traten auch Gegner des „Museums für deutsche Volkstrachten und Erzeugnisse des Hausgewerbes" auf den Plan, da sie die Aktivitäten des Museums als Konkurrenz zu eigenen Berliner Vorhaben sahen. Ihre Angriffe zielten besonders auf zwei Punkte: Erstens wurde der Vorwurf erhoben, dass die „reichhaltige Sammlung mit ihren wertvollen Trachten nicht das Geld und die Mühe lohnen würde", da die Trachten nichts als „Kopien höfischer Kleidung" seien. Zweitens wurde die prinzipielle Frage gestellt, ob die Gründung eines zentralen volkskundlichen Museums überhaupt notwendig sei. Darüber hinaus sahen die Kritiker in dem guten Kontakt einiger Aktiver aus dem „Trachtenmuseum" zum deutschen Kaiserhaus eigene Museumspläne und -interessen gefährdet.

Als Reaktion darauf bezog Virchow eine klare Position. Es war seine Überzeugung, dass allein aus den kunstgeschichtlichen Sammlungen heraus, so wichtig diese auch waren, die „Volksseele" nicht zu verstehen sei. Er argumentierte, dass es dringend eines ethnologischen Museums des deutschen Volkes bedürfe, um breite Schichten der Bevölkerung für das weitere und engere Vaterland zu interessieren.

Rudolf Virchow konnte bei seinen Bemühungen um die Sammlung, die sich ja oftmals, da wenig erfolgreich, recht zermürbend gestalteten, stets auf einen sehr aktiven Unterstützer-Kreis zählen. Eine der wichtigsten Persönlichkeiten dieses Kreises war James Simon, ein wohlhabender Berliner Kaufmann mit guten Kontakten zum Kaiserhaus, der seit 1897/98 Mitglied des Museumsvereins war. Simon war es nicht nur gelungen, den Kaiser zu überzeugen, das angetragene Legat von Joest zu gestatten, vielmehr wurde durch Simons Engagement die Annahme weiterer großer Schenkungen geregelt, ohne dass steuerliche Konflikte für den Museumsverein entstanden. Sein Engagement wurde von den Gegnern des Berliner „Trachtenmuseums" umso argwöhnischer beobachtet, je mehr er sich für die Belange der volkskundlichen Sammlung engagierte.

Entwicklung des Museums nach dem Tod Virchows

Unmittelbar nach dem Tod Virchows im September 1902 spitzte sich die Museumssituation dramatisch zu. Obwohl der Museumsverein sich unentwegt für die Erweiterung der Sammlungen und ihre Präsentation engagierte, wurden dem Museum wenige Monate später die Räume im Palais Creutz gekündigt. Offenbar hatte die Autorität Virchows bis dahin eine solch prekäre Situation verhindert.

Vom Museumsverein allein war die Miete für die Ausstellungsräume nicht aufzubringen. In dieser unsicheren Lage erfolgten parallel drei Übernahmeangebote für das Museum. Eines kam vom Märkischen Museum Berlin, dessen Räumlichkeiten aber auch viel zu klein waren, um alle Bestände zu fassen. Das zweite wurde von einem Verein aus Weimar gemacht. Dort plante man die Einrichtung eines volkskundlichen Museums. Das umfassendste Angebot ging von Justus Brinkmann, dem Direktor des Kunstgewerbemuseums Hamburg aus. Er kannte einen Teil der Sammlungen, hatte in den Jahren zuvor Kontakte nach Berlin gepflegt und aus Verehrung für Rudolf Virchow die Entstehung der so genannten Virchow-Sammlung im Jahr 1891 unterstützt. Sein Angebot umfasste die Planung eines Erweiterungsbaues sowie die Errichtung eines Freilichtmuseums.

Dieses wusste wiederum James Simon abzuwenden. Aufgrund seiner guten Kontakte zum Kaiser gelang es ihm, die „beschämende Abwanderung" des Museums zu verhindern. Das „Museum für deutsche Volkstrachten und Erzeugnisse des Hausgewerbes" wurde daraufhin den Preußischen Kunstsammlungen angeschlossen und ab 1904 der Prähistorischen Abteilung des Völkerkunde-Museums zugeordnet.

Weitere Etappen der Museumsgeschichte

Ein lang gehegter Wunsch Virchows wurde damit wahr. Rudolf Virchow selbst hat die Erlangung dieser lang von ihm erkämpften, zumindest rechtlich abgesicherten Position des „deutschen ethnologischen Museums" nicht mehr erlebt.

Als das „Museum für deutsche Volkstrachten und Erzeugnisse des Hausgewerbes" im Frühjahr 1904 in die Obhut des Staates kam, wurden dessen Sammlungen auf einen Wert von ca. 200.000 Mark geschätzt. Karl Brunner, wissenschaftlicher Mitarbeiter der Prähistorischen Abteilung, übernahm die Leitung der nunmehrigen „Sammlung für deutsche Volkskunde". Für die Erweiterung der Sammlungen, die nun vor allem auf den Erwerb von bäuerlich-ländlichen Objekten deutschsprachiger Länder konzentriert wurde, war der Museumsverein weiterhin zuständig.

Auf der Basis räumlicher Erweiterungen konnte bereits 1907/08 eine bessere Aufstellung der volkskundlichen Sammlungen arrangiert werden, die dem vergleichenden Prinzip folgte und nach zeitgenössischem wissenschaftlichen Verständnis modern erschien. Das Präsentationsprinzip hätte Virchow sicher überzeugt, hatte er sich doch viele Jahre dafür engagiert. Als unbefriedigend hingegen hätte er sicher die zunehmende Einengung auf den Erwerb von Objekten deutscher Herkunft gewertet, da gerade er immer wieder den Vergleich mit Objekten aus anderen europäischen Regionen eingefordert hatte.

In den folgenden Jahrzehnten wurde die Trennung zwischen den deutschen und den übrigen europäischen Sammlungen immer mehr manifest. Mit der nominellen Selbständigkeit der volkskundlichen Sammlung im Jahr 1934 als „Staatliches Museum für Deutsche Volkskunde" und der gleichzeitigen Einrichtung der Abteilung Eurasien erfolgte die institutionelle Verankerung dieses inhaltlichen Trennungsprozesses. Die in den jeweiligen Sammlungen vorhandenen europäischen bzw. deutschen Objekte wurden wiederum sortiert und den jeweiligen neuen Sammlungsstrukturen zugeordnet. Im Ergebnis entsprach diese scharfe museale Trennung zwischen deutschen und sonstigen europäischen Objekten der nationalsozialistischen Ideologie. Es fand keine Zusammenarbeit zwischen den Abteilungen statt.

Nach dem 2. Weltkrieg determinierten die politischen Verhältnisse die Entstehung zweier volkskundlicher Museen in Berlin: Bei den Staatlichen Museen im Ostteil der Stadt entstand zu Beginn der 1950er Jahre mit den verbliebenen Objekten erneut die volkskundliche Sammlung. Provisorisches Quartier wurden Räume im Untergeschoss des Pergamonmuseums. Zunächst als „Museum für deutsche Volkskunst" bezeichnet, wurde das Museum bereits 1957, in bewusster Abwendung einer nationalen Eingrenzung, in „Museum für Volkskunde" umbenannt. Parallel dazu wurde im Westteil Berlins 1959 aus den zurückgeführten Sammlungen im späteren Rahmen der Stiftung Preußischer Kulturbesitz das „Museum für Deutsche Volkskunde" etabliert, das 1976 im wieder aufgebauten Magazingebäude des Geheimen Staatsarchivs in Berlin-Dahlem eröffnet wurde. Die ehemalige Abteilung Eurasien erhielt 1950 durch die Ausgliederung der nordasiatischen Sammlungen eine inhaltliche Konzentration auf die europäischen Sammlungen; sie gehörte nach wie vor zum Museum für Völkerkunde.

Damit blieben die deutschen von den übrigen europäischen Sammlungen institutionell getrennt. In den darauf folgenden Jahren setzten sich die MitarbeiterInnen der beiden volkskundlichen Museen sowie der Abteilung Europa am Völkerkundemuseum Berlin auf unterschiedliche Weise mit der nationalen Selbstbeschränkung auseinander.

Mit der Wiedervereinigung der beiden volkskundlichen Sammlungen unter dem Dach der Stiftung Preußischer Kulturbesitz ergaben sich neue Chancen, eine zuvor zaghaft und schrittweise begonnene europäische Orientierung neu zu überdenken und zu aktivieren. Intensivere Kontakte zwischen den nunmehr zusammengeführten Museen für Volkskunde und der Abteilung Europa hatten die Organisation kleinerer gemeinsamer Ausstellungen als auch Diskussionen über gemeinsame Erwerbungs- und Forschungsansätze eines zukünftigen „Europa-Museums" zur Folge.

Im Jahr 1999 wurde mit der Pilotausstellung „Kulturkontakte in Europa. Faszination Bild" das erste ethnographische Museum in Deutschland mit dezidiert europäischer Ausrichtung gegründet: das „Museum Europäischer Kulturen". Der Name ist Programm. Liest man im gleichnamigen Katalog zur ersten Ausstellung am „Museum Europäischer Kulturen" die Vorstellungen zur Sammlung, Forschung und Präsentation, so sind in der Beschäftigung mit der Geschichte der Sammlungen und des Einflusses konkreter Personen auf diese Entwicklung Spuren Virchows erkennbar. Sein Plädoyer, vor mehr als 100 Jahren formuliert, „vor die Geschichte der Kunst die Geschichte der Arbeit zu setzen", verstehen wir heute als grundsätzliche Voraussetzung unserer wissenschaftlichen Bemühungen im Fach. Virchow hat durch sein Wirken sowohl einen institutionellen als auch wissenschaftlichen Grundstein für die gegenwärtige wissenschaftliche europäisch-ethnologische Arbeit geschaffen.

Virchow und das Museum Europäischer Kulturen – Nachwirkungen

Sehr beeindruckend erscheint bis heute Virchows unentwegter persönlicher Einsatz für seine Überzeugungen. Es ringt uns heute Bewunderung ab, wie es ihm immer wieder gelang, andere für eine Idee zu begeistern, sie zu aktivieren und Gleichgesinnte in die Vorhaben zu integrieren. Er agierte in dem Bewusstsein einer ganz persönlichen Verantwortung für gesellschaftliche Zusammenhänge. Geradezu mit Leidenschaft und unablässiger Energie arbeitete er selbst für Vorhaben, von deren Dringlichkeit er überzeugt war, legte also von sehr disparat scheinenden Forschungsfeldern eigenständige Untersuchungsergebnisse vor und wirkte gerade dadurch überzeugend und beispielhaft.

Virchow war ein Vertreter der naturwissenschaftlich-entwicklungsgeschichtlichen Theorie, des Evolutionismus. Viele Objekte und deren Gebrauch ordnete er dabei durchaus in größere Zusammenhänge ein, wenngleich das Modell, dem er folgte, heute als zu mechanisch oder linear bewertet wird und wir dem heute nicht mehr folgen können.

Seine Auffassungen zur Komplexität von Kultur und seine damit verbundene zeitgenössische Sicht auf die Zusammenhänge in der ethnologischen Betrachtung jedoch, die nicht von vornherein regionale Studien in ihrer Bedeutung einer außereuropäischen ethnologischen Betrachtung unterordnete, waren modern, muten demokratisch an und bieten Denkanstöße für die Gegenwart. Rudolf Virchow erkannte politische Interessen und Konstellationen, agierte entsprechend strategisch und pragmatisch, ohne jedoch dabei seine Auffassungen zur Komplexität ethnologischer Forschung, die für ihn stets den Vergleich zwischen Kulturen eingeschlossen hat, preiszugeben. Er forderte Aktive im Fach auf, sich diesen Vergleichen zu stellen. An der Überwindung des Nebeneinanders von ethnologischen Fachrichtungen, das bis heute recht manifest ist, wird insbesondere auch durch die Verantwortlichen am „Museum Europäischer Kulturen" zu arbeiten sein.

Die Autorin ist Kustodin am Museum Europäischer Kulturen, Staatliche Museen zu Berlin.

LITERATUR

BARTELS, MAX, *Zum Gedächtnis Rudolf Virchows.* In: Mitteilungen aus dem Museum für Deutsche Volkstrachten und Erzeugnisse des Hausgewerbes zu Berlin. Bd. II, H 1. Berlin 1903, S. 3–5

CLAASEN, UWE, *Die Kunst der Welt in lokaler Rezeption: Das Hindeloopen-Zimmer.* In: Faszination Bild. Kulturkontakte in Europa. Berlin 1999, S. 27–43

KARASEK, ERIKA, *Die volkskundlich-kulturhistorischen Museen in Deutschland. Zur Rolle der Volkskunde in der bürgerlich-imperialistischen Gesellschaft.* Berlin 1984 (Schriftenreihe des Instituts für Museumswesen, Bd. 21)

KARASEK, ERIKA, *Ein Jahrhundert Engagement für die Volkskunde.* In: Kleidung zwischen Tracht und Mode. Aus der Geschichte des Museums 1889–1989. Berlin 1989, S. 5–48

KARASEK, ERIKA, NEULAND, DAGMAR, *Sensationen, Sensationen. Merk-Würdiges aus Museum und Panoptikum.* Begleitheft zur gleichnamigen Ausstellung im Berliner Panoptikum am Ku-Damm Eck. Berlin 1991

KARASEK, ERIKA, TIETMEYER, ELISABETH, *Wege nach Europa. Ein neues Museum entsteht. Erste Schritte eines neuen Museumskonzeptes.* In: Wege nach Europa. Ansätze und Problemfelder in den Museen. 11. Tagung der Arbeitsgruppe Kulturhistorische Museen in der Deutschen Gesellschaft für Volkskunde. Berlin 1995, S. 15–22

KARASEK, ERIKA, *Sammlung für Deutsche Volkskunde.* In: James Simon. Sammler und Mäzen für die Staatlichen Museen zu Berlin. Berlin 2001, S. 34–37

KOHLMANN, THEODOR, *Einführung in das Museum für Deutsche Volkskunde.* In: Kunst der Welt in den Berliner Museen. Stuttgart & Zürich 1980, S. 6–13

LEWERENTZ, ANNETTE, *Die Berliner Gesellschaft für Anthropologie, Ethnologie und Urgeschichte und ihre Bedeutung für die Berliner Museen.* In: Mitteilungen der Berliner Gesellschaft für Anthropologie, Ethnologie und Urgeschichte, Bd. 21, 2000, S. 111–128

MINDEN, GEORG, *Die Entstehung des Berliner Volkstrachtenmuseums, jetzt Königliche Sammlung für deutsche Volkskunde.* In: Mitteilungen aus dem Verein der Königlichen Sammlung für Deutsche Volkskunde. Bd. IV, H. 1, Berlin 1912, S. 117–129

Mitteilungen aus dem Museum für Deutsche Volkstrachten.; ab Bd.2/3 1905: *aus dem Verein der Königlichen Sammlung für Deutsche Volkskunde*

MÜLLER, HEIDI, *Die Sammlungskonzeption des Museums für Deutsche Volkskunde von der Gründung 1889 bis zum ersten Weltkrieg.* In: Jahrbuch der Berliner Museen-Stiftung Preußischer Kulturbesitz. Berlin 1992, S.185–194

PRETZELL, LOTHAR, *Zum Wiederaufbau des Museums für Deutsche Volkskunde.* In: Jahrbuch der Stiftung Preußischer Kulturbesitz 1963, Berlin 1964, S. 181–185

ROTH, ELISABETH, *Studien zu Rudolf Virchow als Volkskundler.* In: Volkskultur und Heimat. Festschrift für Josef Dünninger zum 80. Geburtstag. Würzburg 1986, S. 92–124

ROTH, MARTIN, *Volkskunde-Museum und Europa. Ein Widerspruch?.* In: Wege nach Europa. Ansätze und Problemfelder in den Museen. 11. Tagung der Arbeitsgruppe Kulturhistorische Museen in der Deutschen Gesellschaft für Volkskunde. Berlin 1995, S. 23–27

STEINMANN, ULRICH, *Die Entwicklung des Museums für Volkskunde von 1889 bis 1964.* In: Festschrift zum 75jährigen Bestehen des Museums für Volkskunde. Staatliche Museen zu Berlin. Berlin 1964, S. 7–48

TIETMEYER, ELISABETH; KARASEK, ERIKA, *Das Museum Europäischer Kulturen. Entstehung – Realität – Zukunft.* In: Faszination Bild. Kulturkontakte in Europa. Berlin 1999, S. 13–25

TIETMEYER, ELISABETH, *„Europäische Ethnologie" oder „Ethnologie Europas"? Zur interdisziplinären Arbeit im Museum.* In: Baessler-Archiv, 1996. Beiträge zur Völkerkunde N.F.XLIV, S. 1–22

VANJA, KONRAD, *Kulturkontakte in Europa: Faszination Bild. Das neue Museum Europäischer Kulturen auf dem Weg nach Europa.* In: Jahrbuch Preußischer Kulturbesitz, Bd. 36, Berlin 2000, S. 119–128

VIRCHOW, RUDOLF, *Der Spreewald und die Lausitz.* In: ZfE 12, 1880., S. 222–236

VIRCHOW, RUDOLF, *Eiserne Kröten.* In: ZfE, 14, 1882, S. 314 f.; Schwarzwälder Käsenapf, ebd., S. 495

VIRCHOW, RUDOLF, *Klapperkugel von Freesdorf.* ZfE 18, S. 84; Anthropologische Exkursion nach Lenzen a. d. Elbe, ebd., S 422–430; Das altrügianische und das westfälische Haus, ebd., S. 635–638

VIRCHOW, RUDOLF, *Einige Überbleibsel in pommerschen Gebräuchen.* ZfE 19, 1887, S. 361 f.; das alte deutsche Haus, ebd., S. 568–589

VIRCHOW, RUDOLF, *Alte Bauernhäuser in Deutschland und der Schweiz.* ZfE 20, 1888, S. 297–306; Vorarbeiten für ein deutsches Museum der Trachten und Geräte. ebd., S. 461 u. 542

VIRCHOW, RUDOLF, *Das Museum für deutsche Volkstrachten und Erzeugnisse des Hausgewerbes in Berlin.* In: Die Gartenlaube, 1889, Nr. 26, S. 435 f.

VIRCHOW, RUDOLF, *Mitteilung über unser neues Berliner Trachtenmuseum.* In: Korrespondenzblatt der Deutschen Gesellschaft für Anthropologie, Ethnologie und Urgeschichte 20, 1889, S. 222–223; Die Untersuchung über den Hausbau und der Einrichtung der Flur- und Dorfanlagen. ebd., S. 226–227

VIRCHOW, RUDOLF, *Alte deutsche und schweizerische Bauernhäuser.* In: ZfE 21, 1889, S. 183–194; Mähwerkzeuge mit abgepasstem Handgriff aus den Vierlanden. ebd. S. 485–487

VIRCHOW, RUDOLF, *Vorkommen und Form des sächsischen Hauses in Ost- und Westholstein.* In: ZfE 22, 1890, S. 75–82; Weitere Untersuchungen über das deutsche und schweizerische Haus, ebd. S. 553–582

VIRCHOW, RUDOLF, *Die altpreußische Bevölkerung, namentlich Letten und Litauer, sowie deren Häuser.* In: ZfE 23, 1891, S. 767–805

VIRCHOW, RUDOLF, *Weitere Mitteilungen über das Vorlaubenhaus der Elbinger Gegend,* In: ZfE 24, 1892, S. 80–84; *Alter der arabischen Ziffern in Deutschland und der Schweiz.* In: ZfE 25, 1892, S. 122 f.; *Photographie eines Türsturzes mit Tafel von 1538 aus Nordhausen mit Inschrift und Eulenspiegelbildern.* In: ZfE 25, 1893, S. 179 f.

VIRCHOW, RUDOLF (MIT ULRICH JAHN), *Vorwort zu: Ostfriesische Volks- und Rittertrachten des Häuptlings Unico Manninga.* In: Jahrbuch der Gesellschaft für Bildende Kunst und vaterländischer Altertümer zu Emden 10, 2, Emden 1893

VIRCHOW, RUDOLF: (HRSG. MIT A. VOSS U. H. SÖKELAND), *Mitteilungen aus dem Museum für Deutsche Volkstrachten und Erzeugnisse des Hausgewerbes zu Berlin,* Bd. 1, H. 1–7, 1897–1901, mit Jahresberichten

Zeitschrift für Ethnologie; darin auch die *Verhandlungen der Berliner Gesellschaft für Anthropologie, Ethnologie und Urgeschichte,* Jg. 4–56 (1872–1924)

Zeitschrift des Vereins für Volkskunde, 1. Jg. 1891

ZIEHE, IRENE, *„Dem Trachtenmuseum zu Berlin gewidmet …".* Die Anfänge der Fotosammlung des Museums für Volkskunde Berlin. In: Fotogeschichte 52, 1994, S. 15–26

Annette Lewerentz, Berlin

Rudolf Virchow als Anthropologe und seine Bedeutung für die Berliner Gesellschaft für Anthropologie, Ethnologie und Urgeschichte

„Durch das Dahinscheiden Rudolf Virchow's hat die Berliner Gesellschaft für Anthropologie, Ethnologie und Urgeschichte nicht nur ihren Ehren-Präsidenten und unermüdlichen Vorsitzenden verloren, sondern es ist ihr eines ihrer wichtigsten und [...] thatkräftigsten Mitglieder entrissen worden", erklärte der Anatom Wilhelm Waldeyer in seiner Gedächtnisrede zu Virchows Tod. Diese Gesellschaft (im folgenden: BGAEU) wurde durch Virchows Initiative am 17. November 1869 als Berliner Lokalverein gegründet. Zum ersten Vorsitzenden wurde er selbst gewählt. Vorangegangen war im September 1869 während der „Versammlung der deutschen Naturforscher und Ärzte" in Innsbruck der Aufruf zur Gründung einer „Deutschen Gesellschaft für Anthropologie, Ethnologie und Urgeschichte" (DGAEU), zu deren Konstituierung es erst 1870 kam und deren Generalsekretär zeitweilig auch Virchow war. Eine Vielzahl von Gelehrten verschiedener Fachgebiete zählten zu den Gründungsmitgliedern der BGAEU bzw. traten dem Verein bei. Insgesamt besaß die BGAEU zwischen 1869 und 1945 3.565 ordentliche, korrespondierende, immerwährende und Ehrenmitglieder, bei denen es sich z.T. um interessierte Laien handelte.

Welche Bedeutung hatte nun Rudolf Virchow für die BGAEU, inwieweit förderte und steuerte er als Anthropologe im positiven, aber auch negativen Sinne wissenschaftliche und administrative Tätigkeiten? Welchen Schwerpunkten ging er bei seinen anthropologischen Arbeiten nach und wie setzte er sie methodisch um? Diese Fragen und darüber hinaus der historische Stellenwert der anthropologischen Forschungen der BGAEU im ausgehenden 19. Jahrhundert sind Thema dieses Beitrages.

Die Gründung der BGAEU fiel in die Zeit der Entstehung einer ganzen Reihe anthropologischer Gesellschaften, die seit der Mitte des 19. Jahrhunderts gebildet wurden. Die Arbeiten der Gesellschaften spiegeln zugleich die der positivistischen Zeitströmung des 19. Jahrhunderts folgenden naturwissenschaftlichen Forschungsansätze wider. Die damaligen Vereine waren die eigentlichen Träger der anthropologischen und ethnologischen Forschungen, bis es durch Gründungen von Museen und Universitätsinstituten zur Etablierung dieser Fächer um 1900 kam. Mit diesen Vereinen existierte ein reger wissenschaftlicher Austausch seitens der BGAEU.

Die Aufgaben der BGAEU bestanden in der Erforschung der Urgeschichte, Evolution und physischen Beschaffenheit des Menschen, im Studium kulturgeschichtlicher Zustände, Sitten und Gebräuche verschiedenster Völker in möglichst vielen Regionen der Erde und den einzelnen Zeitstufen ihrer Entwicklung; es ging um die Erforschung vorgeschichtlicher Hinterlassenschaften des Menschen. Prähistorische Forschungen konnten mit der Frage nach den Anfängen der Entwicklung des Menschen verbunden werden. Die Anthropologie des ausgehenden 19. Jahrhunderts umfasste Fächer, die von Virchow aufgrund ihrer inhaltlichen Zusammenhänge bewusst in einem einzigen Verein zusammengefasst wurden. So erfolgte inzwischen die Differenzierung von z. B. kultureller und physischer Anthropologie, deren Übergänge damals fließend waren. Ferner sollten Erkenntnisse vorgeschichtlicher Lebensweisen des Menschen es ermöglichen, evolutionäre und kulturgeschichtliche Stufen der Menschheitsentwicklung von der Prähistorie bis zur Gegenwart zu erkennen. Damit war die Synthese von Urgeschichte im Sinne archäologischer Forschungen und unter Verwendung naturwissenschaftlicher Methoden mit physischer und kultureller Anthropologie bzw. Ethnologie geschaffen. Die in der BGAEU entstandene fachliche Synthese diente vielen Wissenschaftlern als Instrumentarium, interdisziplinäre Fragestellungen zu verfolgen, und sie war vor allem für Virchow, der den Verein als Vorsitzender und ab 1881 als Ehrenpräsident leitete, ein wichtiges Werkzeug seiner Forschungen. Auch bot der Kontakt des Vereins zu staatlichen und kommunalen Institutionen eine geeignete Basis nationaler und internationaler Forschungen, die durch Virchows Beziehungen in seiner Eigenschaft als Wissenschaftler und Politiker intensiviert wurden.

Rudolf Virchows Position bei der Administration der BGAEU

Eine Durchsicht der Vorstandsverzeichnisse der BGAEU lässt die Dominanz von Virchow als Vorsitzenden bis zu seinem Tod 1902 erkennen. So wechselte er sich als Vorsitzender seit 1869 rotierend mit dem Mediziner und Begründer der deutschen Ethnologie Adolf Bastian (1826–1905), den Geologen Ernst Beyrich (1815–1896) und Wilhelm Reiss (1838–1908) und dem Anatomen Wilhelm Waldeyer (1836–1921) ab. 25 Jahre führte er zwischen 1869 und 1902 den Vorsitz. Unter seiner Ägide zeichnen sich wesentliche von ihm initiierte Tätigkeiten der BGAEU ab. So leitete er die Diskussionen in den monatlichen Sitzungen, dem Forum wissenschaftlicher Vorträge, organisierte bis 1890 Exkursionen und führte das Gros der Korrespondenz. Zudem lenkte er die Administration der BGAEU und ihre Finanzmittel nicht unerheblich in Richtung einer Umsetzung spezifischer Forschungsschwerpunkte. Bei seiner administrativen Arbeit zeichnete sich ein ausgeprägter Ordnungssinn ab. Die Vorstandssitzungen wurden von den Schriftführern protokolliert. Es ist sicher kein Zufall, dass alle Sitzungsprotokolle, die heute in den Archiven der BGAEU und der Stiftung Pommern in Greifswald erhalten sind, von 1869 an bis zum Todesmonat Virchows 1902 paginiert und sorgfältig geschrieben wurden, dies aber ab Oktober 1902 nicht mehr in derselben Form erfolgte. Darin lässt sich der ordnende Einfluss Virchows erkennen. Noch im Gründungsjahr der BGAEU beschloss der Vorstand, dass die Sitzungsberichte sowie wichtige wissenschaftliche Briefwechsel in einer eigenen Zeitschrift, der *Zeitschrift für Ethnologie*, abgedruckt werden sollten. Herausgeber dieser seit 1869 jährlich erscheinenden Zeitschrift wurden Adolf Bastian und der Anatom Robert Hartmann (1831–1893), wobei Virchow bis zu seinem Tod als Schriftleiter fungierte.

Auf Virchows Antrag an das Kultusministerium hin erhielt die BGAEU 1884 die Korporationsrechte. Somit war die Gesellschaft berechtigt, Spenden und Stiftungen anzunehmen. Abgesehen von jährlichen staatlichen Subventionen wurden durch diese Stiftungsgelder umfangreiche Forschungen ermöglicht, die die Basis wissenschaftlicher Aktivitäten der BGAEU bis zum Ersten Weltkrieg bildeten.

Ein weiterer wissenschaftsfördernder Aspekt war die Ernennung ausländischer Gelehrter zu korrespondierenden Mitgliedern mit dem Ziel, über die Grenzen des Deutschen Reiches hinaus ein breites Geflecht fachlichen Austausches zu schaffen. Es entstand so ein interdisziplinäres Netzwerk von Wissenschaftlern. Dessen Bedeutung schilderte Virchow 1876 mit folgenden Worten: „Sie bilden ein lebendiges Netz, welches uns in Verbindung mit allen Völkern der Erde bringt, so dass wir durch unmittelbare Mitteilungen und Zusendungen in Kenntnis der Dinge gehalten werden". Ein Vergleich der Anzahl korrespondierender Mitglieder vor und nach 1902 zeigt deutlich eine Gewichtung der Ernennungen zu Virchows Lebzeiten. So stieg deren Zahl von 41 im Jahre 1872 kontinuierlich auf 111 im Todesjahr 1902. Danach erhöhte sich die Anzahl nicht mehr, blieb zunächst bis zum Ersten Weltkrieg konstant bei ca. 110 bis 120 Mitgliedern und sank seit Kriegsende auf weit unter 100 Mitglieder, bis die Anzahl politisch bedingt während des Dritten Reiches kaum noch erwähnenswert war. Das Schwinden der Mitgliederzahlen seit dem Ersten Weltkrieg und vor allem während des Nationalsozialismus erklärt sich aufgrund der historischen Situation von selbst, nicht aber ihre Stagnation unmittelbar nach Virchows Ableben. So zeichnet sich hierin dessen Aktivismus auch auf diesem Gebiet ab.

Bei den Mitgliedern der BGAEU des 19. Jahrhunderts handelte es sich ausschließlich um Männer, Frauen war der Beitritt auf Antrag von Adolf Bastian verwehrt. Sie nahmen nur bei geselligen Veranstaltungen teil. Wenige Ausnahmen durchbrachen diesen Beschluss. So wurde die Kieler Prähistorikerin und erste deutsche Inhaberin des Professorentitels, Johanna Mestorf, 1891 zum Ehrenmitglied ernannt. Zwischen ihr und Virchow existierte über viele Jahre ein enger Austausch; in ihrem seit 1874 anhaltenden Briefwechsel ging es vor allem um Ausgrabungen und Berichte über archäologische Kongresse, zu denen Johanna Mestorf reiste. Trotz der kaum erwähnenswerten Rolle der Frauen in der BGAEU des 19. Jahrhunderts zeigt sich hierin, dass Virchow den Antrag Bastians entkräftete, wenn es sich um fachlich geeignete Personen mit fundierten Arbeiten handelte, wie dies bei Johanna Mestorf der Fall war.

Ein Teil Virchows anthropologischer Arbeiten in der BGAEU schlug sich in deren Präsentation nieder. Ohne diese wäre der Verein sicher nicht im nationalen und internationalen Rahmen so bekannt geworden. Hierzu zählen seine Organisation und Teilnahme an Tagungen, wie z. B. seine regelmäßigen Besuche der ab 1866 stattfindenden Internationalen Kongresse für Anthropologie und prähistorische Archäologie, seine Schriftleitung

in verschiedenen Fachzeitschriften, die Mitarbeit bei Ausstellungen, der Sammlungsaufbau – nicht allein der Rudolf-Virchow-Sammlung, sondern auch die Errichtung des Berliner Völkerkundemuseums zwischen 1873 und 1886, forciert durch Mitglieder der BGAEU wie Adolf Bastian, der Aufbau der Berliner Städtischen Sammlungen, die mit der Gründung des Märkischen Provinzialmuseums 1874 in Berlin auch auf Virchows Initiative hin institutionalisiert wurden, ferner seine Anregung von Expeditionen, von denen einige seinen fachlichen Ambitionen galten. Darüber hinaus strebte die BGAEU seit 1869 an, durch Pressemitteilungen eine überregionale Bekanntheit der Forschungen zu erreichen und diese über ein wissenschaftliches Publikum hinausgehend der Öffentlichkeit zugänglich zu machen. Es war zugleich die Person Virchow, die hierdurch immer wieder in das Licht der Öffentlichkeit rückte.

Aus diesen skizzierten Tätigkeiten Rudolf Virchows wird deutlich, dass er durch sein Engagement in der BGAEU als Organisator und Wissenschaftsförderer gleichermaßen wirkte. Er war auch die „tragende Persönlichkeit", die die anthropologischen Forschungsrichtungen in einem Verein zusammenhielt. Einhergehend mit der Wissenserweiterung innerhalb der Fachgebiete erfolgten bald nach Virchows Tod deren Spezifizierung durch Gründungen fachverwandter Zeitschriften, wie 1909 der bis heute existierenden *Prähistorischen Zeitschrift*, gesonderter fachspezifischer Sitzungen ab 1909 sowie Vereinsgründungen, wie z. B. 1905 der Gesellschaft für Rassenhygiene und 1909 jene der Deutschen Gesellschaft für Vor- und Frühgeschichte in Berlin, deren Vorsitzender der Prähistoriker Gustaf Kossinna (1858–1931) – ein strenger Kritiker von Virchows Forschungen – war.

Rudolf Virchows anthropologische Arbeit und ihr Einfluss auf die BGAEU

„Die Anthropologie untersucht das Woher und das Wohin der Menschheit" und die „erste Aufgabe der Anthropologie ist die objektive Erforschung des Menschen", so Virchows Definitionen 1880 und 1894. „Erst den 60er Jahren des vorigen Jahrhunderts war es vorbehalten, die Anthropologie als eine jugendfrische exakte Wissenschaft erstehen zu sehen", schrieb der Berliner Mediziner Gustav Fritsch (1838–1927) zum 100. Geburtstag Virchows in der *Vossischen Zeitung* – und ein wesentlicher Motor der Anthropologie war Rudolf Virchow sicherlich. Für eine Intensivierung anthropologischer Forschungen generell über die Medizin hinaus hatte er 1876 auf der Naturforscherversammlung in Hamburg in seinem Vortrag über *Ziele und Mittel der modernen Anthropologie* plädiert.

Die Grundlage seiner Arbeiten bildeten die Beschaffung und Finanzierung primären Quellenmaterials. Für das Sammeln außereuropäischer Anthropologica war besonders die kolonialpolitische Situation durch das Auftreten des Deutschen Reiches als (verspäteter) Kolonialmacht nach 1880 wichtig. Ferner initiierte Virchow anthropologische Arbeitsmethoden durch Dokumentationsmedien wie Photographie und Zeichnungen oder durch die Entwicklung anthropometrischer Aufnahmestandards. Eine Bleibe oder öffentliche Präsentation fanden die anthropologischen Objekte in neu eingerichteten Sammlungen und Ausstellungen.

Abgesehen von staatlichen Subventionen konnten Untersuchungen der BGAEU vor allem mit Mitteln der Rudolf-Virchow-Stiftung durchgeführt werden. Diese war anlässlich des 60. Geburtstages von Virchow und seiner 25-jährigen Lehrtätigkeit an der Berliner Friedrich-Wilhelms-Universität 1881 gegründet worden. Das gestiftete Kapital betrug 78.000 RM; aus dem Zinsertrag wurden Ausgrabungen, Forschungsarbeiten, der Aufbau von Sammlungen und Publikationen finanziert. Diese Stiftung war mit die wichtigste finanzielle Basis der Arbeiten. Bis 1902 gehörte Rudolf Virchow dem Stiftungskuratorium in leitender Funktion an und bestimmte viele der Forschungen in seinem Interesse.

Eine der Grundlagen zur Beschaffung primärer anthropologischer Quellen bildeten Völkerschauen, bei denen Menschen aus fremden Regionen vorgestellt wurden. Diese boten Gelegenheit, eine größere Kenntnis der menschlichen Variabilität und Anatomie zu erwerben bis hin zu pathologischen Erscheinungen. So zeigte man sogenannte Abnormitäten wie Riesen- und Zwergenwuchs, Menschen mit übermäßiger Behaarung oder Gliedmaßenmissbildungen. Veranstaltet wurden diese Vorführungen im Passage- oder im 1873 gegründeten Castan-Panoptikum und im Berliner Zoo. Mit zunehmender Erschließung fremder Länder und durch Koloniegründungen wuchs auch die Zahl der Völkerschauen. Neben einem öffentlichen Publikum zählten Virchow und weitere Mediziner der BGAEU – z. T. in separaten Sonderveranstaltungen – zu den regelmäßigen Teilnehmern. Virchow erstellte Gutachten oder referierte über einzelne Vorstellungen. Es ging ihm bei den Vorführungen um eine Differenzierung kulturpsychologischer und biologischer Erscheinungen gerade des Kontinents Afrika, der bis dahin „anthropologisch wie eine Einheit" behandelt, zugleich „die schwarze Rasse [...] als Leute eines einzigen Stammes angesehen" worden war.

Weitere anthropologische Quellen erschloss man sich durch anthropogeographische Reisen, durch Sammeln und Systematisieren anthropologischer Daten und den Aufbau der Rudolf-Virchow-Sammlung in Berlin. Des weiteren wurde 1880 erstmalig für anthropologische und prähistorische Funde eine Ausstellung im Preußischen Landtag konzipiert, deren Initiierung und Finanzierung staatlicherseits durch das Kultusministerium wesentlich gefördert wurde. Virchow und die BGAEU zählten zu den Veranstaltern dieser Ausstellung, die durch die Zusammenstellung möglichst vieler Objekte aus dem gesamten Deutschen Reich erstmals einen Überblick über dessen anthropologisches und prähistorisches Fundmaterial präsentierte.

Rudolf-Virchow-Sammlung

Für anthropologische und pathologische Studien bot die von Virchow aus allen Regionen der Erde zusammengetragene Sammlung menschlicher Skelett-Teile, besonders von Schädeln, Tierknochen, Haarproben und Gesichtsmasken, eine reichhaltige Materialbasis. Seine engen Beziehungen zu nationalen und internationalen Wissenschaftlern ermöglichten es, Objekte aus Grabungen oder Ankäufen vor Ort zu erwerben oder geschenkt zu bekommen. Nach Virchows Tod 1905 übergab seine Frau Ferdinande Rosalie diese Sammlung an die Gesellschaft und bestimmte sie als Eigentümerin für die Zeit ihres ihres Bestehens. Die BGAEU sollte dafür die Bestände inventarisieren. Als erster begann damit der Mediziner Curt Strauch, mit Mitteln der Rudolf-Virchow-Stiftung wurde die Arbeit ab 1905 von dem Anthropologen Felix von Luschan (1854–1924) fortgesetzt, und 1920 galt sie als fast beendet. Zahlreiche Zeichnungen, vor allem von Schädeln, waren zu Virchows Lebzeiten angefertigt worden. 1919 wurde durch eine anthropologische Kommission erstmals eine Übergabe der Sammlung an die Berliner Universität in Erwägung gezogen, aber nicht umgesetzt. Eine leihweise Überlassung der Sammlung an die Anstalt für Rassenkunde, Völkerbiologie und Ländliche Soziologie unter der Leitung von Hans Günther wurde 1936 durch den Vorsitzenden der BGAEU, Eugen Fischer, angeregt.

Ferner verfügte die BGAEU über eine anthropologische Schausammlung, die in dem 1886 eröffneten Berliner Völkerkundemuseum ausgestellt wurde; seit 1888 erhielt die BGAEU zudem Räume für ihre Administration, Bibliothek und Fotosammlung in dem Museum. 1905 wurde diese anthropologische Schausammlung der BGAEU mit der Virchow-Sammlung zusammengeführt. Die im Zweiten Weltkrieg ausgelagerte Sammlung brachte 1956 der Mediziner und Direktor des Anthropologischen Instituts der Humboldt-Universität, Hans Grimm, aus dem Museum für Naturkunde, wo sie vorübergehend untergebracht war, in sein Institut und begann 1964 mit der Restaurierung und erneuten Katalogisierung, die bis 1976 Ingrid Wustmann und später Ulrich Creutz durchführten.

Dokumentation von Anthropologica

Mit zunehmender technischer Entwicklung des Mediums Photographie im ausgehenden 19. Jahrhundert wurden anthropologische Phänomene bildlich dokumentiert. Die photographische Dokumentation unterschiedlicher sogenannter Völkertypen wurde in den Folgejahren durch Mediziner und Laienphotographen fortgesetzt. Gegenüber der wissenschaftlichen Verwendbarkeit von Photographien war Virchows Haltung jedoch kritisch. Obwohl er für das Bildarchiv der BGAEU Photographien sammeln ließ oder selbst photographierte, bevorzugte er für die Anthropometrie maßstabgetreue Zeichnungen. Für wissenschaftliche Studien schienen Virchow die Objekte selbst oder Zeichnungen geeigneter. Es ist z. B. nicht bekannt, ob Virchow sich der damals neuen Methode anthropologischer Messungen an Photographien anschloss. Mit seiner Skepsis gegenüber der originalgetreuen Wiedergabe von Objekten durch Photographien stand Virchow nicht allein. So empfahl Robert Hartmann zwar die Photographie als sinnvolles Medium anthropologischer Erfassung, bezeichnete sie aber für genaue Auswertungen auf Grund von Verzerrungen oder Verkürzungen als unbrauchbar. Die Photographie diente Virchow vorrangig als bildliche Quelle und langfristiges Archiv physisch-anthropologischer und kulturgeschichtlicher Gegebenheiten, weniger als Werkzeug praktischer Anwendung. Bilder im Archiv der BGAEU zeugen noch heute von dieser Art anthropologischer Dokumentation und von der Vielfalt der Forschungsthemen.

Methoden der Anthropologie: Anthropometrie und Statistik

Virchow unterschied bereits die beiden bis heute gebräuchlichen Methoden der anthropologischen Forschungen an lebender Bevölkerung und am menschlichen Skelett; letztere Methode gehört zur Paläanthropologie. Er erkannte auch die Notwendigkeit, umfangreiche Datenmengen zu sammeln und zu vergleichen; hier lässt sich zudem der Beginn der Statistik fassen. Bei Virchows anthropologischen Forschungen wird deutlich, dass er Mediziner und Pathologe war und sich dies besonders auf seine Arbeiten auswirkte. Vorrangig widmete er sich der physischen Anthropologie. Die Grenzen zwischen den sich herauskristallisierenden Teilbereichen der Anthropologie wie z. B. Merologie, physiologische, pathologische, regionale (ethnische) Anthropologie, Primatologie oder Genetik waren bei den Forschungen fließend. Virchow berührte in seinen facettenreichen Arbeiten all diese noch in den Anfängen steckenden Gebiete.

Anthropometrische Erhebungen an Skeletteilen und lebenden Menschen wurden verwendet, um durch statistische Vergleiche der gewonnenen Daten somatische Merkmale von Ethnien und demographische Zusammensetzungen zu erkennen sowie Taxonomien zu bilden. Umfangreiche Datenerhebungen dienten der anthropologischen Klassifizierung von Bevölkerungen, eine im 19. Jahrhundert oft angewendete Methode zur systematischen Übersicht und Ordnung vor allem von unbekannten Bevölkerungen. Virchow verfolgte auch das Ziel, durch Statistiken sozialhygienische Mißstände anzuprangern und gesundheitliche Verbesserungen zu schaffen.

Eine der umfangreichsten statistischen Untersuchungen an lebender Bevölkerung war die Erfassung von Schulkindern im Deutschen Reich nach Haar-, Haut- und Augenfarbe. Vorausgegangen war unter den Nachwirkungen des Deutsch-Französischen Krieges 1870/71 die unbelegte Behauptung des französischen Anthropologen Armand de Quatrefages (1810–1892), die Preußen seien finno-slawischer Herkunft und von den übrigen Deutschen rassisch zu unterscheiden. Auf Beschluss der DGAEU und auf Virchows Initiative hin wurden ca. sechs Millionen Kinder zwischen 1874 und 1878 untersucht, wobei sich herausstellte, dass die deutsche Bevölkerung keine rassische Einheit darstellte. Virchow kam zu dem Schluss, dass moderne Staaten nicht auf Rassen aufgebaut seien, da sie sich aus verschiedenen Rassenmischungen zusammensetzten.

Die Ergebnisse der Erhebungen wurden veröffentlicht und in statistischen Karten dokumentiert. Ferner konnte Virchow anhand der Untersuchung von jüdischen Kindern nachweisen, dass der Anteil hellhaariger und helläugiger Kinder unter ihnen weitaus größer war als vor allem von den gegen Ende des 19. Jahrhunderts verstärkt auftretenden antisemitischen Strömungen im Deutschen Reich angenommen wurde – Strömungen, denen sich Virchow nicht anschloss.

Die Anthropometrie des 19. Jahrhunderts, die sich in Publikationen von langen Listen an Zahlenkolonnen nahezu erschöpfte und den Menschen mathematisch typisierte, wurde von der gleichzeitigen Forschung nicht unkritisch bewertet. Neben dem Mangel an einheitlichen Aufnahmestandards habe die Anthropometrie „zu übereinstimmenden oder brauchbaren Ergebnissen noch nicht geführt", schrieb 1894 der Mediziner Ludwig Jankau. Auch gab es Auseinandersetzungen um die Normierung von Messungen und die Datenauswertung.

Bei der Anthropometrie nahm vor allem die Kraniometrie in der zweiten Hälfte des 19. Jahrhunderts einen großen Raum ein und entwickelte sich zu einem wesentlichen Gebiet innerhalb der somatischen Anthropologie. Gemeinsam mit den Anthropologen Johannes Ranke (1836–1916) und Julius Kollmann (1834–1918) hatte Virchow ein einheitliches Messverfahren für Schädel und deren Klassifizierung in Typen festgelegt. Mit Hilfe der Messungen wurde an einer Schädelserie ein statistischer Mittelwert errechnet, durch den ein Typus definiert wurde. Die Messverfahren sollten in eigenen Kommissionen standardisiert werden, um vergleichbare Daten zu gewinnen, und Virchow zählte zu den wichtigen Initiatoren derartiger Verfahren. In den Verwaltungsberichten der BGAEU referierte er regelmäßig über den Stand der einheitlichen Kraniometrie. Bei den Messungen war für Virchow nicht die Menge der gesammelten Schädel von Bedeutung, sondern deren Provenienz: „Erst mit der

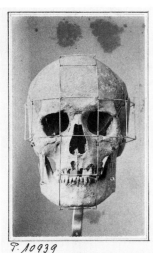

P. 10939

N° I.

Schädelmessung an Photographien durch H. Klaatsch.
Photo: Archiv der BGAEU

Kenntnis des Stammes oder der Person beginnt das anthropologische Interesse".

Bei der Herleitung von Taxonomien anhand von Schädelproportionen blieb die Tatsache, dass Schädelformen nicht konstant sind, zumeist unberücksichtigt. Virchow nahm zunächst fälschlicherweise trotz erkannter individueller Variabilitäten eine Beständigkeit der Proportionen an, obwohl Schädelformen Veränderungen durch die Generationen hindurch zeigen.

Auf Grund der Berechnungen des Längen-Breiten-Indexes differenzierte erstmals der Schwede Anders Adolf Retzius (1796–1860) um die Mitte des 19. Jahrhunderts brachycephale, mesocephale und dolichocephale Schädelformen. In dieser Zeit kristallisierte sich ferner die gegenüber anderen Rassen wertende Theorie heraus, dass der dolichocephale Schädeltypus in Europa verbreitet und zudem ein höherstehender sei. Virchow wies anhand von Grabungsfunden – z. B. im Kaukasus – nach, dass dieser Schädeltypus auch außerhalb Europas existierte und in Europa der brachycephale Typus ebenso vorkam. Individuen ließen sich demnach weniger durch eine Rassenzugehörigkeit unterscheiden als durch ihre individuelle Variabilität. Ferner sprach er sich gegen diese eingeengte Klassifizierung, gegen eine Wertung von Rassen und damit indirekt gegen eine eurozentristische Denkweise aus. In diesen divergierenden Theorien wird die Entwicklung der Rassenforschung greifbar; denn bei der Typisierung von Formen ging es auch um ethnische Zuweisungen anhand spezifischer anatomischer und physiognomischer Phänomene.

Die Kraniometrie bildete ferner ein wichtiges Hilfsmittel für die Hirnforschung, die von Virchow betrieben wurde und anhand derer er eine vergleichende Betrachtung in bezug auf die Hirnentwicklung verschiedener Völker zu entwickeln versuchte. Zudem sah er einen Zusammenhang zwischen Schädelform, Gesichtsbildung und Gehirnbau. Gemeinsam mit Johannes Ranke entwickelte er ein Verfahren zur Messung des Hirnvolumens, das sich aus der Größe des Schädels berechnen ließ. Virchow unterschied anhand von Schädelgrößen pathologische Erscheinungen und natürliche Variabilität. So trennte er sogenannte kleinköpfige Schädel (Mikrocephale) von sogenannten Zwergköpfigen, den Nanocephalen, wobei die Mikrocephalen als pathologisch zu werten waren, eine Erkenntnis, die z.B. der Anthropologe und Zoologe Carl Vogt (1817–1895) nicht durch Krankheit erklärte, sondern konträr zu Virchow als eine atavistische

P. 8644.
Maximo u. Bartolo

**Mikrocephales Paar aus Mexiko
in Castans Panoptikum, 1891.
Photo: Archiv der BGAEU**

Erscheinung des sogenann-
ten Affenmenschen. Die
Nanocephalen waren nach
Virchow eine naturbedingte
Variante und verfügten
über keine verminderte
Intelligenz. Ein Beispiel für
Untersuchungen an Mikro-
cephalen war ein 1891 in
Castans Panoptikum vorge-
führtes Aztekenpaar aus
Mexiko. Virchow machte
deutlich, dass die Schädelgrößen, welche sich im
Rahmen des Gesunden
befanden, in allen Kulturen
variabel waren und keine
Verbindung zu höherer
oder niederer Intelligenz
zuließen: „Daher begreifen
Sie wohl, dass für unser
Urtheil nicht die absoluten Zahlen und Maasse
bestimmend sein können".

Dass aber zur gleichen Zeit bei den mit Hilfe der Kraniometrie durchgeführten Hirnforschungen bereits
die Grundlage für spätere rassenspezifische und
-bewertende Analysen gelegt wurde, geht aus
Arbeiten von Virchows Kollegen hervor. So wurden
anhand der Messdaten Hirngrößen und -volumen
von z. B. afrikanischen Ethnien, wie Hottentotten
und Buschmännern, den Hirngrößen von Europäern gegenübergestellt, wobei von kleinen Hirnen
afrikanischer Bevölkerungen auf deren sogenannte
niedere geistige Kapazität geschlossen wurde.
Analoge Gegenüberstellungen erfolgten von kleinen Menschen- und großen Gorillahirnen. Kraniometrische Daten wurden so als Maßstab für Bewertungen von Rassen missbraucht. Eine derartige
Einstellung geht jedoch aus Virchows Arbeiten
nicht hervor.

Ferner wurde die Hirnstruktur des Menschen mit Säuge-
tieren, vor allem mit Orang und Schimpansen,
verglichen, um die Verwandtschaft zwischen
Menschen und Primaten in Hinblick auf die
Evolution zu ermitteln. Beispielhaft hierfür sind
Studien über die Orangs von Vaughan Stevens,
der im Auftrag von Virchow in den 1890er Jahren
Forschungsreisen in Südostasien unternahm.

Rudolf Virchow und die Paläoanthropologie

An paläanthropologischen Untersuchungen zur
Evolution des Menschen wird erneut Virchows
Herangehensweise als Pathologe deutlich. Anhand
archäologischer und zoologischer Überreste sowie
geologischer Situationen sollten Nachweise für
die Existenz des Menschen im Eiszeitalter erbracht
werden. Des Weiteren war die Frage nach der Abstammung des Menschen vom äffischen Vorfahren
ein wesentlicher Aspekt anthropologischer Forschung des 19. Jahrhunderts. Dafür wurde nach
sog. pithekoiden Merkmalen in der menschlichen
Genealogie gesucht. Virchows Haltung zu dieser
Frage war kritisch; er behauptete 1896, es sei
„daraus in Beziehung auf Descendenz nicht viel zu
schliessen. Was die Descendenz vom Affen anbe-
trifft, so werden Sie wissen, dass es nicht gelungen
ist, das missing link zu finden". Virchow stimmte
der These der menschlichen Abstammung vom
Affen nicht zu, da die Zwischenstufen der menschlichen Typen bislang weder in der Zoologie noch in
der Paläontologie nachweisbar seien.

An der Deszendenzlehre sowie an den Hypothesen zu
affenähnlicher Abstammung des Menschen und
atavistischen Entwicklungen sowie an Fragen mono-
genetischer oder polygenetischer Entwicklung entfachte sich eine lebhafte Diskussion. Als 1891 der
Paläontologe und Anatom Marie Eugène Dubois
(1858–1941) bei Trinil auf Java fossile Knochen-
funde entdeckte und in diesen die Übergangsform
in der Entwicklung vom Affen zum Menschen, bezeichnet als sogenannter Affenmensch (Pithecanthropus), zu erkennen glaubte, leugnete Virchow
zwar nicht die Menschenähnlichkeit, sah in dem
Befund aber noch nicht das gesuchte missing link,
sondern pathologisch bedingte Erscheinungen. Der
Anatom Hermann Klaatsch (1863–1916) kritisierte
diese Haltung, durch die seiner Meinung nach die
Bedeutung der fossilen Funde für die menschliche
Evolution verkannt werde, mit den Worten: „Eine
solche Auffassungsweise wird wesentlich unterstützt durch die Haltung einiger hervorragender
Anthropologen, welche entweder einer bestimmten
Äusserung über die Affenbeziehungen des Menschen aus dem Wege gehen oder ganz überwiegend
die negativen Ergebnisse der Forschung bezüglich
der Abstammung des Menschen betonen". Virchows
beharrliche Position in dieser Frage wurde hingegen durch die Anthropologen Kollmann und Ranke
gestützt. Virchow beschäftigte die Frage so sehr,
dass er den Forschungsreisenden Vaughan Stevens
von 1891 bis 1894 mit Mitteln der Rudolf-Virchow-
Stiftung nach Malaysia, Indonesien und Australien
entsandte, um weitere Fossilfunde des Pithecanthropus zu suchen, was diesem aber nicht gelang.

Virchow ging es grundsätzlich darum, „das Tatsächliche zu finden, und sein Streben, aus den Tatsachen beweisbare Schlussfolgerungen abzuleiten, bedingte seine Zurückhaltung gegenüber allem Unbewiesenen. Daraus erklärt sich seine viel verdachte Stellungnahme zum Darwinismus", schrieb die *Vossische Zeitung* anlässlich seines 100. Geburtstages. Dass Virchows ausschließlich auf eine sichere Beweisgrundlage gerichtete Forschungsmeinung heftige Diskussionen in die Wissenschaft brachte, zeigt sich in seiner Stellungnahme zu der von Charles Darwin entwickelten Deszendenzlehre von Organismen und der Evolutionstheorie von erblich bedingter Variabilität und natürlicher Selektion von Lebewesen. Virchow stand Darwin zwar nicht ablehnend gegenüber – immerhin ernannte er ihn 1877 zum korrespondierenden Mitglied der BGAEU –, für die Darwinschen Theorien fehlten seiner Meinung nach aber noch sichere Beweise. Kritisch verhielt sich Virchow ebenso zu den Theorien seines Schülers Ernst Haeckel (1834–1919) zur Abstammung des Menschen vom äffischen Vorfahren, bei denen Haeckel im Gibbon den engsten Verwandten des Menschen sah. Auch hier ging es Virchow um fundierte Beweise und nicht um Hypothesen – eine Haltung, die neuen und sich später als richtig erweisenden, zunächst aber noch nicht gefestigten Theorien in der damaligen Forschung entwicklungsgeschichtlich nicht zuträglich war und die Anthropologie auf seine beharrliche Meinung zu fokussieren versuchte.

Ein weiteres Beispiel hierfür ist seine fehlerhafte Einordnung des 1856 zu Tage gekommenen fossilen menschlichen Fundes aus dem Neandertal. Virchow bestimmte diesen als eine krankhafte Erscheinung des gegenwärtigen Menschen. Der Entdecker des Fundes, der Naturforscher Johann C. Fuhlrott (1803–1877), hatte in diesem als erster die Reste eines eiszeitlichen Menschen erkannt; dies bestätigte ferner der Anatom Hermann Schaaffhausen, der im übrigen auch ein Befürworter des Darwinschen Transformismus war und konträr zu Virchows Theorien stand. Erst nachdem im Fundort Spy in Belgien 1886 zusammen mit Steinwerkzeugen menschliche Skelettreste entdeckt wurden, die die gleiche Merkmalskombination wie die Fossilien aus dem Neandertal aufwiesen, galt die diluviale Bestimmung dieser Fundkomplexe als sicher. Obwohl kraniometrische Untersuchungen durch den Anatomen Gustav Schwalbe (1844–1916) 1901 an den Funden von Spy und Neandertal gegenüber rezenten Menschen Abweichungen ergaben – pathologisch bedingte Veränderung besaßen die Fossilien aus dem Neandertal allerdings –, erhob Virchow auch hier Einspruch, ohne jedoch diesbezüglich noch Beachtung zu finden. Virchow ordnete nämlich Abweichungen von der Norm des rezenten Menschen als individuelle Varianten und nicht als Entwicklungsstufen innerhalb verschiedener evolutionärer Stadien ein.

Die umstrittenen Fragen der menschlichen Genealogie berührten Fragen der Rassenbildung, -veränderung und des -ursprungs, die Virchow und zeitgenössische Wissenschaftler vor allem seit den 1860er Jahren beschäftigten und z. T. konträr diskutierten. So wurde im 19. Jahrhundert der Ursprung des Menschen im Kaukasus vermutet, verbunden mit der Frage nach dem gemeinsamen Ursprung der Indogermanen oder Arier. Virchow ließ durch im Kaukasus lebende Forscher Grabungen durchführen, wie z. B. von Friedrich Bayern (1817–1886) im Gräberfeld von Koban. Konkrete Hinweise für den Ursprung des Menschen in dieser Region konnten nicht erbracht werden, und Virchow schloss sich dieser Theorie nicht an. Dennoch löste sie eine Diskussion um den kulturellen Wert des europäischen Menschen aus, was z. B. Julius Kollmann 1892 auf Grund der bewertenden Klassifizierung der angeblich höherstehenden europäischen Dolichocephalen bemängelte.

Schwierig gestaltete sich auch die Frage nach der Definition und Bildung von Rassen, die nach Virchows Meinung kaum zu fassen sei. Auch hier war für Virchow der Einfluss der Pathologie maßgebend. Seiner Meinung nach riefen pathologische Erscheinungen entwicklungsgeschichtlich Abweichungen hervor, wodurch also eine Abweichung vom Elterntyp ein pathologisches Phänomen sei, das eine neue Entwicklungsstufe erzeuge. Pathologische Einwirkungen, die Virchow vor allem anhand der Kraniologie nachwies, bildeten seiner Ansicht nach bei der Varietätenbildung, Veränderung und Genese menschlicher Rassen ein wesentliches Element. Trotz divergierender Forschungsmeinungen blieb er bei diesem Standpunkt noch bis kurz vor seinem Tod. So schrieb er 1901: „Es unterliegt wohl keinem Zweifel, dass bei der Entwicklung des Menschen-Geschlechts die Pathologie wesentlich mitgewirkt hat. Bei rein physiologischen Zuständen, ohne Eingreifen der Pathologie, würde die Entwicklung des Menschen wahrscheinlich andere Bahnen eingeschlagen haben". Zu pathologischen Eingriffen käme noch die Vermischung der

Individuen innerhalb einer Rasse, so dass der eigentliche Begriff „Rasse" durch die morphologische Vielfalt kaum fassbar sei. So diente z. B. Virchows Ägyptenreise, die er gemeinsam mit Heinrich Schliemann 1888 unternahm, u. a. dazu, anhand bildlicher Darstellungen aus der Antike, „irgendwelche Anhaltspunkte für die Umwandlung (Morphologie) der Ägypter in historischer Zeit gewinnen zu können; ich bin zurückgekehrt mit der Überzeugung, dass, […] das alte Ägypten und seine Nachbarländer in ihren Bevölkerungen sich nicht wesentlich verändert haben. […] Der Ägypter von heute besitzt noch immer die Formen des alten Ägypters". Abgesehen von pathologischen Veränderungen in der Morphologie sprach Virchow damit den menschlichen Rassen natürlich bedingte Veränderungen über große Zeiträume hinweg ab. Elf Jahre nach seiner Ägyptenreise, 1899, stellte Virchow zwei divergierende Meinungen in der Anthropologie hinsichtlich der Variabilität oder der Permanenz in der Entwicklung des Menschen gegenüber und relativierte seine Theorien von 1888. Er berichtete, „dass die Typen, also die gesetzlich feststehenden Formen, mit einer unglaublichen Zähigkeit sich erhalten, so dass die Unveränderlichkeit der Typen als ein anthropologischer Lehrsatz erscheint. […] Dem gegenüber steht die Veränderlichkeit der Typen, die Mutabilität derselben. Wäre der Typus immer derselbe geblieben, so müsste die ganze Welt jetzt eine langweilige Gesellschaft sein". Virchow ging dabei von einer Mutabilität des Menschen aus, die er aber durch pathologische Einflüsse erklärte. Es zeigt sich hierin, wie stark er gegenüber neueren anthropologischen Bestrebungen – z. B. der auf natürlichen, nichtpathologischen Veränderungen basierenden Mutabilitätstheorie – seinen eigenen Meinungen verhaftet war. Im wissenschaftlichen Diskurs stand Virchow mit dieser Meinung nicht allein. So stellte Julius Kollmann 1884 anhand kraniometrischer Untersuchungen von Schädeln aus dem Quartär im Vergleich zu gegenwärtigen in Nordamerika heraus, dass die Schädel „seit dem Diluvium keinerlei Variabilität zum Ausdruck gebracht haben, sondern unveränderlich dieselben geblieben sind". Spezifische persistente Merkmale und Varietäten von Rassen blieben nach Kollmann durch Vererbung erhalten; er vertrat die Position einer Beständigkeit von Rassenmerkmalen. Aspekte der damaligen Rassenforschung und -bewertung konnten durch den Kolonialismus begünstigt auch außerhalb Europas untersucht werden. Dies sei im folgenden an divergierenden Meinungen der beiden Vorsitzenden der BGAEU, Virchow und Bastian, dargestellt. Bastian und Virchow hatten im regelmäßigen Wechsel den Vorsitz der BGAEU inne, ihrer Zusammenarbeit in dem Verein waren die unterschiedlichen Forschungsansätze jedoch nicht abträglich. Bastians anhand evolutionistischer Theorien vorgenommene Einteilung in Natur- und Kulturvölker sollte u. a. Veränderungen von Rassen durch Klima und Kultur in fremden Regionen zeigen. So ging er davon aus, die rezenten schriftlosen Naturvölker seien noch Repräsentanten frühmenschlicher Entwicklungsformen, die bei den Kulturvölkern bereits abgeschlossen seien. Ähnlich äußerte sich Schaaffhausen 1890, indem er zwar allen „Rassen die gleiche Naturanlage und dieselbe Entwicklungsfähigkeit" zugestand, aber ihre geistesgeschichtliche Differenzierung anhand der hohen oder niedrigeren Einstufung des kulturellen Standes vornahm und dabei sehr deutlich zwischen Europäern und Außereuropäern differenzierte: „In warmen Gegenden wird der Mensch entstanden sein, weil sich hier die höchstentwickelten menschenähnlichen Thiere finden, aber unter gemäßigtem Himmelsstriche fand er die günstigsten Bedingungen für seine weitere Vervollkommnung". Ein ausgeprägter Eurozentrismus in der Bewertung menschlicher Kulturen kam hierbei zum Ausdruck. Daran schließt sich die weitere Frage an, inwieweit Virchows politische Tätigkeiten im Rahmen des Kolonialismus der Anthropologie förderlich waren und inwieweit seine Theorien mit denen Bastians übereinstimmten.

Rudolf Virchows politische Verbindungen und ihr Stellenwert in der anthropologischen Forschung

Als Berliner Stadtverordneter, Gründungsmitglied der Deutschen Fortschrittspartei, Abgeordneter des Preußischen Landtags und des Reichstags nahm Virchow wichtige politische Positionen ein. Inwieweit wirkte seine politische Aktivität auch auf die wissenschaftliche Arbeit der BGAEU ein? In seiner Funktion als Leiter der BGAEU und als Wissenschaftler unterhielten Virchow und ihr weiterer Vorsitzender Adolf Bastian enge Kontakte zu staatlichen Institutionen wie zum Ministerium der geistlichen, Unterrichts- und Medicinalangelegenheiten (Kultusministerium), der Kaiserlichen Admiralität (Reichsmarine-Amt ab 1889), der Kolonial-Abteilung des Auswärtigen Amtes sowie durch Vereinsmitgliedschaft zur Deutschen Kolonialgesellschaft. Der erste Deutsche Kolonialkongress, der das Ziel verfolgte, durch Aufklärung für die deutschen Kolonien zu werben, und an dem auch Ethnologen teilnahmen, fand aber erst im Todesjahr Virchows 1902 statt, der erste internationale 1897 in Brüssel. Der BGAEU wurden bis zum Ersten Weltkrieg jährliche staatliche Subventionen gewährt, die für Ausgrabungen, Feldforschungen oder Ankauf von Sammlungen verwendet wurden. Weitere Förderung erfolgte außerhalb Europas durch Militärangehörige, die z. B. Exponate und Photographien an die BGAEU sandten. Die auf diesem Wege zusammengetragenen Sammlungsobjekte sollten kulturgeschichtliche Studien zu Lebensweisen der sogenannten schriftlosen Naturmenschen ermöglichen, die zudem durch den europäischen Imperialismus in ihrer Ursprünglichkeit als bedroht galten. Ferner geht aus der Korrespondenz zwischen Virchow und dem Kultusministerium hervor, dass das Ministerium unterstützend einwirkte auf die Beschaffung sogenannter Rassetypen für Völkerschauen und medizinische Untersuchungen.

Ein wichtiges Mittel, Daten über Kulturen außerhalb Europas zu sammeln, waren ferner Fragebögen. Von 1872 bis ca. 1890 wurden derartige Erhebungsbögen mit Angaben über anthropologische und linguistische Erscheinungen deutschen Offizieren und Besatzungsmitgliedern der Marine, die in die Kolonien reisten und unter denen oft Militärärzte waren, mitgegeben. Viele dieser Ärzte und Offiziere waren zudem Mitglieder der BGAEU. Darüber hinaus konnten Wissenschaftler militärische Expeditionen begleiten. Bei den Entsandten bemängelte Virchow die ungenügende Kenntnis der Anthropologie und plädierte für eine wissenschaftliche Schulung vor Reiseantritt: „Wie wenig wissen wir im Grunde über Anthropologie und Ethnologie der innerafrikanischen Stämme! Es schien mir daher an der Zeit, [...] wo nunmehr eine geordnete europäische Regierung (im Staat Kongo) eingesetzt werden soll, rechtzeitig Vorsorge zu treffen, dass das Personal, welches dahin geschickt wird, wenigstens mit den Hauptaufgaben der anthropologischen Aufnahme vertraut gemacht werde". Aus kolonialpolitischer und wirtschaftlicher Sicht ging es bei den Fragebögen auch um Hinweise zu Akklimatisationsmöglichkeiten der Kolonialisten in den neu eroberten Ländern, die durch die Errichtung der so genannten deutschen Schutzgebiete in Afrika und Südostasien zwischen 1884 und 1890 an Bedeutung gewannen. Virchow wurde hierfür von der Deutschen Kolonialgesellschaft um Gutachten gebeten.

Die kolonialpolitischen Institutionen erkannten für ihre Vorhaben den Wert der Erfahrungen, die Forschungsreisende unter unterschiedlichen kulturellen und klimatischen Bedingungen gesammelt hatten. Virchow betont in seinen Arbeiten über die Akklimatisationsfrage, die ihn seit 1885 besonders beschäftigte, dass zwischen einer Akklimatisation eines Individuums, die durchaus möglich sei, und jener einer Rasse zu differenzieren sei. Vorgänge der Akklimatisation seien nicht vererbbar, sondern müssten von jedem Individuum neu erworben werden, was eine Ansiedlung z. B. in den Tropen erschwere. So berichtet er vor dem Hintergrund der Zusammenarbeit zwischen Wissenschaft und Kolonialpolitik 1885: „Wir werden uns bemühen müssen, wissenschaftlich einigermaßen dem nachzugehen, was die praktische Bewegung unseres Handels und unserer Politik erschliesst, damit man uns nicht nachsagen könne, wir seien ausser Stande, den Ansprüchen zu genügen, die Fragen zu beantworten, welche an uns gestellt werden. Ich habe von diesem Gesichtspunkte aus die Frage der Acclimatisation auf unser Programm gestellt". Im Jahr darauf teilte Virchow der BGAEU mit, dass der Deutsche Kolonialverein eine Enquête über Akklimatisation mit der Sektion medizinische Geographie, Klimatologie und Tropenhygiene veranstalte und dass die Marine unterstützend in diesen Fragen mitwirke: „Haben wir erst eine Physiologie der Acclimatisation, so wird die Pathologie derselben, die jetzt noch so schwächliche Grundlagen besitzt, nicht fehlen".

Trotz der von Virchow selbst in Erwägung gezogenen klimatischen, geographischen oder kulturgeschichtlichen Beeinflussung ging er von einer Persistenz der erblichen Dominanz einer Rasse aus, die auch bei Ansiedlung in fremden Regionen konstant bleibe. Zwar könnten Elemente in einer Rasse variieren, zur regionalen Anpassung im einzelnen führen oder sich verändern, doch der ursprüngliche Rassentypus bleibe erhalten. So seien Merkmale von zeitlich älteren Rassen an rezenten Bevölkerungen noch rekonstruierbar. Auch hier gab es unterschiedliche Forschungsmeinungen. Nach Bastian z. B., der von einer gleichen psychischen Disposition und einer gleichen Entwicklungsfähigkeit des Menschen unabhängig vom Lebensort ausging, erfolge eine Veränderung von Rassen durch die Akklimatisation und Akkulturation an die geographischen, klimatischen, sozialen und kulturgeschichtlichen Verhältnisse ihres Lebensgebietes. Rassen hingegen, die sich nicht an die äußeren

Gegebenheiten anpassten, seien nicht lebensfähig. Bastian nähert sich hierdurch – im Gegensatz zu Virchow – der Darwinschen Selektionstheorie an, da er die natürliche Selektion durch die Wechselwirkung der Lebewesen mit der geographischen Umgebung erklärt, bei der nur die Organismen überleben, die sich an das Klima anpassen. Neben diesem Diskurs um Variabilität (Bastian) und Persistenz (Virchow) von Rassen lehnte Bastian auch die anthropologischen Einteilungen nach Haut- und Haarfarbe, Kranioskopie und Phrenologie ab und ließ allenfalls noch die Kraniologie und Linguistik gelten, Methoden, die Virchow verwendete.

Insgesamt nahmen durch die Ausdehnung und Festigung deutscher Kolonien die Kenntnisse über die unterworfenen Bevölkerungen vor allem in den 1890er Jahren zu, was Virchow besonders im Jahresbericht der BGAEU 1898 hervorhub. Zugleich bemängelte er, dass bei Berichten der Reisenden auch nach Jahren in den Schutzgebieten noch wissenschaftliche Methoden bei anthropologischen Studien fehlten. Virchow verwies ferner auf die Notwendigkeit kartographischer Erfassung klimatischer Bedingungen, der Todesfälle und Krankheitsbilder in Regionen wie den Tropen und darauf, diese Daten statistisch mit Beobachtungen bei Ansiedlungsversuchen weiterer europäischer Kolonialisten zu vergleichen. Mit dieser Anregung sprach Virchow Anliegen an, die weit über das rein wirtschaftliche und politische Interesse, das bei der Kolonisation Vorrang hatte, hinausgingen, und plädierte zudem für den Schutz der einheimischen Bevölkerung vor den europäischen Okkupanten im Hinblick auf Krankheitsübertragungen.

Diese Gedanken erscheinen in bezug auf Virchows politische Einstellung gegenüber dem Kolonialismus ambivalent; denn zum einen konnte er die Erfassungen anthropologischer Phänomene in den Schutzgebieten vor allem durch militärische Reisende und durch die staatliche Förderung kolonialer Einrichtungen für seine Wissenschaft verwenden, wie es in der Zeit generell üblich war, zum anderen lehnte er aus politischen und medizinischen Gründen die Kolonisierung vor dem Deutschen Reichstag ab, obgleich dadurch Erhebungen erstmals in größerem Umfang ermöglicht wurden. Trotz Virchows auch auf Grund ungenügender Akklimatisationsfähigkeit des Menschen humanitär bedingter ablehnender Einschätzung der Kolonisierung blieb für ihn das wissenschaftliche Interesse an den außereuropäischen Regionen und somit eine Kooperation mit Kolonialinstitutionen bestehen.

Schlussbemerkungen

Die Spanne fachlicher und persönlicher Einschätzung Virchows reicht von völliger Verehrung bis zu heftiger Kritik. So schrieb Felix von Luschan 1890 an Virchow: „Ein junger Student der Medizin, [...] der eben bei mir war, als ich diesen Brief begann und dem ich Ihre Zeilen als von Ihnen stammend zeigte, war so gerührt, Ihre Handschrift zu sehen, daß er das Blatt küßte". Kritischer hingegen berichtete Gustav Fritsch 1921 über Virchows anthropologische Einordnungen: „Ein Schatten fällt auf das leuchtende Bild, welches uns Virchow als Anthropolog darbietet: Virchow hatte nicht das volle Verständnis für die Bedeutung der Form. Er war kein Morphologe. Er verlangte vom Naturobjekt Beweise mathematischer Exaktheit, und die konnten ihm die formativen Merkmale nicht bieten. [...] Nun, die Wissenschaft ging unbeirrt ihren Weg; der Neandertal-Schädel ist trotz Virchows Einspruch allgemein als Typus eines europäischen Urmenschen anerkannt, und Lamarck-Darwins geläuterte Lehren über die Abstammung setzen ihren siegreichen Lauf unentwegt fort". Virchows Anspruch, zusammengetragene Anthropologica selbst zu bearbeiten, auch wenn er die Zeit dazu nicht fand, wurde ebenso kritisiert. Dies schilderte der Forschungsreisende Otto Finsch (1839–1917), der von seiner Reise in die Südsee von 1879 bis 1882 eine anthropologische Sammlung mitgebracht und deren Bearbeitung bereits 1884 bei Virchow und Bastian erfolglos angemahnt hatte. Es gehörte nach Finsch zu den Eigenschaften Virchows, Objekte einzubehalten, die er dann aber doch nicht erforschte. Die Sammlung Finsch kam erst nach Virchows Tod im Pathologischen Institut wieder zum Vorschein.

Trotz dieser kritischen Einstellung von Mitgliedern der BGAEU lässt sich zusammenfassend hervorheben, dass Rudolf Virchow ein wesentlicher Förderer der BGAEU war. Durch sein Engagement kam die Gründung des Vereins überhaupt zustande, und während seines langjährigen Vorsitzes beeinflusste er mit Ordnungssinn und Beharrlichkeit ihre administrativen und fachlichen Geschehnisse. Sein intensiver Kontakt zu nationalen und internationalen Wissenschaftlern und durch Finanzmittel der protegierte Expeditionen schufen die Basis für den interdisziplinären Austausch in den Sitzungen und Publikationen der BGAEU. Des weiteren konnten anthropologische, archäologische und ethnographische Objekte erworben werden, die letztendlich in einigen Berliner Museen eine dauerhafte Bleibe fanden. Wissenschaftliche Gesellschaften waren im europäischen Ausland zumeist früher gegründet worden als in Deutschland. Durch deutsche Vereinsgründungen, mit denen Virchow 1869 mit der Konstituierung der BGAEU begann, und durch seine Teilnahme als Delegierter der BGAEU an internationalen Tagungen bemühte sich Virchow darum, den Rückstand deutscher Wissenschaft auf internationaler Ebene aufzuholen.

Virchows Präsenz bzw. Dominanz in der BGAEU spiegelt sich ähnlich in seiner Position innerhalb der Anthropologie des ausgehenden 19. Jahrhunderts wider. In den damaligen Arbeitsweisen zeichnen sich historische Gegebenheiten ab, wie durch den Kolonialismus ab den 1880er Jahren ermöglichte anthropologische Forschungen im Ausland, oder bestimmte Methoden, wie die intensiv betriebene Anthropometrie oder die umfangreichen Datenerfassungen. Virchows positivistisch geprägte Meinung war für viele der damals in den Anfängen steckenden Forschungen, wie etwa den Theorien zur monogenetischen oder polygenetischen Entstehung des Menschen, seiner Abstammung oder Theorien zur Mutabilität oder Persistenz der menschlichen Morphologie, nicht immer förderlich und sehr von der Pathologie beeinflusst. In diesen Diskursen bildeten sich innerhalb der Anthropologie Vertreter der verschiedenen Theorien heraus, zu denen z. B. Virchow, Johannes Ranke und Julius Kollmann auf der einen, Wissenschaftler wie Charles Darwin, Ernst Haeckel, Hermann Schaaffhausen, Hermann Klaatsch oder Gustav Schwalbe auf der anderen Seite gehörten. Die Vortragssitzungen der BGAEU und ihr fachliches Organ, die *Zeitschrift für Ethnologie*, bildeten das Forum dieser Diskurse. Auch innerhalb des Vorstandes der BGAEU stand Virchow neuen Forschungsmeinungen konträr gegenüber, wie z. B. den Wirkungen der biologischen Evolution bei der Bildung von Menschenrassen, für die beispielsweise Adolf Bastian plädierte.

Mögen einige Aspekte in Virchows Haltung einerseits beharrlich oder hemmend für die Anthropologie gewesen sein, so waren viele seiner Ansichten andererseits fortschrittlich und liberal. Dies betraf z. B. seine Einstellung gegenüber negativen inhaltlichen Wertungen von Ethnien in der Rassenforschung des 19. Jahrhunderts, die bereits den Weg nationalsozialistischer Rassenideologie ebnete, seine Kritik gegenüber Wertungen kraniometrischer oder anthropometrischer Daten oder auch seine ablehnende Haltung gegenüber kolonialen Bestrebungen.

Die Autorin ist wissenschaftliche Angestellte am Institut für Prähistorische Archäologie der Freien Universität Berlin.

LITERATUR

ANDREE, C., *Geschichte der Berliner Gesellschaft für Anthropologie, Ethnologie und Urgeschichte.* In: H. Pohle/G. Mahr (Hrsg.), Festschrift zum hundertjährigen Bestehen der Berliner Gesellschaft für Anthropologie, Ethnologie und Urgeschichte 1869–1969. Teil I: Fachhistorische Beiträge. Berlin 1969, S. 9–142

ANDRIAN-WERBURG, F. v., *Virchow als Anthropologe.* In: Prähistorisches und Ethnologisches. Wien 1915, S. 416–428

BARTELS, M., *Acclimatisation der Europäer in Niederländisch Indien.* Zeitschr. Ethn. 18, 1886, S. (88)–(92)

BASTIAN, A., *Über ethnologische Einteilungen.* Zeitschr. Ethn. 3, 1871, S. 1–18

BASTIAN, A., *Abstammung und Verwandtschaft.* Zeitschr. Ethn. 10, 1878, S. 43–74

BASTIAN, A., *Über Ethnologische Sammlungen.* Zeitschr. Ethn. 15, 1885, S. 38–42

BENNINGHOFF-LÜHL, S., *Die Jagd nach dem Missing-Link in den Verhandlungen der BGAEU.* In: A. Honold/K. Scherpe (Hrsg.), Das Fremde: Reiseerfahrungen, Schreibformen und kulturelles Wissen, Bern 1999, S. 105–121

CIZ, K. H., *Robert Hartmann (1831–1893), Mitbegründer der deutschen Ethnologie,* Gelsenkirchen 1984

DARWIN, CH., *Die Entstehung der Arten durch natürliche Zuchtwahl oder die Erhaltung der begünstigten Rassen im Kampfe ums Dasein* (dt. Fassung der „Gesammelten Werke", Bd. 2), Stuttgart 1875

FIEDERMUTZ-LAUN, A., *Der kulturhistorische Gedanke bei Adolf Bastian,* Wiesbaden 1970

GOSCHLER, C., *Wissenschaftliche „Vereinsmenschen". Wissenschaftliche Vereine in Berlin im Spannungsfeld von Wissenschaft und Öffentlichkeit.* In: C. Goschler (Hrsg.), Wissenschaft und Öffentlichkeit in Berlin, 1870–1930, Stuttgart 2000, S. 50–61

GOTHSCH, M., *Die deutsche Völkerkunde und ihr Verhältnis zum Kolonialismus. Ein Beitrag zur kolonialideologischen und kolonialpraktischen Bedeutung der deutschen Völkerkunde in der Zeit von 1870 bis 1975,* Baden-Baden 1983

GREIL, H., *Zur Geschichte der angewandten Anthropometrie.* In: S. Kirschke (Hrsg.), Grundlinien der Geschichte der biologischen Anthropologie, Halle/Saale 1990, S. 44–58

GRIMM, H., *Betrachtungen zur Geschichte der physischen Anthropologie in Berlin.* Mitt. Berliner Ges. Anthr. 4 H. 1, 1971–73, S. 103–122

GRIMM, H., *Ziele und Methoden der modernen Anthropologie, hundert Jahre nach R. Virchows gleichnamigen Vortrag (Hamburg 1876).* Biologische Rundschau 15, 1977, S. 245–254

GRIMM, H., *Die Verwendung der Bezeichnung „Rasse" in der Geschichte der naturwissenschaftlichen Anthropologie.* In: S. Kirschke (Hrsg.), Grundlinien der Geschichte der Anthropologie (Halle/Saale 1990), S. 28–43

GROEBEN, CHR./WENIG, K., *Anton Dohrn und Rudolf Virchow. Briefwechsel 1864–1902*, Berlin 1992

HEIMPEL, H., *Geschichtsvereine einst und jetzt.* In: H. Boockmann u.a. (Hrsg.), Geschichtswissenschaft und Vereinswesen im 19. Jahrhundert, Göttingen 1972

HEINTZE, B., *Ethnographische Aneignungen. Deutsche Forschungsreisende in Angola*, Frankfurt/M. 1999

KNUSSMANN, R. (Hrsg.), *Anthropologie. Handbuch der vergleichenden Biologie des Menschen*, Stuttgart, New York 1988

KOLLMANN, J., *Hohes Alter der Menschenrassen.* Zeitschr. Ethn. 16, 1884, S. 181–212

KOLLMANN, J., *Die Kraniometrie und ihre jüngsten Reformatoren.* Korrbl. Dt. Ges. Anthr. Jg. 22, 1891, S. 25–32

KOLLMANN, J., *Die Menschenrassen Europas und die Frage nach der Herkunft der Arier.* Korrbl. Dt. Ges. Anthr. Jg. 23, 1892, S. 102–196

KOLLMANN, J., *Über die Beziehungen der Vererbung zur Bildung der Menschenrassen.* Korrbl. Dt. Ges. Anthr. Jg. 29, 1898, S. 116–121

KRESS, H. v., *Betrachtungen im Gedenken an Rudolf Virchow*, Berlin 1966

KRESSE, H.-P., *Revision von 54 indonesischen Schädeln aus der Rudolf-Virchow-Sammlung unter methodenkritischen Gesichtspunkten*, München 1975

LEWERENTZ, A., *Forschungsprojekte und staatliche Förderung: Die Berliner Gesellschaft für Anthropologie, Ethnologie und Urgeschichte und die preußischen Ministerium bis zum Ersten Weltkrieg.* Mitt. Berliner Ges. Anthr. 20, 1999, S. 45–64

LEWERENTZ, A., *Die Rudolf-Virchow-Stiftung der Berliner Gesellschaft für Anthropologie, Ethnologie und Urgeschichte. Ein Einblick in einige ihrer Forschungsprojekte.* Mitt. Berliner Ges. Anthr. 21, 2000, S. 93–110

LEWERENTZ, A., *Mitglieder des Vorstandes und Ausschusses der Berliner Gesellschaft für Anthropologie, Ethnologie und Urgeschichte.* Mitt. Berliner Ges. Anthr. 22, 2001, S. 183–196

LEWERENTZ, A., *Der Mediziner Gustav Fritsch als Fotograf. Dokumentation seiner anthropologisch-ethnographischen Untersuchungen in Fotografien der Berliner Gesellschaft für Anthropologie, Ethnologie und Urgeschichte*, Baessler Archiv N.F., XLVIII, 2000, S. 271–309 [im Druck]

LISSAUER, A., *Beiträge zur Kenntnis des paläolithischen Menschen in Deutschland und Süd-Frankreich.* Zeitschr. Ethn. 34, 1902, S. (279)–(293)

LISSAUER, A., *Nekrolog Rudolf Virchow.* Zeitschr. Ethn. 34, 1902, S. (318)–(330)

MASSIN, B., *From Virchow to Fischer. Physical Anthropology and „Modern Race Theories" in Wilhelmine Germany* in: G.W. Stocking (Hrsg.), Volksgeist as Method and Ethic. History of Anthropology Vol. 8 (Madison 1996), S. 79–154

OESER, E., *Geschichte der Hirnforschung*, Darmstadt 2002

OSTERHAMMEL, J., *Kolonialismus*, München 1997

RANKE, J./VIRCHOW, R., *Zur Frankfurter Verständigung und über Beziehungen des Gehirns zum Schädelbau.* Korrbl. Dt. Ges. Anthr. Jg. 22, 1891, S. 115–124

Rathschläge für anthropologische Untersuchungen auf Expeditionen der Marine. Zeitschr. Ethn. 4, 1872, S. 325–328

SCHAAFFHAUSEN, H., *Das Alter der Menschenrassen.* Korrbl. Dt. Ges. Anthr. Jg. 21, 1890, S. 122–128

SCHIPPERGES, H., *Rudolf Virchow*, Reinbek b. Hamburg 1994

SCHLETTE, F., *Zur Geschichte des Verhältnisses von Anthropologie, Ethnologie und Urgeschichte.* In: S. Kirschke (Hrsg.), Grundlinien der Geschichte der biologischen Anthropologie, Halle 1990, S. 91–105

SCHOETENSACK, O., *Die Bedeutung Australiens für die Heranbildung des Menschen aus einer niederen Form.* Zeitschr. Ethn. 33, 1901, S. 127–154

SCHOTT, L., *Die Ergebnisse der von Rudolf-Virchow angeregten Schulkinderuntersuchungen als Quellenmaterial für die Erörterung moderner populationsgenetischer Fragestellungen.* Biologische Rundschau 10, H. 4, 1972, S. 264–273

SIMON, H./KRIETSCH, P., *Rudolf Virchow und Berlin*, Berlin 1985

SMITH, W. D., *Politics and the Sciences of Culture in Germany 1840–1920*, New York, Oxford 1991

THAULOW, G., *Rhatschläge für anthropologische Untersuchungen auf Expeditionen der Marine.* Zeitschr. Ethn. 6, 1874, S. 102–118

THEYE, TH., *Der geraubte Schatten. Die Photographie als ethnographisches Dokument*, München 1989

TÖRÖK, A. v., *Entgegnung auf Herrn Kollmanns Angriffe.* Korrbl. Dt. Ges. Anthr. Jg. 22, 1891, S. 60–61

VIRCHOW, R., *Antwortschreiben an Quatrefages über die Methode der wissenschaftlichen Anthropologie.* Zeitschr. Ethn. 4, 1872, S. 300–319

VIRCHOW, R., Zeitschr. Ethn. 4, 1872, S. (157)–(165)

VIRCHOW, R., *Über die sogenannten prähistorischen Perioden.* Zeitschr. Ethn. 8, 1876, S. (40)–(44)

VIRCHOW, R., *Über Mikrocephalen.* Zeitschr. Ethn. 10, 1878, S. (25)–(33)

VIRCHOW, R., *In Berlin anwesende Nubier.* Zeitschr. Ethn. 10, 1878, S. (333)–(335), (387)–(407)

VIRCHOW, R., *Über einige Merkmale niederer Menschenrassen am Schädel und über die Anwendung der statistischen Methode in der ethnischen Craniologie.* Zeitschr. Ethn. 12, 1880, S. (1)–(26)

VIRCHOW, R., *Die Ausstellung prähistorischer und anthropologischer Funde Deutschlands zu Berlin.* Zeitschr. Ethn. 12, 1880, S. 261–268

VIRCHOW, R., *Die Feuerländer.* Zeitschr. Ethn. 13, 1881, S. (375)–(394)

VIRCHOW, R., Sitzung BGAEU 15.7.1882. Zeitschr. Ethn. 14, 1882, S. (435)

Virchow-Feier. Korrbl. Dt. Ges. Anthr. Jg. 13, 1882, S. 1–5

VIRCHOW, R., *Über Darwin und die Anthropologie.* Korrbl. Dt. Ges. Anthr. Jg. 13, 1882, S. 80–89

VIRCHOW, R., *Commissionsbericht über die Statistik der Farbe der Augen, der Haare und der Haut deutscher Schulkinder.* Korrbl. Dt. Ges. Anthr. Jg. 13, 1882, S. 125–126

Virchow, R., *Das Gräberfeld von Koban im Lande der Osseten*, Berlin 1883

Virchow, R., *Über Brachycephalie und Dolichocephalie in Deutschland*. Korrbl. Dt. Ges. Anthr. Jg. 14, 1883, S. 142–144

Virchow, R., Sitzung BGAEU 18.10.1884. Zeitschr. Ethn. 16, 1884, S. (422)

Virchow, R., *Conferenz im Panoptikum am 12.1.1885*. Vorstellung von Zulu-Kaffern. Zeitschr. Ethn. 17, 1885, S. (13)–(15)

Virchow, R., *Anthropologische Untersuchungen im Congo-Staat*. Zeitschr. Ethn. 17, 1885, S. (176)

Virchow, R., *Acclimatisation*. Zeitschr. Ethn. 17, 1885, S. (202)–(214)

Virchow, R., *Archiv für Anthropologie 16*, 1886, S. 275–476

Virchow, R., Sitzung BGAEU 10.4.1886. Zeitschr. Ethn. 18, 1886, S. (263 f.)

Virchow, R., *Die Anthropologie in den letzten 20 Jahren*. Korrbl. Dt. Ges. Anthr. Jg. 20, 1889, S. 89–100

Virchow, R., *Festrede zum 25jährigen Jubiläum der BGAEU*. Zeitschr. Ethn. 26, 1894, S. (504)–(510)

Virchow, R., *Rassenbildung und Erblichkeit*. In: Festschrift für Adolf Bastian zum 70. Geburtstag am 26.6.1896, Berlin 1896, S. 1–44

Virchow, R., *Meinungen und Thatsachen in der Anthropologie*. Korrbl. Dt. Ges. Anthr. Jg. 30, 1899, S. 80–83

Virchow, R., *Über Schädelform und Schädeldeformation*. Korrbl. Dt. Ges. Anthr. Jg. 32, 1901, S. 135–139

Virchow, R., *Über den prähistorischen Menschen und über die Grenzen zwischen Species und Varietät*. Korrbl. Dt. Ges. Anthr. Jg. 32, 1901, S. 84–89

Virchow, R./Baelz, E./Lissauer, A./Waldeyer, W. H./Luschan, F. v./Staudinger, P., *Anthropologie der Menschen-Rassen Ost-Asiens*. Zeitschr. Ethn. 33, 1901, S. (202)–(217)

Vivelo, F. R., *Handbuch der Kulturanthropologie*, Stuttgart 1981

Waldeyer, W. H., *Die Gedächtniss-Feier Rudolf Virchow*. Zeitschr. Ethn. 34, 1902, S. (315)–(330)

Weisbach, A., *Körpermessungen verschiedener Menschenrassen*. Suppl.bd. Zeitschr. Ethn., 1877

Zimmerman, A., *Geschichtslose und schriftlose Völker in Spreeathen. Anthropologie als Kritik der Geschichtswissenschaft im Kaiserreich*. Zeitschr. Geschichtswiss. 47, 1999, S. 197–210

Zimmerman, A., *Science and Schaulust in the Berlin Museum of Ethnology* in: C. Goschler (Hrsg.), Wissenschaft und Öffentlichkeit in Berlin 1870–1930, Stuttgart 2000, S. 65–88

Verzeichnis zitierter Archivalien

BBAW: Archiv der Berlin-Brandenburgischen Akademie der Wissenschaften (Teilnachlass Rudolf Virchow)

Nr. 2230: Reisebeschreibungen von Vaughan Stevens 1894

Nr. 2642, 2643, 2644, 2646: Anthropologische Erhebungen

BGAEU: Archiv der Berliner Gesellschaft für Anthropologie, Ethnologie und Urgeschichte

BGAEU-ADE 69: Schreiben des Auswärtigen Amtes an R. Virchow, 4.3.1891, Überlassung von Fotos aus afrikanischen Schutzgebieten an die BGAEU

BGAEU-ADE 71: Schreiben betr. Ethnien aus Deutsch-Ostafrikas

BGAEU-ADI 21: Entwurf zur Satzung und erste Satzung vom 17.11.1869

BGAEU-ADI 27: Schreiben betr. Korporationsrechte, 27.1.1883–1.4.1885

BGAEU-ADI 29: Schreiben betr. Korporationsrechte, 11.8.–11.12.1884

BGAEU-ADI 53: Schreiben von E. Fischer betr. R. Virchow-Sammlung

BGAEU-ADI 69: Schreiben von O. Olshausen an K. v.d. Steinen, 4.12.1910

BGAEU-GES 1–77: Archivalien zur Deutschen Gesellschaft für Anthropologie, Ethnologie und Urgeschichte

BGAEU-KP 11–16: Statistische Karten über anthropologische Erhebungen

BGAEU-MIT 1: Stammrolle der Mitglieder der BGAEU

BGAEU-MUS 12: Schreiben von O. Finsch

BGAEU-NG 398: Brief von F. v .Luschan an R. Virchow, 4.7.1890

BGAEU-NG 821 (Bl. 10): Presseartikel

BGAEU-NSRV 36–47: Inventarbücher und Karteien der R. Virchow-Sammlung

BGAEU-NSRV 49–94: Schädelzeichnungen

BGAEU-NSRV 13: Gutachten von R. Virchow

BGAEU-PK 1: Sitzungsprotokoll 3. und 17.11.1869

BGAEU-PK 4, 5, 8, 20, 34, 41: Sitzungsprotokolle

BGAEU-PR 38–47: Presseartikel

BGAEU-SIT 250–266: Einladungen zu ordentlichen Sitzungen

BGAEU-SIT 260: R. Virchow, Vortrag über „den Oberschenkel und den Schädel des Pithecanthropus erectus", 15.6.1895

BGAEU-VER 40–61: Vorführung von Menschen im Castan-Panoptikum u. Passage-Panoptikum Berlin

BGAEU-WF 13: Anthropologische Erhebungsbögen

GstA: Geheimes Staatsarchiv – Preußischer Kulturbesitz Berlin Rep. 76 Vc 1, XI, 1 Nr. 4: Akte mit verschiedenen Vorgängen betr. BGAEU

LA: Landesarchiv Berlin

A Rep 060-02: Archivalien zur Deutschen Gesellschaft für Anthropologie, Ethnologie und Urgeschichte; zur BGAEU; zur Ausstellung von Anthropologica in Berlin 1880; Presseartikel

Slg. Rabl: Stiftung Pommern, Greifswald (Sammlung Rabl, Teilnachlass Rudolf Virchow).

Nr. 160: Brief von R. Virchow an seine Frau, 1880 (weitere Korrespondenz von Virchow)

Marion Bertram
Burgwälle – Gräber – Troja
Rudolf Virchow und die prähistorische Archäologie

„Rudolf Virchow ging in seinen Arbeiten allmählich von einem Wissenszweig zum anderen über, alle zu der einen Wissenschaft vom Menschen, der Anthropologie, verknüpfend". So charakterisierte der Arzt und Prähistoriker Abraham Lissauer in seiner Gedächtnisrede vom 13. Oktober 1902 vor der Berliner Gesellschaft für Anthropologie, Ethnologie und Urgeschichte (im folgenden: BGAEU) Virchows universelles Streben, das ihn von der Medizin über die Anthropologie im engeren Sinne zur Ethnologie und prähistorischen Archäologie führte. Virchow selbst liefert uns die Hintergründe für sein Interesse an der Erforschung der Ur- und Frühgeschichte des Menschen: „Der Mensch mit seinem ganzen Thun und Treiben, seinem Denken und Meinen, seinem inneren Wesen soll wieder entdeckt, soll aufgefunden werden in einer Zeit, von der Niemand etwas weiß, und unter ganz anderen Umgebungen, als die gegenwärtigen. Andere Thiere umgaben ihn; andere Pflanzen fesselten seine Aufmerksamkeit. Vielleicht hatte die Erde selbst eine andere Gestalt, ein anderes Klima. Nicht nur der Anatom, sondern auch der Zoolog, der Botaniker, der Geolog, der Astronom müssen hier mitwirken, gleichwie die prähistorische Archäologie, da sie nicht mehr blos die Kunst, sondern auch das roheste Gewerbe, ja die menschliche Arbeit überhaupt zum Gegenstande ihrer Betrachtungen machen muß, ihre Erklärungen nicht blos bei dem Bildhauer oder Architekten, sondern in der Werkstatt des Handwerkers, in der Gewohnheit des Feldarbeiters, in den Gebräuchen der Familie zu suchen hat." (Vorwort zu J. Lubbock, Die vorgeschichtliche Zeit, Jena 1874, S. VII)
Auf der Basis seiner Überzeugung, dass ein umfassendes Bild der Entwicklung des Menschen nur durch die Einheit geistes- und naturwissenschaftlicher Forschungen gewonnen werden könne, widmete sich Virchow seit 1865 zunehmend prähistorischen Fragen und wurde zum Mitbegründer der wissenschaftlichen Prähistorie in Deutschland. Galt die Aufmerksamkeit bis über die Mitte des 19. Jahrhunderts hinaus in der Regel den prähistorischen Funden um ihrer selbst willen, d. h. ihrer Kuriosität oder aber ihrem künstlerischen und materiellen Wert, so propagierte Virchow als einer der Ersten die genaue Beschreibung der Funde und vor allem auch der Fundumstände sowie den Vergleich mit dem bekannten Fundmaterial, um auf diesem Weg zu einer zeitlichen und kulturellen Zuordnung und schließlich zur Rekonstruktion vor- und frühgeschichtlicher Verhältnisse zu gelangen. Seine Reisen durch Deutschland sowie viele andere europäische und außereuropäische Länder machten ihn zu einem der besten Kenner des zu seiner Zeit verfügbaren prähistorischen Fundmaterials. Die von ihm herausgegebenen Zeitschriften, insbesondere die *Zeitschrift für Ethnologie* mit den *Verhandlungen der Berliner Gesellschaft für Anthropologie, Ethnologie und Urgeschichte* und den *Nachrichten über deutsche Alterthumsfunde*, ermöglichten interessierten Forschern, sich ständig über neue Ausgrabungen und Funde sowie den Stand der theoretischen Diskussionen zu informieren. Die monatlichen Sitzungen der BGAEU boten Virchow auch das Forum, um regelmäßig über seine eigenen Ausgrabungen und Forschungsreisen zu berichten. Virchow widmete sich unterschiedlichsten Problemen aller vor- und frühgeschichtlichen Perioden von der Steinzeit bis zum Mittelalter und wirkte so auch im Rahmen seiner prähistorischen Forschungen als Universalgelehrter. Im Folgenden können lediglich die Schwerpunkte seiner Arbeit auf diesem Fachgebiet einer kurzen Betrachtung unterzogen werden.

Die Pfahlbaufrage
Nachdem Virchow seine erste prähistorische Abhandlung den Altertümern seiner Heimatstadt Schivelbein (Hinterpommern) gewidmet hatte, beschäftigte er sich zunächst mit den seinerzeit als „norddeutsche Pfahlbauten" bezeichneten Siedlungsplätzen, die durch eine große Anhäufung von Holzbalken und -pfählen auffielen. Der Schweriner Prähistoriker Friedrich Lisch hatte 1863 in einem Torfmoor bei Wismar Reste einer solchen Ansiedlung entdeckt, die mit den berühmten, seit 1854 durch Ferdinand Keller bekannt gewordenen Schweizer Pfahlbauten der Jungstein- und Bronzezeit in Verbindung gebracht wurden. Der Befund von Wismar geriet jedoch in Misskredit, als ein

Grabungsarbeiter der Fälschung einer Reihe von Funden überführt worden war. Virchow besuchte daraufhin die Fundstelle bei Wismar und besichtigte die Funde in der Schweriner Sammlung. Er kam zu dem Schluss, dass die „Beobachtung in ihrer Hauptsache" nicht anzuzweifeln sei.

In den folgenden Jahren erkundete Virchow immer wieder vergleichbare Fundstellen in Mecklenburg, Brandenburg und Pommern und unternahm nun auch eigene Ausgrabungen. 1865 erhielt er Kenntnis von einer Fundstelle in der Nähe des Dorfes Lübtow (Pommern), wo nach der Trockenlegung eines Terrains am Seeufer eine „Masse von Pfählen" und „eine Menge von Gegenständen (Waffen, Gefässe, Schmuck)" zu Tage getreten waren. Hier begann seine Karriere als Ausgräber. Nachdem durch den Wismarer und auch durch weitere Fälschungsfälle die prähistorische Zuordnung der so genannten norddeutschen Pfahlbauten grundsätzlich in Zweifel gezogen worden war, konnte Virchow vor allem durch die Vorlage der parallelen Befunde von Lübtow seiner Überzeugung von der Authentizität dieser Siedlungsspuren allgemeine Anerkennung verschaffen.

Insbesondere die Untersuchungen am Daber-See (Hinterpommern) führten ihn schließlich zu der Einsicht, dass es sich bei den als „norddeutsche Pfahlbauten" bezeichneten Befunden nicht um Hochbauten auf senkrechten Pfählen im Schweizer Stil, sondern um blockbauartige Gebäude mit einem kastenförmigen Unterbau aus horizontalen Balken, fixiert durch wenige senkrechte Pfähle, handeln musste. Sie bezeugen die bei den Slawen hoch entwickelte Blockbauweise, die aus dem 6.–11. Jahrhundert n. Chr. vor allem in Form einräumiger Wohnbauten überliefert ist. Die Siedlungen, die Virchow in oder bei den Seen fand, hatten ursprünglich am Ufer oder auf einer Insel gelegen; Orte, die im Flachland die bevorzugten Siedlungsplätze der Slawen waren.

Darüber hinaus machte Virchow am Daber-See eine weitere entscheidende Beobachtung: Er stieß auf den Zusammenhang der so genannten Pfahlbausiedlungen mit den oberirdisch markanten Burgwällen. Den Beweis für die gleichzeitige Nutzung sah er in der gleichartigen Beschaffenheit der Keramikfunde. Die von Virchow herausgestellte Tatsache, dass die „Mode der Topfwaren", d. h. insbesondere die Form und die Ornamentik der Keramikfunde, entscheidend für die zeitliche und kulturelle Einordnung ist, war für die Entwicklung der prähistorischen Wissenschaft in Deutschland von bahnbrechender Bedeutung.

Mit seinem Vortrag *Die Pfahlbauten im nördlichen Deutschland* präsentierte Virchow 1869 auf einer der ersten Sitzungen der BGAEU die Ergebnisse seiner umfangreichen Untersuchungen. Bezüglich der zeitlichen Einordnung der Ansiedlungen kam er völlig zu Recht zu der Auffassung, dass alles „unzweifelhaft einer Eisenzeit" angehört, „welche bis nahe an die historische Periode zu reichen scheint". Wie noch zu berichten sein wird, gelang ihm später auch die kulturelle Zuordnung des Fundmaterials.

Die Lausitzer Kultur

Zum Schwerpunkt im Schaffen des Prähistorikers Virchow wurde bald die bronze- und früheisenzeitliche Lausitzer Kultur (ca. 15.–4. Jahrhundert v. Chr.), eine eigenständige Ausprägung der europäischen Urnenfelderkultur. Er selbst war es, der diese zwischen Elbe und Weichsel verbreitete Kultur

abgrenzte, definierte und den bis heute üblichen Begriff der Keramik vom „Lausitzer Typus" einführte. Auch diese Leistung

Fundsituation auf dem Gräberfeld von Zaborowo, *Zeitschrift für Ethnologie*, 1874, Taf. XV

ging auf seine grundlegende Erkenntnis zurück, dass die zeitliche und kulturelle Zuordung prähistorischen Fundmaterials nur durch dessen typologische Bestimmung möglich ist, d. h. durch die Beobachtung und Zusammenstellung von Funden, die in Material, Form, Ornamentik und Verzierung sowie Herstellungstechnik parallele Merkmale aufweisen.

Die auffälligen Lausitzer „Buckelurnen" hatten bereits seit dem 16. Jahrhundert immer wieder die Aufmerksamkeit der Sammler erregt und gelangten so auch in die fürstlichen und königlichen Kunst- und Raritätenkabinette. Bezeichnenderweise waren es zwei aus der Kunstkammer der Hohenzollern stammende Lausitzer Urnen, die 1829 als erste Objekte für die prähistorische Sammlung der Königlichen Museen zu Berlin inventarisiert wurden. Virchow stellte die Frage nach der Herkunft und Verbreitung dieser Urnen und begann, sich intensiv mit dieser Keramikgruppe zu beschäftigen. Er sammelte alle verfügbaren Berichte über Ansiedlungen und Gräberfelder, die vergleichbare Funde erbracht hatten, sichtete das Material in den einschlägigen prähistorischen Sammlungen und unternahm zahllose Exkursionen und eigene Ausgrabungen.

Virchow erkannte, dass die so genannte Lausitzer Keramik eine eigenständige Kultur repräsentiert. In einem Bericht *Über Gräberfelder und Burgwälle der Nieder-Lausitz und des überoderischen Gebietes* vor der BGAEU konstatierte er 1872, „dass die Buckelurnen, so überwiegend sie auch in der Lausitz vorkommen, doch kein physiognomisches Kennzeichen derselben im engeren Sinne sein dürfen". Ihm waren bereits Funde aus anderen Gebieten Brandenburgs, aus Sachsen, Posen und Schlesien bekannt geworden.

Die intensivsten Begegnungen mit der Lausitzer Kultur brachten Virchow die Ausgrabungen auf dem Gräberfeld von Zaborowo (Posen), von dem er 1871 erste Berichte und Funde erhielt. 1873 begannen seine eigenen Untersuchungen in Zaborowo. Schon bald nach seiner Rückkehr berichtete er am gewohnten Ort der BGAEU über die vorgefundenen Brandbestattungen: „Die Urnen stehen stets gruppenweise beisammen, und zwar meist unmittelbar in der Erde; grössere Steine finden sich nur vereinzelt. In der Mitte jeder Gruppe steht eine grosse, gewöhnlich schmucklose Aschen-Urne, welche bis hoch heran gebrannte und zerschlagene Menschenknochen, denen einzelne nicht reiche Broncesachen beigemischt sind, enthält". Solche großen, mitunter mehrere tausend Urnen und Beigefäße umfassenden Flachgräberfelder sind typisch für die Lausitzer Kultur.

Die beliebten Buckelurnen fanden sich in Zaborowo nicht. Formvergleiche mit der Keramik aus der Lausitz führten Virchow völlig zu Recht zu der Annahme, dass er hier eine späte, auf die Buckelgefäße folgende Stufe der Keramik vom „Lausitzer Typus" vor sich hatte. Das Gräberfeld von Zaborowo ist der früheisenzeitlichen Schlesischen Gruppe der Lausitzer Kultur (ca. 7.–5. Jahrhundert v. Chr.) zuzurechnen.

Eine Verbindung zu den Keramikfunden aus den so genannten norddeutschen Pfahlbauten, d. h. den slawischen Ansiedlungen, schloss Virchow aus. Da er jedoch auf einigen Burgwällen sowohl die slawische als auch die so genannte Lausitzer Keramik angetroffen hatte und letztere sich ausschließlich in den unteren Schichten fand, konnte Virchow zunächst davon ausgehen, dass die Keramik vom „Lausitzer Typus" älter als die slawische Keramik sein musste. Er ordnete die Lausitzer Kultur der Bronzezeit und der frühen Eisenzeit zu und nahm als Träger dieser Kultur eine vorgermanische Bevölkerung an, die neben den normalen Ansiedlungen auch befestigte Wohnsitze errichtete. Virchows Untersuchungen bildeten das Fundament für die weitere Erforschung der Lausitzer Kultur und die Typengliederung ihrer Keramik.

Die Burgwallforschung

Virchow hatte im Zusammenhang mit der Erforschung der seinerzeit als „norddeutsche Pfahlbauten" bezeichneten slawischen Siedlungen auch mit der Untersuchung vor- und frühgeschichtlicher Burgwälle begonnen, die als befestigte Siedlungen dienten und vom stetigen Schutzbedürfnis vor- und frühgeschichtlicher Bevölkerungen zeugen. Die in den so genannten Pfahlbausiedlungen und den benachbarten Burgwällen aufgefundenen slawischen Töpferwaren bezeichnete er seither als Keramik vom „Burgwall- oder Pfahlbautypus".

Im Verlauf seiner unzähligen Erkundungen und Ausgrabungen auf Burgwällen in Brandenburg und benachbarten Regionen stieß Virchow neben slawischen auch auf bronzezeitliche Anlagen der Lausitzer Kultur sowie auf Burgwälle, die unterhalb der Schichten mit slawischem Fundmaterial Keramik vom „Lausitzer Typus" erbrachten, also in der Bronzezeit angelegt und im Früh- und Hochmittelalter während der Zeit der slawischen Besiedlung erneut genutzt wurden. Von besonderer Bedeutung für diese Beobachtung war der Schlossberg bei Burg im Spreewald, auf dem unter einer slawischen Kulturschicht mächtige Ablagerungen mit Zeugnissen der Lausitzer Kultur zu Tage traten. Hier konnte Virchow die chronologische Einordnung erstmals stratigraphisch, d. h. aufgrund der vorgefundenen Abfolge der Kulturschichten belegen. Für einige der slawischen Anlagen bestätigten zusätzlich Münzfunde und schriftliche Quellen die zeitliche und kulturelle Zuordnung. Eine Zusammenfassung der Ergebnisse seiner Burgwallforschungen in der Lausitz gab Virchow 1880 in seinem Aufsatz *Der Spreewald und die Lausitz*, in dem er auch die unterschiedlichen Merkmale der Keramik vom „Lausitzer Typus" und vom „Burgwall- oder Pfahlbautypus" erläuterte.

Die Slawenforschung
und die prähistorische Anthropologie

Im Ergebnis seiner „Pfahlbau"-Untersuchungen und Burgwallforschungen bewies Virchow eindeutig, dass die grob gearbeitete Keramik vom „Burgwall- oder Pfahlbautypus" den Slawen zuzuordnen ist. Nachdem er damit die Siedlungen und Befestigungsanlagen kannte, stellte er sich die Frage nach den Bestattungsplätzen der slawischen Bevölkerung. Die historischen Quellen beschreiben als typische Bestattungsform der Slawen bis zum Beginn der Christianisierung das Brandgrab. Dieses Merkmal wiesen auch die im Volksmund als „Wenden-Kirchhöfe" bezeichneten Gräberfelder auf, jedoch hatte Virchow eine Reihe dieser Friedhöfe auf Grund ihrer Keramikausstattung bereits der Lausitzer Kultur zuweisen können. Da ihm aus der Nachbarschaft slawischer Ansiedlungen darüber hinaus lediglich Körperbestattungen bekannt geworden waren, deren Beigaben ihm vorerst keine Anhaltspunkte für eine zeitliche und kulturelle Zuordnung boten, beschäftigte er sich nun näher mit diesen Befunden.

Virchow hoffte, der Frage der kulturellen bzw. ethnischen Zuordnung vor- und frühgeschichtlicher Körpergräber durch anthropologische Untersuchungen näher zu kommen. Im Rahmen seiner Forschungen an rezentem Skelettmaterial hatte er gemeinsam mit den Anthropologen Johannes Ranke und Julius Kollmann ein Messverfahren für die Untersuchung menschlicher Schädel entwickelt, bei dem zwischen brachycephalen (kurzköpfigen), mesocephalen (mittelköpfigen) und dolichocephalen (langköpfigen) Schädelformen unterschieden wurde. Es herrschte seinerzeit allgemein die Auffassung, dass die Bestimmung der Schädelform eine ethnische Zuordnung ermögliche. Dabei ging man davon aus, dass die Germanen der dolichocephalen und die Slawen der brachycephalen Gruppe angehörten. Im Zuge seiner Untersuchungen an prähistorischem Skelettmaterial stieß Virchow jedoch immer wieder bei zusammengehörigen Grabkomplexen auf ein breites Spektrum der Schädelformen und musste so die Möglichkeit einer ethnischen Zuordnung anhand anthropologischer Merkmale ausschließen.

Daraufhin wandte er sich erneut dem Studium der Grabbeigaben zu. Insbesondere aus einer Reihe von Körpergräbern in Brandenburg und östlicher gelegenen Regionen kannte Virchow einen bestimmten Typ von offenen Metallringen mit einem einfachen und einem eingerollten Ende, die in der Regel beim Kopf an den Schläfen lagen. Er hatte zwar eine slawische Zuordnung erwogen und auch vermutet, dass die Ringe an Leder- oder Stoffbändern befestigt waren, wagte aber noch kein endgültiges Urteil. Als der Prähistoriker Sophus Müller 1877 nachwies, dass sich diese Schmuckmode offenbar auf das historisch belegte slawische Siedlungsgebiet eingrenzen ließ und den Begriff des slawischen Schläfenrings einführte, schloss Virchow sich sofort dieser Meinung an und nutzte die Erkenntnis für seine weiteren Untersuchungen. Mit den slawischen Schläfenringen war ein wichtiges Kriterium für die Zuordnung der Gräber gefunden. 1878 berichtete Virchow vor der Deutschen Gesellschaft für Anthropologie, Ethnologie und Urgeschichte mit seinem Vortrag über *Die slavischen Funde in den östlichen Theilen von Deutschland* erstmals ausführlich über den Stand der Slawenforschung.

Forschungen im Kaukasus

Ausgangspunkt für die Beschäftigung mit kaukasischen Altertümern war für Virchow seine Russlandreise vom September 1881, während der er auch Ausgrabungen auf dem seit 1869 bekannten spätbronze- bis früheisenzeitlichen Körpergräberfeld von Koban (Nordossetien) unternahm, die vor allem zahlreiche bronzene Waffen und Schmucksachen erbrachten. In den Grabkammern aus großen Steinplatten lagen die Toten in Hockerstellung. Zu den typischen Beigaben zählen bei den Frauen Perlenketten, Tierkopfanhänger, Fibeln und Schmucknadeln, bei den Männern Gürtel mit massiven Bronzeschließen, Dolche, Äxte und ebenfalls Schmuckgegenstände wie Fibeln, Nadeln, Arm- und Fußringe. Der Fundort wurde namengebend für die so genannte Koban-Kultur (12.–4. Jh. v. Chr.), deren Verbreitungsgebiet im Nordwesten Ciskaukasiens liegt. Die Ergebnisse seiner intensiven Beschäftigung mit den vorgeschichtlichen Kulturen des Kaukasus legte Virchow u. a. 1883 mit seiner Publikation über *Das Gräberfeld von Koban* vor. Er diskutierte in diesem Zusammenhang auch die seinerzeit gängige These vom Kaukasus als Ursprungsort der Menschheit, die sein Interesse an den prähistorischen Kulturen des Kaukasus begründet hatte, die er jedoch im Ergebnis seiner Forschungen nicht bestätigt sah.

Auch über seine eigenen Ausgrabungen und Studien hinaus erwarb sich Virchow große Verdienste um die Erforschung der prähistorischen Kulturen des Kaukasus. So gewährte er seit 1881 dem in Tiflis ansässigen Lehrer und Amateurfoscher Friedrich Bayern, der sich als Erster intensiv prähistorischen

Forschungen im Kaukasus widmete, wissenschaftliche und finanzielle Unterstützung für seine Unternehmungen. Zwischen 1888 und 1891 untersuchte Waldemar Belck, der als Elektrochemiker bei den Siemens'schen Kupferbergwerken von Kalakent und Kedabeg (Aserbaidshan) tätig war, im Auftrag Virchows und mit Mitteln der Virchow-Stiftung verschiedene Gräberfelder in der Umgebung dieser Orte. Dank Virchows Initiative gelangten die Funde in die Prähistorische Abteilung des Museums für Völkerkunde der Königlichen Museen zu Berlin (heute Museum für Vor- und Frühgeschichte), wo sie zusammen mit den Grabbeigaben aus Koban und anderen, durch Virchows Vermittlung nach Berlin gelangten Kaukasusfunden zum Grundstock einer der bedeutendsten Sammlungen kaukasischer Altertümer außerhalb Russlands wurden.

Die Neandertalerfrage

Wegen seiner Haltung zum Problem des Neandertalers wird Virchow bis heute immer wieder scharf kritisiert. In dem östlich von Düsseldorf gelegenen Neandertal fanden 1856 mit dem Kalksteinabbau beschäftigte Arbeiter in einer kleinen Kalksteingrotte ein menschliches Schädeldach und einige Skelettknochen. Die Knochen wurden dem in der Nähe lebenden Naturforscher Johann Carl Fuhlrott übergeben, der die besondere Bedeutung dieses Fundes erkannte und den Anthropologen Hermann Schaaffhausen heranzog. Beide vermuteten auf Grund der ungewöhnlichen Merkmale der Skelettreste eine ausgestorbene Menschenform. Der Fund löste eine lebhafte Diskussion aus.

Nachdem Virchow bereits einige Jahre zuvor Gipsabgüsse des Neandertal-Schädels erhalten hatte, untersuchte er 1872 den gesamten Fund im Original. Noch im selben Jahr stellte er seine Ergebnisse der Öffentlichkeit vor. Er führte alle besonderen Merkmale am Neandertal-Skelett auf krankhafte Veränderungen zurück. Die Interpretation als Skelettreste einer ausgestorbenen Menschenform lehnte Virchow insbesondere auf Grund fehlender Parallelfunde ab. Virchows Beitrag von 1872 setzte einen vorläufigen Schlusspunkt in der Auseinandersetzung um den Neandertaler. Auch als 1886 in der Höhle von Spy in Belgien zwei menschliche Skelette entdeckt wurden, bei denen die gleichen anatomischen Merkmale wie beim Fund aus dem Neandertal auffielen, blieb Virchow bei seiner skeptischen Haltung, die auf Grund seiner Autorität entscheidend dazu beitrug, dass sich die Anerkennung des Neandertalers als ausgestorbene

Menschenform erst um die Jahrhundertwende allgemein durchsetzte. Die Neandertaler lebten im jüngeren Abschnitt des Eiszeitalters vor ungefähr 200.000 Jahren bis in die Zeit vor 40.000 Jahren als Jäger und Sammler. Bis heute sind über hundert Individuen bekannt geworden.

Schliemann – Troja – Ägypten

Virchows erste Begegnung mit Heinrich Schliemann geht auf seinen Aufsatz *Über Gesichtsurnen* zurück, der 1870 in der *Zeitschrift für Ethnologie* erschienen war. Die Arbeit widmet sich den in Pommern aufgefundenen Gesichtsurnen und stellt insbesondere unter Hinweis auf ägyptische und etrurische Parallelen die Frage nach der Herkunft dieses Keramiktyps, dem Schliemann auch bei seinen Ausgrabungen auf dem Hissarlik (Troja) begegnete. In seinem Nachruf auf Schliemann schrieb Virchow 1891: „Es war ein besonderer Glücksfall, daß ich um die gleiche Zeit die pommerellischen Gesichtsurnen zum Gegenstand einer Besprechung gemacht hatte, jener sonderbaren Thongefäße, denen eine gewisse Aehnlichkeit mit den trojanischen ‚Eulenurnen' zukommt. Eines Tages erschien Schliemann in meinem Hause, um sich mit mir über diese Angelegenheit zu verständigen. Das war der Anfang unserer Bekanntschaft, die seitdem zu einer innigen Freundschaft geworden ist." (*Die Nation*, 3. Januar 1891). Schliemann, der von der deutschen Gelehrtenwelt immer wieder belächelt und beschimpft wurde, hatte einen bedeutenden Vertreter der deutschen Wissenschaft für seine Sache gewonnen. Seit 1875 pflegte er mit Virchow einen intensiven fachlichen Austausch.

Als Schliemann 1876 Virchow zu seiner bevorstehenden Ausgrabung in Mykene einlud, musste dieser noch wegen anderweitiger Verpflichtungen bedauernd absagen. 1879 konnte er dann aber der Bitte Schliemanns folgen und einige Wochen an den Ausgrabungen auf dem Hissarlik (Troja) teilnehmen. Er untersuchte u. a. die so genannten Heroen-Tumuli in der Troas-Ebene, in denen Schliemann Bestattungen der Helden aus dem Trojanischen Krieg vermutete. Auf dem Hissarlik sammelte Virchow prähistorische Speisereste aus den großen Vorratsgefäßen. Besonders aber beschäftigte er sich mit der Landeskunde der Troas, um eine Grundlage für die Beurteilung der ortkundlichen Angaben in der homerischen Dichtung zu schaffen. Als Schliemann 1881 die Ergebnisse seiner ersten trojanischen Grabungskampagnen in seinem Werk *Ilios* präsentierte, lieferte Virchow dafür drei

Abhandlungen. In seinem Vorwort äußerte er die Überzeugung, dass Schliemann auf dem Hissarlik die historische Stätte von Troja gefunden habe und dass aus dem Schatzgräber Schliemann nun ein gelehrter Mann geworden sei.

Neben dem wissenschaftlichen Ertrag hatte Virchows Troja-Aufenthalt von 1879 für Berlin eine besondere Bedeutung. Entgegen früheren Plänen entschloss sich Schliemann, seine Trojanische Sammlung dem deutschen Volk zu schenken und sie zur ständigen Aufbewahrung nach Berlin zu geben. Für Virchow und Richard Schöne, den Generaldirektor der Königlichen Museen, war es nicht einfach, die Bedingungen, die Schliemann an die Schenkung geknüpft hatte, zu erfüllen. Nach längeren Verhandlungen nahm Kaiser Wilhelm I. im Januar 1881 die Schenkung für das Deutsche Reich an. Die Stadt Berlin dankte Schliemann mit der Verleihung der Ehrenbürgerschaft am 7. Juli 1881. Seit Februar 1882 war Schliemanns „Sammlung Trojanischer Altertümer" zunächst im Kunstgewerbemuseum (heute: Martin-Gropius-Bau) dem Publikum zugänglich; 1886 erfolgte der Umzug in das durch Virchows Initiative neu erbaute Völkerkundemuseum, das sich neben dem Martin-Gropius-Bau befand. Die durch Virchows Vermittlung nach Berlin gelangte „Schliemann-Sammlung" umfasste schließlich fast 12.000 Positionen, darunter 9.000 aus Troja. Vermindert um zahlreiche Kriegsverluste befindet sie sich heute im Museum für Vor- und Frühgeschichte der Staatlichen Museen zu Berlin. Die berühmtesten Funde, darunter der so genannte Schatz des Priamos, lagern noch immer als Kriegsbeute in Russland.

1888 begaben sich Virchow und Schliemann gemeinsam auf eine Reise durch Ägypten. Virchows Interesse galt insbesondere den anthropologischen Typen in den alten ägyptischen Bildwerken und in der lebenden Bevölkerung. Die Freunde besuchten gemeinsam die Felsentempel von Abu Simbel, die Felsengräber bei Assuan und die Bauten von Luxor. In Kairo durfte Virchow die berühmten Königsmumien untersuchen. Im Faijum besichtigten sie bei Hawara die Pyramiden und das große Gräberfeld aus griechisch-römischer Zeit. Die Studienreise fand ihren Niederschlag in zahlreichen Veröffentlichungen über Land und Leute im alten und neuen Ägypten, die ägyptische Steinzeit und die Mumienporträts der Gräber im Faijum.

Im Frühjahr 1890 reiste Virchow erneut in die Troas, um anlässlich der zweiten Troja-Konferenz im Streit mit Ernst Bötticher zu vermitteln, der Schliemann seit 1883 der Fehlinterpretation und Fälschung seiner Grabungsbefunde bezichtigte. Wenige Tage vor Schliemanns Tod am 26. Dezember 1890 besuchten die Freunde noch einmal gemeinsam die Trojanische Sammlung im Berliner Völkerkundemuseum.

Die prähistorische Virchow-Sammlung und das Museum für Vor- und Frühgeschichte

Als Sammler prähistorischer Altertümer trug Rudolf Virchow mehrere tausend Funde verschiedenster europäischer und außereuropäischer Kulturen von der Steinzeit bis zum Hochmittelalter zusammen, die von seinen eigenen Ausgrabungen und Exkursionen stammten oder aber als Geschenk von Kollegen und Heimatforschern, meist mit der Bitte um Begutachtung, nach Berlin gelangten. Hierzu zählen vor allem Keramikgefäße sowie Schmuck, Waffen und andere Gerätschaften aus Metall. Nach Virchows Tod im Jahre 1902 gelangte die Sammlung entsprechend seiner testamentarischen Verfügung in die Prähistorische Abteilung des Museums für Völkerkunde (heute Museum für Vor- und Frühgeschichte).

Abgesehen von der Übergabe seiner eigenen Sammlung gelangten durch Virchows Vermittlung zahlreiche weitere Fundkomplexe in die damalige Prähistorische Abteilung des Völkerkundemuseums, deren Erwähnung hier auf so bedeutende Bestände wie die Schliemann- und die Kaukasus-Sammlung beschränkt bleiben muss. Darüber hinaus stand dem Museum mit Virchow ein Förderer und engagierter Verfechter der Belange des Hauses zur Seite, der zum einen, u. a. als Mitglied der Sachverständigenkommission, seine wissenschaftliche Kompetenz einbrachte und auf der anderen Seite seine politischen Verbindungen für die Interessen des Museums einsetzte.

Im Rahmen der Sonderausstellung „Rudolf Virchow als Prähistoriker" aus Anlass der 750-Jahr-Feier Berlins konnte 1987 erstmals eine größere Auswahl von Funden aus der prähistorischen Virchow-Sammlung besichtigt werden. Heute sind zahlreiche „Virchow-Funde", darunter beispielsweise eine Auswahl von Grabbeigaben aus Zaborowo oder die Gesichtsurne aus Bohlschau, Teil der ständigen Ausstellung des Museums für Vor- und Frühgeschichte im Langhans-Bau des Schlosses Charlottenburg. Anlässlich des 100. Todestages von Rudolf Virchow wird im Herbst 2002 im neugestalteten Erdgeschoss des Museums der Rudolf-Virchow-Saal eingeweiht. Damit soll einmal mehr Virchows Rolle als größter Förderer und Mäzen des Museums für Vor- und Frühgeschichte gewürdigt werden.

**Die Autorin ist Kustodin am
Museum für Vor- und Frühgeschichte der
Staatlichen Museen zu Berlin.**

1. AUSGEWÄHLTE VERÖFFENTLICHUNGEN VIRCHOWS

Die Pfahlbauten im nördlichen Deutschland.
Zeitschrift für Ethnologie 1, 1869, S. 401–416

Ueber Gesichtsurnen. Zeitschrift für Ethnologie 2, 1870,
S. 73–86

Untersuchung des Neanderthal-Schädels. Zeitschrift für
Ethnologie, Verhandlungen 4, 1872, S. (157)–(165)

*Über Gräberfelder und Burgwälle der Nieder-Lausitz und
des überoderischen Gebietes.* Zeitschrift für Ethnologie,
Verhandlungen 4, 1872, S. (226)–(237)

Gräber von Zaborowo in Posen. Zeitschrift für Ethnologie,
Verhandlungen 5, 1873, S. (98)–(100)

Ausgrabungen bei Zaborowo. Zeitschrift für Ethnologie,
Verhandlungen 6, 1874, S. (217)–(224)

Vorwort zu: J. Lubbock, *Die vorgeschichtliche Zeit*, Jena 1874,
S. V–VIII

*Die slavischen Funde in den östlichen Theilen von
Deutschland.* Correspondenz-Blatt der deutschen Gesellschaft
für Anthropologie, Ethnologie und Urgeschichte 1878,
S. 128–137

Beiträge zur Landeskunde der Troas, Berlin 1879

Der Spreewald und die Lausitz. Zeitschrift für Ethnologie 12,
1880, S. 222–236

Kaukasische Prähistorie. Zeitschrift für Ethnologie,
Verhandlungen 13, 1881, S. (411)–(427)

Alttrojanische Gräber und Schädel. Abhandlungen der
Königlichen Akademie der Wissenschaften zu Berlin aus
dem Jahre 1882, Phys. Kl. Abh. II, Berlin 1883

Das Gräberfeld von Koban im Lande der Osseten, Kaukasus,
Berlin 1883

Vorhistorische Zeit Aegyptens. Zeitschrift für Ethnologie,
Verhandlungen 20, 1888, S. (344)–(393)

Anthropologie Aegyptens. Correspondenz-Blatt der deutschen
Gesellschaft für Anthropologie, Ethnologie und Urgeschichte
19, 1888, S. 105–112

Nordkaukasische Alterthümer. Zeitschrift für Ethnologie,
Verhandlungen 22, 1890, S. (417)–(466)

2. AUSGEWÄHLTE LITERATUR ÜBER VIRCHOW ALS
PRÄHISTORIKER

C. ANDREE, *Rudolf Virchow als Prähistoriker*, Bde. I–III Köln,
Wien 1976/1986

M. BERTRAM, *Rudolf Virchow als Prähistoriker*. Begleitheft zur
Ausstellung , Berlin 1987

J. HERRMANN/E. MAAß (HRSG.), *Die Korrespondenz zwischen
Heinrich Schliemann und Rudolf Virchow 1876–1890*,
Berlin 1990

A.LISSAUER, *Gedächtnisrede.* Zeitschrift für Ethnologie,
Verhandlungen 34, 1902, S. (318)–(330)

Josef Riederer
**Virchow als Mittler zwischen
Archäologie und Naturwissenschaften**
Rudolf Virchow und die Naturwissenschaften

Die Leistungen Rudolf Virchows, sein Wirken als
Mediziner, seine Aktivitäten als Prähistoriker, sein
Engagement als Politiker sind von der Forschung
gut erschlossen und in einer umfassenden Literatur
über Leben und Werk gründlich dokumentiert.
Virchows Beziehung zu den Naturwissenschaften
sind dagegen kaum untersucht, obwohl seine
Interessen und die gesamte Orientierung seiner
Arbeit in dieser Richtung sehr nachhaltige Konsequenzen für die medizinische Forschung und für
die Altertumsforschung gleichermaßen hatten.
Dieses Defizit in der Betrachtung von Virchows
Einbeziehung naturwissenschaftlicher Methoden
in seine Arbeit ist vielleicht in der Eigenständig-
keit der Leistungen begründet, die er selbst
in der Medizin, der Vorgeschichtsforschung und
der Politik erbrachte, während er naturwissenschaftliche Arbeiten nicht selbst ausführte oder
publizierte, sondern, den Nutzen der naturwissenschaftlichen Analyse für die Medizin und die
Vorgeschichtsforschung erkennend, Vertreter
verschiedener Fachrichtungen zu Rate zog, um
medizinische oder kulturgeschichtliche Fragen
aus verschiedenen Blickwinkeln betrachten und
lösen zu lassen. Virchow kommt somit die wichtige
Position eines Mittlers zwischen Fachrichtungen
unterschiedlicher Art zu, wohl erkennend, dass
das gemeinsame Gespräch und interdisziplinäres
Arbeiten zu vertieften Erkenntnissen und damit
zu einem Fortschritt der wissenschaftlichen Arbeit
und Forschung führen.

Es sind nicht die zahlreichen Vorträge Virchows über den
Stand, die Bedeutung, den Nutzen, die Wirkung
der Naturwissenschaften in der zweiten Hälfte
des 19. Jahrhunderts – 1861, bei der Errichtung
des Goethe-Denkmals in Berlin über *Goethe als
Naturforscher und in besonderer Beziehung auf
Schiller*, 1863 vor der Versammlung deutscher

Naturforscher und Ärzte in Stettin *Über den vermeintlichen Materialismus der heutigen Naturwissenschaft*, 1865, vor der 40. Versammlung deutscher Naturforscher und Ärzte in Hannover *Über die nationale Entwicklung und Bedeutung der Naturwissenschaften*, 1868 in Dresden bei der 42. Versammlung der Gesellschaft Deutscher Naturforscher und Ärzte *Über den naturwissenschaftlichen Unterricht*, 1871 in Rostock *Über die Aufgaben der Naturwissenschaften in dem neuen nationalen Leben Deutschlands*, und 1893 an der Friedrich-Wilhelms-Universität in Berlin die Rektoratsrede über *Die Gründung der Berliner Universität und der Übergang aus dem philosophischen in das naturwissenschaftliche Zeitalter* –, die seine starke Beziehung und seine Einschätzung der Naturwissenschaften als innovative Kraft zur Gewinnung neuer Erkenntnisse, zur Verbesserung existierender, oft verkrusteter Strukturen in der Medizin, wie auch in der kulturgeschichtlichen Forschung verdeutlichen, es sind auch nicht allein die Gründungen interdisziplinärer Gesellschaften zu dieser Zeit, an denen er beteiligt war und in denen er die Zusammenarbeit verschiedener Fachrichtungen anstoßen wollte, sondern es ist die eigene Auseinandersetzung mit naturwissenschaftlichen Arbeitsweisen und deren Nutzung für seine Arbeit, die Virchow eine besondere Stellung eines noch mehrere Fachgebiete überschauenden und zu einer wissenschaftlichen Synthese fähigen Forschers einräumen.

Wenn Virchow 1892 bei seiner ersten Rektoratsrede an der Friedrich-Wilhelms-Universität in Berlin für eine „ganz und gar auf dem Boden der Naturwissenschaften zu erbauende moderne Weltanschauung" plädiert, so mag diese Ansicht von der naturwissenschaftlich-technisch geprägten Zeit in der zweiten Hälfte des 19. Jahrhunderts mitbestimmt worden sein, von seinen Kontakten zu den hervorragenden Vertretern der auf dem Fortschritt der Naturwissenschaften aufbauenden neuen Industrie in der Preußischen Akademie der Wissenschaften, wie Werner von Siemens, der 1886 auf der Versammlung der Gesellschaft Deutscher Naturforscher und Ärzte in acht Thesen die Segnungen des „naturwissenschaftlichen Zeitalters" beschrieb – ihre tiefen Wurzeln hat die Auffassung Virchows vom Nutzen der Naturwissenschaften in seinen eigenen Lebenserfahrungen, nämlich im Einsatz naturwissenschaftlicher Denk- und Arbeitsweisen in der Medizin wie in der kulturgeschichtlichen Forschung als unabdingbarer

Grundvoraussetzung für die Gewinnung und Vertiefung fachlicher Erkenntnisse.

Zur Würdigung von Virchows Verhältnis zu den Naturwissenschaften, das hier nur am Beispiel seiner Interessen an der Vorgeschichtsforschung erläutert werden soll, ist es notwendig, erstens die Voraussetzungen zu betrachten, die Virchow zu den fachübergreifenden, sein gesamtes Schaffen kennzeichnenden Arbeiten befähigten, zweitens das Verhältnis von Natur- und Geisteswissenschaften zu seiner Zeit zu umreißen, um durch die Betrachtung dieses Umfelds seiner Leistung den rechten Platz in der Forschung seiner Zeit zuweisen zu können, und drittens schließlich auch die Wirkungen zu würdigen, die sein fortschrittlicher Ansatz zu wissenschaftlichem Arbeiten zur Folge hatten.

Die Voraussetzungen, die Virchow zu seiner vielseitigen und tiefgehenden Forschung befähigten, sind rasch beschrieben. Er erhielt eine erste Einführung in die Chemie im Schulunterricht, der damals sicher schon modern und fortgeschritten war. Dies belegen nicht zuletzt chemische Analysen an prähistorischen Bronzen, die Krug, ein Lehrer an der Realschule in Posen, ausgeführt hatte. In seiner Anmeldung zur Reifeprüfung in Köslin in Pommern nennt Virchow die Naturwissenschaften, Geschichte und Geographie als seine Lieblingsfächer.

Seine Ausbildung als Arzt erhielt Virchow am Königlich-Medizinisch-Chirurgischen Friedrich-Wilhelm-Institut, der mit der Bezeichnung Pépinière bedachten Preußischen Militärärztlichen Akademie, zu der eine gründliche und durch ein Tentamen philosoficum zu belegende Unterweisung in den naturwissenschaftlichen Fächern an der Universität gehörte. Die Vorlesungen in Chemie bei Mitscherlich, der zu den führenden Analytikern seiner Zeit zählte, haben sicher Virchows Verhältnis zu den naturwissenschaftlichen Arbeitsweisen mitgeprägt.

Bereits an der Militärärztlichen Akademie entwickelt Virchow seine von der traditionellen Meinung deutlich abweichende Vorstellung von den äußeren, analytisch nachweisbaren Kräften als Ursache von Krankheiten, die er am 3. Mai 1845 in einem Vortrag *Über das Bedürfnis und die Richtigkeit einer Medicin vom mechanistischen Standpunkt* bei der Jubiläumsfeier zu Ehren Goerckes, des Gründers der Militärärztlichen Akademie vorträgt und so überzeugend begründet, dass, so schreibt er, „die alten Militärärzte aus der Haut fahren wollten", deren Auffassung von Gesundheit und

Krankheit und von den Ansätzen einer Heilung damals noch ganz von den naturphilosophischen Vorstellungen einer über das körperliche Befinden entscheidenden vis vitalis geprägt waren.

Vielfach unterstreicht Virchow in den frühen Jahren seiner Tätigkeit als Mediziner seine Auffassung von der Notwendigkeit eines naturwissenschaftlichen Denk- und Wirkensansatzes, etwa im Vorwort zum ersten Heft des *Archivs für pathologische Anatomie und Physiologie und für klinische Medizin*, wo er schreibt: „Der Standpunkt, den wir einzuhalten gedenken und dessen weitere Motivierung sich in dem ersten Hefte vorfindet ist der einfach naturwissenschaftliche".

In dieser Zeit beschäftigt sich Virchow – und auch dieser Punkt mag seine Auffassung vom Nutzen der Beschäftigung mit den Naturwissenschaften mitbestimmt haben – intensiv mit den Werken Johann Wolfgang von Goethes, eines Juristen, der sich erfolgreich in der Politik betätigte, dennoch Zeit fand, sich der Dichtung zu widmen, dazu aber noch hervorragende Leistungen in den Naturwissenschaften, sowohl in der Physik zur Optik und Farbenlehre als auch zur Geologie und Mineralogie bis hin zur Stahlherstellung in Indien veröffentlichen konnte.

1849 wurde Virchow nach Würzburg auf den Lehrstuhl für Pathologie und Anatomie berufen, wo er den engen Kontakt mit seinen naturwissenschaftlichen Kollegen an der Universität, vor allem mit dem Chemiker Johann Joseph von Scherer, suchte. Am 2. Dezember 1849, also unmittelbar nach seinem Amtsantritt und seiner ersten Vorlesung, gründet er mit 23 Kollegen die „Physikalisch-Medicinische Gesellschaft", als deren Aufgaben die Förderung der gesamten Medizin und Naturwissenschaften und die Erforschung der naturhistorisch-medicinischen Verhältnisse von Franken festgelegt werden. Virchow wird zum ersten Sekretär der Gesellschaft gewählt und gibt zusammen mit dem Chemiker Scherer und dem Anatomen Rudolf Albert Kölliker die *Verhandlungen der Physikalisch-Medicinischen Gesellschaft* heraus. Wie nachhaltig die Gründung dieser Gesellschaft, die Medizin und Naturwissenschaften zu gemeinsamer Arbeit zusammenbringen sollte, war, zeigt unter anderem, dass Wilhelm Röntgen ein halbes Jahrhundert nach ihrer Gründung die Entdeckung der nach ihm benannten Strahlen vor dieser Gesellschaft vorträgt und auch in den Sitzungsberichten der Physikalisch-Medicinischen Gesellschaft publiziert.

Virchow blieb bis 1856 in Würzburg, ehe er wieder nach Berlin zurückberufen wurde, wo er sich mit seiner ganzen Schaffenskraft der Medizin widmet, sich gleichzeitig aus politischer Überzeugung ab 1859 als Stadtrat im Berliner Stadtparlament und ab 1861 als Vertreter der von ihm mitbegründeten Deutschen Fortschrittspartei im Preußischen Landtag um die Anliegen des Volkes kümmern wollte, was ihn in seinem Inneren eher bedrückte als ihm die Befriedigung verschaffte, die sein forschender Geist zu gewinnen bestrebt war.

Als Rudolf Virchow um 1865, in dieser ihn belastenden Phase als Politiker, in dem Jahr, als ihn Bismarck wegen seines aus ihm herausgebrochenen Unmuts über die politische Situation zum Duell forderte, begann, sich intensiver mit der frühen Geschichte seiner Heimat zu befassen und sie durch eigene Untersuchungen und Ausgrabungen zu erschließen suchte, baut er auf den so positiven Erfahrungen mit naturwissenschaftlichen Denkansätzen in der Medizin auf und setzt sie direkt in seine vorgeschichtlichen Forschungen um. Dabei reiht sich Virchow in eine Entwicklung der Einbeziehung naturwissenschaftlicher Untersuchungsverfahren in die archäologische Forschung ein, die gegen Ende des 18. Jahrhunderts einsetzt und bereits zu seiner Zeit einen Durchbruch als Methode der Altertumsforschung erfahren hatte.

Zur Wertung von Virchows Leistungen als Nutzer naturwissenschaftlicher Methoden in der Vorgeschichtsforschung ist es deshalb sinnvoll, den Stand der Zusammenarbeit von Archäologen und Naturwissenschaftlern in den Jahrzehnten vor Virchows Eintritt in die prähistorische Forschung zu betrachten.

Was die Chemie betrifft, so waren gegen Ende des 18. Jahrhunderts durch die Entdeckung der wichtigen Gesetze chemischer Reaktionen die Voraussetzungen für die Ausführung aussagekräftiger chemischer Analysen gegeben.

Ende des 18. Jahrhunderts setzt auch ein deutlich verstärktes historisches Interesse an der Geschichte Europas und des eigenen Vaterlandes ein. Zu dieser Zeit wurden die ersten wissenschaftlich orientierten Ausgrabungen durchgeführt, reiche archäologische Funde kamen in die europäischen Museen, die zu dieser Zeit gegründet wurden, an den Universitäten wurden die ersten archäologischen Lehrstühle eingerichtet. In diese Phase einer sich etablierenden modernen naturwissenschaftlichen und archäologischen Forschung kommt es zu einem intensiven Erfahrungsaustausch an neu gegründeten wissenschaftlichen Gesellschaften und an den Akademien.

Um die Situation dieses naturwissenschaftlichen Engagements in der Archäologie in Deutschland im 19. Jahrhundert darzustellen, sei nur auf die Arbeiten Martin Heinrich Klaproths (1743–1817) verwiesen, dessen Wirken die Zusammenarbeit von Archäologie und analytischer Chemie nachhaltig beeinflusste.

Klaproth, der von der Ausbildung her Pharmazeut war, wurde 1787 zum Professor der Chemie beim Königlichen Feldartilleriecorps und 1791 zum Professor der Chemie an der Königlichen Artillerie-Akademie ernannt, ehe er 1810 als ordentlicher Professor der Chemie an die neu gegründete Berliner Universität wechselte. Seit 1787 war Klaproth Mitglied der Akademie der Künste und seit 1788 Mitglied der Akademie der Wissenschaften. Dieser Kontakt mit den Vertretern der kulturgeschichtlichen Fachrichtungen in der Akademie der Künste war sicher ausschlaggebend für chemische Untersuchungen an archäologischen und kunstgeschichtlichen Objekten, mit denen er noch vor 1800 beginnt. Weiter war Klaproth auswärtiges Mitglied der Pariser Akademie, an der, ebenfalls noch vor 1800, über Materialanalysen an kulturgeschichtlichen Objekten vorgetragen wurde und in deren *Mémoires* er mehrere Arbeiten veröffentlichte:

• *Mémoire de numismatique docimastique.* Mém. Acad. Roy. Sci. et Belles Lettres 45 (1799), S. 97–119
• *Analyse chimique de la masse métallique d'un miroir antique.* Mém. Acad. Roy. Sci. et Belles Lettres 48 (1800), S. 14–22
• *Sur quelques vitrifications antiques.* Mém. Acad. Roy. Sci. et Belles Lettres 49 (1801), S. 3–6

Daran schließt sich eine große Zahl weiterer Mitteilungen von Analysen an archäologischen Objekte, die Klaproth im *Allgemeinen Journal für Chemie*, im *Journal für Chemie, Physik und Mineralogie* und in verschiedenen französischen Zeitschriften, etwa im *Journal des Mines* oder in den *Annales de Chimie* veröffentlicht. Zu Klaproths Schaffenszeit um 1800 waren vor es vor allem französische Chemiker, wie Dize, Ameilhon, Mongez, Chaptal, Darcet, und englische Chemiker, wie Thomson, Davy, Clarke, Smithson, John, ehe, an Klaproths Wirken anschließend, weitere deutsche Chemiker Materialanalysen an archäologischen Objekten publizierten (Riederer und Brandt 1978).

In diese Zeit einer bereits sehr intensiven und fruchtbaren Diskussion archäologischer Fragestellungen durch Naturwissenschaftler, deren Ausbildung und Interessen noch durch eine bemerkenswerte Breite nicht nur der naturwissenschaftlichen, sondern auch der geisteswissenschaftlichen Fächer gekennzeichnet war, wurde Virchow hineingeboren.

Ihm war bei der Bergung der Funde bewusst, dass sowohl die Menschen- und Tierknochen, die Überreste botanischer Natur, aber auch die vielfältigen Werkstoffe der Artefakte in einem besonderen Maß geeignet waren, das Leben der Vorzeit in allen seinen Nuancen zu charakterisieren. Vom Beginn seiner prähistorischen Aktivitäten an sucht er deshalb den Kontakt zu allen Richtungen der Naturwissenschaften mit dem Ziel, vertiefte Informationen über die materielle Natur der Dinge zu erhalten. Er begreift die Bedeutung und Aussagekraft der Materialanalyse für die kulturgeschichtliche Forschung in vollem Umfang, er nützt seine engen persönlichen Beziehungen zu Naturwissenschaftlern, bei denen er Analysen in Auftrag gibt oder sie zu eigenen prähistorischen Forschungen anregt, er rekonstruiert aus den Materialdaten und den Ergebnissen technologischer Untersuchungen das Leben des Menschen in der Vorzeit und regt durch zahlreiche Veröffentlichungen und Vorträge zu modernem archäologischen Forschen an. Ihm gelingt es, Archäologen und Naturwissenschaftler zum gemeinsamen, in unserem heutigen Sinne interdisziplinären Forschen anzuregen und anzuleiten, wodurch die Auseinandersetzung mit den Materialien und Techniken der frühen Kulturen effektiver betrieben wird als in unserer Zeit, in der die wissenschaftliche Arbeit der kulturgeschichtlichen und der naturwissenschaftlichen Fachrichtungen – weil man die gemeinsame Sprache verlernt hat – auf dem Gebiet der Altertumsforschung eher auseinander driften als sich begegnen.

Im Sommer 1865, als Virchow anfängt, sich für Pfahlbauten in Pommern zu interessieren, beginnt für ihn der Lebensabschnitt, der durch seine Interessen an der Vorgeschichtsforschung geprägt ist, Forschung, in die er von Anfang an naturwissenschaftliche Untersuchungsverfahren einbezieht. 1866, beim 1. Prähistorischen Kongreß in Paris, plädiert er für die Gründung einer neuen Wissenschaftsdisziplin, die alle der vorgeschichtlichen Forschung dienlichen Wissenschaften zusammenfassen soll, und nimmt damit den genau 100 Jahre später, in den sechziger Jahren des 20. Jahrhunderts erfolgten Durchbruch einer eigenständigen Fachrichtung

Archäometrie vorweg. Als Virchow 1869 die Berliner Gesellschaft für Anthropologie, Ethnologie und Urgeschichte (im folgenden: BGAEU) und 1870 die Deutsche Gesellschaft für Anthropologie, Ethnologie und Urgeschichte gründet, sieht er deren Aufgabe genau in dieser Richtung, in einer gemeinsamen Arbeit verschiedener Fachrichtungen zur Klärung der historischen Fragestellungen, und von Anfang an sind in dieser Gesellschaft Historiker und Naturwissenschaftler in enger Zusammenarbeit verbunden.

Ein von Beginn seiner prähistorischen Arbeiten an zentrales Thema der Bemühungen Virchows, archäologische Fragen mit Hilfe von Materialanalysen zu klären, sind die in Nordostdeutschland weit verbreiteten, durch die Einwirkung hoher Temperaturen verschlackten Erdwälle mittelalterlicher Befestigungen. Virchow berichtet 1870 über den Stand der Forschung in den Verhandlungen der BGAEU (*VBAG*), Bd. 2, S.257, dem im selben Band auf S. 461 ein Beitrag von Hauchecorne folgt, der chemische Analysen der Schlacken vorlegt, die als wichtige Argumente für die Diskussion der Entstehung solcher Wälle verwendet wurden und Anlaß zu vertieften Forschungen gaben, die zu sehr unterschiedlichen Erklärungsversuchen führten. 1880 wird zum Beispiel in den *VBAG*, Bd. 12, S. 290, über den Nachweis hoher Kaliumkonzentrationen im Bereich der Wälle berichtet, woraus auf eine Gewinnung von Pottasche geschlossen wurde; in Bereichen verschütteter Kalilauge durch die Hitze des Veraschungsvorganges eine Verschlackung des Erdreichs eingetreten sei. Virchow verweist mehrmals auf die Beiträge des Geologen Ernst Beyrich über Untersuchungen an Schlacken. Wie Geologen und Chemiker, wurden auch Botaniker bei der Diskussion um die Entstehung der Schlackenwälle zu Rate gezogen. So untersucht der Botaniker Alexander Braun die Abdrücke der Hölzer, die in dem verziegelten Erdreich noch erkennbar waren.

Ein zweiter Schwerpunkt der Zusammenarbeit Virchows mit Naturwissenschaftlern ergab sich bei der zu seiner Zeit sehr heftigen Diskussion um den Werkstoff Bronze im Zusammenhang mit ihr Bedeutung für die Klärung chronologischer Fragen. Virchow geht es, wie viele seiner Mitteilungen belegen, nicht nur um die Sammlung von Analysedaten, sondern um ihre Interpretation und ihre Nutzbarmachung für die Vorgeschichtsforschung. 1875 berichtet Virchow in den *VBAG*, Bd. 7, S. 107, über gerippte Bronzeeimer, wobei er feststellt:

„Die chemische Analyse ergab bei allen diesen Eimern außer Spuren von Eisen nur Kupfer und Zinn in den gewöhnlichen Verhältnissen der alten Bronzen und im Gegensatz zu einigen deutlich römischen Eimern, in denen Zink reichlich vertreten ist."

Ein Jahr später, 1876, ruft Virchow in einem Bericht über die Bronzezeit in den *VBAG*, Bd. 8, nachdrücklich zur Metallanalyse prähistorischen Bronzefunde auf: „Die neuesten Bestrebungen unserer Metallchemiker sind dahin gerichtet, die bis dahin sehr unvollkommenen und unsicheren Analysen zu vervollständigen. Die besondere Richtung, die in letzter Zeit hervorgetreten ist, die Nebensubstanzen, namentlich Arsenik, Schwefel, Nickel, Wismut, Kobalt zu bestimmen, hat bis jetzt so große Schwierigkeiten geboten, dass Hr. Prof. Rammelsberg, eine gewiss kompetente Autorität auf diesem Gebiet, jetzt besondere Vorarbeiten hat machen lassen, um bessere Methoden für die Analyse zu finden. Er hat mir das Versprechen gegeben, im nächsten Winter an die weitere Erforschung der antiken Metallchemie im eigentlich konstruktiven Sinne zu gehen." Rammelsberg wurde dann auch sehr intensiv für Metallanalysen in Anspruch genommen, wobei sich das Interessengebiet jetzt global erweiterte, weil es nicht mehr um die Verhältnisse in der engeren Heimat Nordostdeutschlands ging, sondern die weltweiten Zusammenhänge der Entwicklung der vorgeschichtlichen Metalltechnik erforscht werden sollten. Jagor, so berichten die *VBAG* 1877 im Bd. 9, S. 206, übergibt eine Mitteilung von Analysen von Bronzen, ausgegraben im Nilgiri-Gebirge und im Coimbatore-Distrikt, Süd-Indien, die von Rammelsberg ausgeführt worden waren.

Zu den großen Wissenschaftlern von Virchows Zeit gehört auch der Freiherr von Ledebur, der 1870 in einem Bericht in den *VBAG*, Bd. 2, S.166, über die meißelartigen Bronzewerkzeuge der vaterländischen Alterthumskunde nicht nur die Metallanalysen präsentiert, sondern aus dem Analysenbefund, aus Beobachtungen an den Objekten und der Untersuchung von Gussformen Informationen über die unterschiedlichen Gusstechniken in verlorenen, zwei- und mehrschaligen Formen ableitet.

Aufschlussreich sind auch Virchows Kommentare zu den 1875 in den *VBAG*, Bd. 7, S.197 mitgeteilten Bronzeanalysen Salkowskis, da er sie zur Bestimmung von Alter und Herkunft der Funde zu interpretieren versucht. Er schreibt zum Beispiel zum Vergleich von Analysendaten von zwei Objekten unterschiedlicher Herkunft: „So groß die Entfernung beider Orte ist, so könnte man fast an die selbe Bezugsquelle denken." Oder: „Die genannte Ampel hat einen bestimmbaren Nickelgehalt ergeben. Dieser Befund stimmt mit der archäologischen Beziehung dieses Stücks zu Hallstatt-Bronzen überein. Offenbar ist das Nickel in den originären Erzen enthalten gewesen."

In diesem Band 7, S. 247, von 1875 teilt Virchow weitere Bronzeanalysen mit, die sein Sohn Carl im Laboratorium des Herrn Bunsen in Heidelberg an märkischen und Posener Funden ausgeführt hatte. Weiter berichtet Liebreich im Band 7, S. 246 über die Ursachen der besonderen Farbe einer stahlgrauen Bronze. Zu den Posener Bronzen erscheinen 1877 in den *VBAG*, Bd. 9, S. 361, weitere Analysen, die Krug, ein Lehrer an der Realschule in Posen, ausgeführt hatte. Materialanalysen gibt es auch zur frühen Eisenverhüttung in der Art der 1882 in den *VBAG*, Bd. 14, S. 1, veröffentlichten Untersuchungsergebnisse von F. von Alten, der über Eisenschmelzstätten im Herzogthum Oldenburg berichtet.

Naturwissenschaftliche Analysen spielten auch bei der damals heftig diskutierten Frage nach der Ursache der Schwarzfärbung von Keramiken – entweder durch Ruß oder durch Graphit – eine wichtige Rolle. Als Sarnow 1880, wie in den *VBAG*, Bd. 12, S. 171, mitgeteilt wird, über den Graphitgehalt von Stradonicer Topfscherben berichtet, spricht Virchow „seine Freude darüber aus, dass nun endlich der lange Streit über den Graphitgehalt der prähistorischen Töpfe sein Ende erreichen werde." Auch hier war das Ziel der Untersuchung die Klärung einer archäologischen Fragestellung und nicht allein die Mitteilung eines analytischen Befundes.

Auch im Bereich der Steinobjekte gibt es Materialanalysen, worüber Fischer 1875, Bd. 7, S. 71, in den *VBAG* einen Bericht über die mineralogische Untersuchung von Steinwaffen, Stein-Idolen usw. vorlegt, der Anleitungen zum Bestimmen der Steinarten von Ausgrabungsfunden enthält, wobei er sehr intensiv auf das Problem der Probenentnahme eingeht, die für Materialanalysen, etwa der Dünnschliffuntersuchung von Steinobjekten, gebraucht werden. Weiter wird das Problem der Herkunft von Jade diskutiert, wozu sich unter anderen Azruni in den *VBAG* äußert.

Schließlich zeichnet sich auch auf dem Gebiet der organischen Analytik ein beachtlicher Gewinn an Wissen ab. Heinzel teilt 1880 in den *VBAG*, Bd. 12, S. 375, seine Befunde der Untersuchungen an sogenannten Urnenharzen und den dabei erbrachten Nachweis von Birkenrindenpech mit und erwähnt die erfolgreiche Extraktion von Fett aus Keramikgefäßen, wodurch ein Rückschluß auf deren Nutzung möglich wird.

Auch die Frage der Herkunft von Bernstein war zu dieser Zeit bereits ein zentrales Thema. Otto Helm berichtet 1881 in den *VBAG*, Bd. 13, S. 55 über die chemische Beschaffenheit verschiedener Bernsteinarten, wobei er in der Lage ist, Bernsteine verschiedener Herkunft durch die Bestimmung der Bernsteinsäure und des Sauerstoffgehaltes zu unterscheiden. Ostseebernstein enthält zum Beispiel 3–8%, der sizilianische Bernstein nur 0.4% Bernsteinsäure. Als Sauerstoffgehalt des Ostseebernsteins wurden 10.52%, des sizilianischen Bernsteins 20.76% gemessen. Virchow stellt dazu fest, dass Helms Arbeiten ein Ansatz zur Lösung der Frage des Bernsteinhandels sind.

Auch bei seinen Reisen in die Türkei, nach Ägypten und in den Vorderen Orient lässt Virchow keine Gelegenheit aus, für chemische Analysen an Grabungsfunden zu plädieren, und belegt seine Auffassung durch Untersuchungen an Materialien, die sein Interesse erweckten, etwa an den in Ägypten gefundenen Augenschminken, die er analysieren lässt.

Um die Nachhaltigkeit von Virchows Schaffen begreifen zu können, müssen wir auch darüber nachdenken, welche in die Zukunft wirkenden Anstöße er gegeben hat. Dies lässt sich am Beispiel seiner Kontakte zu Otto Olshausen zeigen.

Olshausen wurde 1840 in Kiel geboren. Nach dem Abitur in Königsberg studierte er in Berlin, Heidelberg und Göttingen Chemie. 1868 promovierte er bei Bunsen in Heidelberg, also an dem Institut, an dem Virchows Sohn Carl als Chemiker für seinen Vater prähistorische Bronzen analysierte. Von 1867 war Olshausen als erfolgreicher Chemiker in der Farbenindustrie tätig, was ihm ein beträchtliches Vermögen einbrachte. Im Sommer 1880 verbringt Olshausen seinen Urlaub auf Amrum, wo sich in seinem Leben eine bemerkenswert direkte Parallele zu Virchows Leben ergibt, die diese beiden in ihrem Schicksal so verwandten Menschen wenig später zwangsläufig zusammenführen muß. Denn auch Olshausen wendet sich nach einer beruflich erfolgreichen, schaffensfrohen ersten Lebensphase der Vorgeschichtsforschung zu, in der er als Chemiker mit interdisziplinärem Forschungsansatz einen entscheidenden Beitrag zum Fortschritt der wissenschaftlichen Arbeit leistet, die ihre Nachwirkungen bis in unsere Zeit hat. Am 15. Januar 1881 tritt Olshausen mit der Mitgliedsnummer 610 in die BGAEU ein. Von dieser Zeit an bis zum Tode Virchows besteht ein enger fachlicher Kontakt zwischen Virchow und Olshausen, da beide das gemeinsame Interesse an der Erforschung der frühen Bronzetechnlogie verbindet.

In seinem Urlaub im Jahre 1880 beginnt Olshausen mit der Untersuchung latènezeitlicher Grabhügel, die er bis 1888 fortsetzt, wobei er 1882 einen solchen Hügel, der abgetragen werden sollte, kauft, um ihn für die wissenschaftliche Erschliessung zu bewahren. Als Olshausen sich eingehender mit der Herkunft und der Verwendung des Zinns in der Bronzezeit befasst, worüber er 1883 berichtet ist, ihm Virchow bei der Literaturbeschaffung behilflich. Beide beschäftigen sich intensiv mit den bronzezeitlichen Beil- und Axtformen, worüber Olshausen mehrfach (1885, 1887, 1894) berichtet, während Virchow zur gleichen Zeit dieses Thema in den *VBAG* behandelt. Nach der Tagung der Deutschen Anthropologischen Gesellschaft in Lindau 1899 machen Virchow, Olshausen und Helm gemeinsam einen Ausflug in die Schweiz. Für seine Verdienste um die Vorgeschichtsforschung im Sinne Virchows als eine die verschiedensten Fachrichtungen umfassende Wissenschaft erhielt Olshausen 1915 die Rudolf-Virchow-Plakette. Wie Virchow war Olshausen bemüht, archäologische Fragestellungen mit den Methoden der naturwissenschaftlichen Analytik zu lösen.

Olshausen wurde als sachkundiger Chemiker oft von den Berliner Museen zu Rate gezogen, wenn es um Materialanalysen und Fragen der Erhaltung von Ausgrabungsfunden ging. Der Direktor der Ägyptischen Abteilung der Königlichen Museen, Prof. Erman, wandte sich an Olshausen, als Kalksteinblöcke aus Ägypten, die wegen ihrer Hieroglypheninschriften eine besondere Bedeutung hatten, zerfielen und unrettbar verloren schienen. Olshausen erkannte die Kristallisation hygroskopischer Salze als Ursache des Zerfalls und empfahl ein Auslaugen der Salze mit Wasser. Ermann, dem klar war, dass es chemische Prozesse sind, die zum Zerfall von Boden führen und dass chemische Verfahren zu ihrer Erhaltung notwendig sind, veranlasste den Generaldirektor der Museen, R. Schöne, eine Kommission unter Leitung von Prof. Finkener von der Königlichen Bergakademie einzuberufen, die Olshausens Befunde bestätigte

und sich nachdrücklich für die Anstellung eines Chemikers bei den Museen einsetzte. Olshausen formulierte in einem Brief an den Generaldirektor Schöne noch einmal die dringende Notwendigkeit der Einrichtung eines Labors bei den Königlichen Museen, und Schöne schreibt dazu: „Bei der hervorragenden Bedeutung und dem großen Wert, welche eine größere Zahl der notwendigerweise einem Konservierungsverfahren zu unterwerfenden Altertümer besitzen, muß ich einen besonderen Wert darauf legen, für diese Arbeiten einen begabten, wissenschaftlich und persönlich durchaus zuverlässigen Chemiker zu gewinnen."

Noch im selben Jahr, am 1. April 1888, wurde Friedrich Rathgen als Direktor des neu eingerichteten „Chemischen Laboratoriums der Königlichen Museen" berufen, dessen Arbeit heute vom Rathgen-Forschungslabor der Staatlichen Museen zu Berlin, auf seiner langen Tradition aufbauend, im Sinne Virchows und Olshausens zur Unterstützung der historischen Forschung bei der wissenschaftlichen Erschließung und der Erhaltung kulturgeschichtlicher Objekte fortgesetzt wird.

Der Autor ist Leiter des Rathgen-Forschungslabors bei den Staatlichen Museen zu Berlin.

LITERATUR

H. OTTO, *Das chemische Laboratorium der Königlichen Museen in Berlin.*
Berliner Beiträge zur Archäometrie 4 (1979), 304 Seiten

J.RIEDERER, *Friedrich Rathgen.*
Berliner Beiträge zur Archäometrie 1 (1976), S. 3–12

J.RIEDERER UND A.CH.BRANDT, *Die Anfänge der Archäometrie-Literatur im 18. und 19. Jahrhundert.*
Berliner Beiträge zur Archäometrie 3 (1978), S. 161–173

J.RIEDERER, *Röntgenfotografie im Dienst der kulturgeschichtlichen Forschung.*
Rundbrief Fotografie N.F. 14, 4, No.2 (1997) S. 31–36

Laurenz Demps
Berlin und Rudolf Virchow

Das Berliner Adressbuch des Jahres 1859 verzeichnet für das repräsentative Wohnhaus Leipziger Platz 13 als Bewohner: „Virchow, R., Dr., Professor und dirigierender Arzt an der Charité; Leipziger Platz 13. 3–4." Es war wirklich Rudolf Virchow, der am Leipziger Platz wohnte. Die Lebensdaten und -umstände Virchows, seine Verdienste um die Hygenie und Verbesserung der Lebensverhältnisse in Berlin verzeichnet jedes gute Lexikon. Das uns heute unverständliche „3–4" weist auf etwas Weiteres hin. Virchow war 1859 zum Stadtverordneten von Berlin gewählt worden.

Karl Marx fragte deshalb in einem Zeitungsartikel an, warum sich ein so bedeutender Geist mit so einer unbedeutenden Aufgabe begnüge, ja sich gerade nach ihr gedrängt habe. Die Antwort war in der Zeit einfach, heute schwer verständlich. Der Name Rudolf Virchow steht – neben seinen großen Verdiensten um die Wissenschaft – für Berlin vor allem für die Entwicklung des Bürgersinns, für das Erwecken des sozialen und kommunalen Engagements für seine Heimatstadt in breiten Kreisen der „Besserverdienenden". Man kannte ein derartiges Vorgehen bis dahin nicht, es war durch Jahrhunderte den Bürgern ausgetrieben worden; in der Residenz überließ man alles dem König und seinen Behörden. Nun trat Virchow als Stadtverordneter für das bürgerliche Engagement ein und weckte es mit anderen Persönlichkeiten. Und so erklärt sich die „3–4", denn das war die Angabe der Sprechstunde für seine Wähler, die er – trotz aller Belastungen – sehr ernst nahm.

Eine weitere Vorbemerkung scheint nötig. Die alte Sehnsucht der Berliner, in einer Weltstadt zu wohnen, war in ihren Anfängen eine Utopie, wurde im Laufe der Jahrzehnte zur Realität und ist seit dem Zweiten Weltkrieg erneut eine Utopie. Der urbane Superlativ „Weltstadt", der nichts anderes als eine der größten und wichtigsten Städte der Welt umschreibt, beherrschte die Wunschvorstellungen der Berlin-Enthusiasten schon seit mindestens 1830. Faktisch war Berlin im Jahr 1830 nur an Fläche und Häuserzahl die erste Stadt im deutschen Sprachraum, an Einwohnern stand es Wien nach, in ganz Europa gab es damals sogar neun Städte, die größer waren. Wenn Berlin in der Folgezeit auch niemals die größte oder gar, verwegener Wunsch, die schönste Stadt der Welt geworden ist, so konnten die Berliner doch immerhin erreichen, dass ihre Stadt ab ca. 1880 für einige Jahrzehnte zur drittgrößten und in vielerlei Hinsicht auch eine der bedeutendsten Städte der Welt wurde. Dabei waren auch schon in den 1830er Jahren die Rollen zwischen den europäischen Metropolen klar verteilt: „Berlin bleibt schön trotz Petersburg und Wien", hieß es etwas trotzig, mit der bis auf den heutigen Tag aktuellen Begründung: „Und spiegelt Prag der Vorzeit mächtig Leben / Berlin gibt Kunde von der Mitwelt regem Streben."

Die erste ausdrückliche Bezeichnung Berlins als „Weltstadt" findet sich in einem Aufsatz des Dramatikers und Journalisten Karl Gutzkow aus dem Jahr 1844. Gutzkow erwartete um 1844 von der zukünftigen „Weltstadt" Berlin „den Durchbruch aller Vorurteile und Gewohnheiten". Zwei Jahre später, 1846, beschrieb J. Heinrich Bettziech unter seinem Pseudonym „Beta" die Stadt Berlin folgendermaßen: „Diese geist- und staubreiche Hauptstadt Preußens und der Intelligenz, diese moderne Weltstadt der Zukunft, dieses Berlin hat als […] Lieblingskind der neueren und neuesten deutschen Cultur und Civilisation eigentlich keine Geschichte. Es ist zwar schon ziemlich alt, aber das alte Berlin ist nur die Puppe, aus welcher der buntscheckige Schmetterling der gegenwärtigen, zukunftsreichen Weltstadt […] keck und kräftig hervorkroch." Die neueste Epoche habe, so Bettziech weiter, mit dem 31. Mai 1840, der Grundsteinlegung für das Denkmal Friedrich des Großen begonnen, seitdem seien gewaltige Bauvolumen realisiert worden, und die Eisenbahnen hätten die wichtigsten Städte und Häfen Mitteleuropa „auf ein Sechstel der Entfernung an den staubigen Busen Berlins gezogen."

Es bleibt die Frage: Wie wird eine Stadt Weltstadt und welche Rolle haben dabei ihre Bewohner zu spielen? Auf die erste Frage gibt es nur eine Antwort. Nicht ihre Besucher und die „Events", die sich in ihr abspielen, begründen diesen Mutationsprozess, sondern die Lebensqualität, die stadthygienischen und stadttechnischen Lösungen, die eine Kommune anbietet, schaffen die Grundlagen für diese

Wandlung. Das ist nach dem Programm dieser Vortragsreihe ausreichend behandelt. Ich möchte mich dem zweiten Punkt zuwenden.

Bei der Beschreibung der Probleme, die in einer Großstadt auftreten können, stellt sich natürlich zuerst die Frage, was unter einer Großstadt zu verstehen ist. Die Zählung der Städte erfolgte nach dem statistischen Stadtbegriff, wie er auf dem Internationalen Statistischen Kongress von 1860 formuliert und in Preußen erstmals für den Zensus von 1867 angewendet wurde. Diesem statistischen Stadtbegriff zufolge galten alle Gemeinden mit mehr als 2.000 Einwohnern als Stadt. In der Reichsstatistik wurde seit 1871 eine weitere Unterteilung in Landstädte (2.000–5.000 Einwohner), Kleinstädte (5.000–20.000 Einwohner) und Mittelstädte (20.000–100.000 Einwohner) vorgenommen. Die Kategorie der Großstadt als Stadt mit mehr als 100.000 Einwohnern wurde erst auf dem Internationalen Statistischen Kongress von 1887 festgelegt. Die absolute Zahl der Einwohner muss in Verbindung gebracht werden mit der Fläche, die das Stadtgebiet umfasst. Von Großstadt in unserem Sinne sprechen wir, wenn eine große Zahl von Menschen auf engstem Raum zusammenlebt. So lässt sich also auch Berlin bereits zu Beginn des 19. Jahrhunderts als Großstadt charakterisieren.

Bedingt durch das Leben von immer mehr Menschen auf gleichbleibender Fläche entstanden natürlich auch Probleme, die es vorher so nicht gab. Die Häuser wuchsen höher und höher, der Verbrauch an Wasser, Lebensmitteln, Brennstoffen und Konsumartikeln stieg stetig, und die Entsorgung der Abwässer, der Asche und des Mülls nahm nie gekannte Dimensionen an. Dazu kamen verwaltungstechnische Probleme wie Steuereinziehung oder die Sorge um die Gesundheit der Stadtbevölkerung, die Steuerung des Verkehrsflusses und die Reinigung der Verkehrswege oder die Festlegung einer Bauordnung, die auch die Belange des Brandschutzes und der Brandbekämpfung einschloss. Auch die wachsende Kriminalität und das Bedürfnis nach kulturellen Veranstaltungen gehörten dazu. Bedingt durch die historische Entwicklung, die Bevölkerungsdichte der Region und die politische Stellung zeigte Berlin Besonderheiten, auf die angesichts einer anhaltenden Verklärung der Vergangenheit immer wieder hingewiesen werden muss. Die besondere politische Situation spiegelte sich in der Umwandlung einer mittelalterlichen Bürgerstadt zur Residenzstadt wider, die sich angesichts der neuen Probleme des 19. Jahrhunderts zu einer selbständigen Kommune entwickeln musste. Dies ging nur mit Hilfe des Engagements ihrer Bürger. Als Beispiel sei auf die Tatsache verwiesen, dass erst 1875 die letzten Straßen und alle Brücken Berlins aus königlichem in städtischen Besitz übergingen. Bis dahin gab es keine städtische Planung; diese musste von den königlichen Behörden ausgehen, und nicht immer fanden städtische Belange Berücksichtigung. Die schwache politische Rolle des Berliner Magistrats fand ihren Ausdruck in der überragenden Macht des Polizeipräsidenten. Infolge der reaktionären Politik nach der Revolution von 1848 wurde das Polizeipräsidium zur größten und mächtigsten Behörde Berlins. Der Polizeipräsident war direkt und allein dem Königshaus rechenschaftspflichtig.

Unter diesen schwierigen politischen Bedingungen wuchs die Einwohnerzahl Berlins bis Mitte des 19. Jahrhunderts allmählich. 1860 lebten etwa eine halbe Million Menschen in der Stadt. Von da an nahm die Bevölkerung aber immer rascher zu. Spätestens mit der Reichsgründung 1871 und der damit verbundenen Ansiedlung von Reichsbehörden in Berlin erlebte die Stadt eine Bevölkerungsexplosion und wurde 1877 gar Millionenstadt. Dies alles bei – seit 1841 – nahezu unveränderten Weichbildgrenzen. In gleichem Maße wurden die Berliner Vororte von dem Bevölkerungswachstum erfasst.

In der Innenstadt nahm die Zahl der Verwaltungsgebäude zu, der Wohnraum verknappte sich. Gleichzeitig wurde die Großindustrie an die Peripherie der Stadt verlegt, weil dort noch freie Flächen zur Verfügung standen. Die sozial schwächere Bevölkerung zog den Großbetrieben hinterher oder wich vor dem Mietpreisdruckdruck in die östlichen Vororte aus. Die Bürger, die über ein gehobenes Einkommen verfügten, kehrten ebenfalls der Stadt den Rücken und zogen in Vorstädte und Vororte wie Charlottenburg oder Wilmersdorf. Die Folge solcher Ungleichheiten waren nicht nur Verkehrsprobleme, sondern auch Steuerungerechtigkeit und verschiedenartige Belastungen der Städte. Während es in verschiedenen Staaten des Deutschen Reiches schon früher zu verstärkten Eingemeindungen gekommen war, z. B. in Sachsen, war das bei Berlin in der beschriebenen Zeit nur in geringem Maße der Fall.

Berlin hatte schon über 600.000 Einwohner, als 1865 die erste Pferdeeisenbahn eröffnet wurde. Die sogenannte „Professorenbahn" verband die Straße

Unter den Linden mit der Stadt Charlottenburg.
Bis zur Eröffnung der ersten elektrischen Straßenbahn sollten nochmals 35 Jahre vergehen.
Bis dahin hatte sich ein enges Netz von Pferde-
eisenbahnen entwickelt.
Obwohl die eigentliche Urbanisierung erst nach der
Reichsgründung 1871 einsetzte, vollzogen sich
doch bereits seit 1815 eine Reihe von Wandlungen,
vor allem institutionelle Veränderungen wie die
Neuorganisation der kommunalen Selbstverwaltung, die als Voraussetzung für die spätere
Entwicklung dienten und sich seit etwa 1840
parallel zur Industrialisierung in Richtung Urbanisierung verstärkten. Die Forschung dabei geht
von einer Unterteilung in eine Übergangs- bzw.
Anlaufphase (1815–1840) sowie eine Durch-
bruchsphase (1840–1871) aus.
Auch für Berlin lässt sich diese Zeit als Hochphase der
Urbanisierung festmachen, da auch hier sich die
Einwohnerzahl bis 1913 mit 2.082.111 Einwohnern
nochmals mehr als verdoppelt. Das komplexe
Phänomen der Urbanisierung ist jedoch nicht
mit der bloßen Erörterung quantitativer Verschie-
bungen der Bevölkerung zu erfassen, es muss
vielmehr als ein Teilprozess der Modernisierung
begriffen werden, als ein Prozess von Veränderungen sowohl im ökonomischen als auch sozialen
wie politischen Bereich. Die starke räumliche
Verdichtung der Bevölkerung führte gemeinsam
mit einer Reihe anderer miteinander verbundener
Prozesse wie der allgemeinen Mobilisierung vieler
gesellschaftlicher Bereiche, der sich verstärkenden
sozialen Polarisierung, der zunehmenden Bürokratisierung, Verrechtlichung, Partizipation,
Alphabetisierung und Ausdehnung der Massen-
kommunikationsmittel etc. zu einer neuartigen
städtischen Lebensform, die über die Städte hinaus
auf die soziokulturelle Verfassung der gesamten
Gesellschaft wirkte.
Der sich innerhalb weniger Jahrzehnte vollziehende
Urbanisierungsprozess stellte die Stadtverwal-
tungen vor erhebliche ökonomische, technische,
soziale sowie gesundheitspolitische Probleme und
Aufgaben. Bedingt durch die erhöhte Wohndichte,
die starke Konzentration von Industrie- und
Gewerbebetrieben innerhalb der Stadt, wie auch
durch das häufige Fehlen moderner öffentlicher
Versorgungseinrichtungen, herrschten in den meisten Städten hygienische Missstände, die enorme
gesundheitliche Risiken in sich bargen. Alarmiert
wurde die Öffentlichkeit damals vor allem durch
die kontinuierliche Wiederkehr von Pocken-,

Ruhr- und Typhusepidemien, besonders aber
durch die in Europa während des 19. Jahrhunderts
immer wieder auftauchende asiatische Cholera.
Auch in Berlin hatte man bereits in der ersten Hälfte
des 19. Jahrhunderts begonnen, sich erstmals
zusammenhängend mit hygienischen Fragen
auseinander zu setzen. Eine zur Bekämpfung
der Cholera eingesetzte Kommission untersuchte
verschiedene, nach zeitgenössischer Meinung an
der Ausbreitung der Epidemie beteiligte Fakten,
wobei man anfangs vor allem klimatische Einflüsse sowie die Frage der Ernährung ins Auge
fasste. Erst später begann man sich u. a. mit der
mangelnden Trinkwasserversorgung und dem
Fehlen einer Kanalisation als möglichen hygienischen Risiken auseinander zu setzen. Gerade
dieses Fehlen wichtiger öffentlicher Versorgungseinrichtungen bis in die 1870er Jahre hinein
verdeutlicht in eklatanter Weise den provinziellen
Charakter, den Berlin in dieser Zeit noch hatte.
Erst allmählich entwickelte sich in der Stadtverwaltung ein Bewusstsein für die neue Problematik.
Durch den Urbanisierungsprozess verlor auch das Berliner
Umland zunehmend seinen landwirtschaftlichen
Charakter, so dass bei der Zufuhr der Lebensmittel
auf immer entfernter gelegene Gebiete zurückge-
griffen werden musste. Das führte zu einem grundlegenden Strukturwandel des Lebensmittelhandels.
Immer größere Mengen an Lebensmitteln mussten
möglichst schnell und preisgünstig aus den Gebieten mit hohen Agrarüberschüssen in die Stadt
transportiert werden, wofür seit der Mitte des
19. Jahrhunderts die Eisenbahn neben dem
traditionellen Schiffstransport immer mehr
an Bedeutung gewann. Durch das sich rasch
entwickelnde Schienennetz stand man so mit
den entlegensten Regionen in Verbindung und
konnte die Waren einer durch Rationalisierung
und Mechanisierung der Landwirtschaft ebenfalls
stark zunehmenden Agrarproduktion für die
Versorgung der Stadt nutzen.
Inwieweit hielt das öffentliche Bewusstsein mit diesem
rasanten Wachstum Schritt, ab wann hatte man
verstanden, was eine Millionenmetropole ist, wie
man sie einrichtet und organisiert? Das ist der
Punkt, an dem auf die Person Rudolf Virchows
zurückzukommen ist, der 1856 wieder nach Berlin
berufen wurde, sich in die kommunalen Verhältnisse einarbeitete und ab 1859 als Stadtverordneter die Geschicke der Stadt mitbestimmte. Von
vielen Seiten her wäre eine Behandlung möglich,
geeignet wären etwa die zentralen Bereiche

Wohnraum, Wohnungsbau oder Verkehr und Verkehrswege. Das herausragende und oft behandelte Beispiel basiert auf einem nicht minder wesentlichen Bereich, nämlich dem der Abwasserentsorgung im Allgemeinen und der Abwasserreinigung (Verrieselung) im Speziellen.

Es gab eine Vielzahl von Vorschlägen, doch erst gegen Ende des 19. Jahrhunderts fand sich ein gangbarer Weg. Dieser Weg ist eng verknüpft mit Rudolf Virchow. Was war Virchows Beitrag zum Thema Stadtentwässerung? Brachte er wesentliche, neue Ansätze ein, und wenn ja, welche?

Die Probleme der Großstadt entstehen zumeist direkt oder indirekt aus dem Phänomen der Masse. Genauer aus einer Masse Menschen, die sich auf engem Raum zusammenballt. Das Problem „Abwässer" gehört in den Bereich der direkten Folgeprobleme, denn die Menschenmassen bringen Kloakemassen mit sich, die auf engem Raum nicht entsorgt werden können. Berlin war die weitaus größte Stadt im deutschsprachigen geworden Raum geworden, alle Massenprobleme entstanden hier zuerst. Es gab kaum Erfahrungswerte in Sachen Großstadt, und so wuchs das Stadt-Gebilde mehr oder weniger wild vor sich hin. Städtebauliche Richtlinien bekam Berlin erst im Jahr 1861/62 mit dem „Bebauungsplan der Umgebungen Berlins", besser bekannt als „Hobrechtplan". Den hatte nicht die Kommune, sondern der Polizeipräsident ausarbeiten und vom König absegnen lassen.

Wie sah es nun im Bereich der Abwasserentsorgung und der Stadthygiene aus? Der erste, der hier entscheidende Akzente gesetzt hatte, war Friedrich Wilhelm, der Große Kurfürst. Seine Bauverordnung von 1641 sah eine Pflasterung und eine Beleuchtung der Berliner Straßen vor. Die Errichtung von Scheunen und Schweineställen an der Straße wurden verboten, der Mist musste im Hof gelagert werden. Allerdings hatte Berlin zur damaligen Zeit keine 10.000 Einwohner, von Massenbevölkerung ist daher zu dieser Zeit nicht zu sprechen, wohl aber im Jahr 1871. Auch die Besiedlungsdichte nahm schnell zu. Zählte man noch 1852 pro Grundstück 9,3 Bewohner, so waren es 1871 bereits 55,6. Die Häuser wurden höher, es entstanden Seitenflügel und Hinterhäuser in großer Zahl. Die Problembewältigung der Abwasserfrage war schlichter, pragmatischer Natur: Menschliche Auswurfstoffe wurden in Gruben gesammelt, in die z.T. auch die häuslichen Abwässer flossen. Es war auch möglich, die Hausabwässer zusammen mit dem Regenwasser auf

die damals schon gepflasterten Straßen zu leiten. Dort flossen sie dann in die Kloakerinnen, die sich etwa dort, wo sich heute der Bordstein befindet, als offene Gräben von ca. 0,5 m Breite und variierender Tiefe durch Berlin zogen. In diesen Rinnen sammelte sich auch aller Unrat, der auf den Straßen anfiel. Vor dem Automobil hatte das Pferd als Zugkraft eine wichtige Bedeutung. Es gab daher neben 24.000 Hunden und diversem Vieh 22.000 Pferde in Berlin, und alle hinterließen ihre Spuren in den Straßenrinnen. Diese Rinnen waren jedoch nicht so angelegt, dass die Abwässer zügig abflossen, sondern sich, wenn überhaupt, träge dahinbewegten. Die Folgen für Geruchssinn und Hygiene waren verheerend und sollen hier nicht weiter ausgemalt werden. Man versuchte die Kloake abzuleiten, indem man, wie es sich gerade anbot, Rinnen grub, teils unterirdisch, wo die Abwässer irgendwie zum nächstgelegenen Gewässer geleitet werden sollten. Weder an genügend Gefälle, geeignete Breite oder Tiefe, Spülbarkeit o.ä. hatte man gedacht. Man hatte, kurz gesagt, Krankheitsherde mittelalterlichen Ausmaßes, ja, man kann die Behandlung der Abwasserproblematik in Berlin mit der des Mittelalters vergleichen. So ging das geflügelte Wort um, man könne die Berliner am Geruch ihrer Kleidung erkennen.

Zu diesem Problem kam ein weiteres. Mit der Wende zum 19. Jahrhundert begann das Maschinenzeitalter in Preußen, es wurden die ersten Dampfmaschinen in Berlin eingesetzt. Im Jahr 1838 wurde die erste Eisenbahnstrecke zwischen Berlin und Potsdam eingerichtet. 1837 arbeiteten in Berlin ganze 37 Personen in Maschinenbaufabriken, 1846 waren es schon 2.800. Im Jahr der Revolution 1848 arbeiteten bereits 11.000 Menschen im Maschinenbau. Auch diese neue Technologie stellte hohe Anforderungen an die Abwasserfrage, derer man sich damals nicht einmal in Ansätzen bewusst war. Die Lösungsvorschläge sahen zumeist eine Spülung der Abwasserrinnen vor und scheiterten, wenn nicht an technischen Problemen, dann an der Kostenfrage. Diese Frage war auch eines der Hauptverzögerungsmomente in der Entstehungsphase der Stadtentwässerung. Wer sollte die Kosten übernehmen: der Staat, die Stadt oder die Bürger?

Eine besondere Dringlichkeit erhielt das Problem durch das nicht sehr tief liegende Grundwasser, was die Beschaffenheit der Berliner Brunnen maßgeblich beeinflusste. Ende 1865 gab es 1548 öffentliche

Straßenbrunnen und ca. 14.400 Privatbrunnen. Scheint das damals untersuchte Wasser auch nicht in allzu schlechtem Zustand gewesen zu sein, so lässt sich doch eine Parallele zwischen dem Grad der Verschmutzung durch Latrinenstoffe und dem Auftreten der Cholera ersehen.

Das Entsorgungsproblem verschärfte sich drastisch, als 1852 die Staatsregierung ohne Mitwirken der Stadt einen Vertrag mit der englischen Firma Fox & Crampton zur Bewässerung der Stadt abschloss. Diese britische Firma bot interessierten Kunden den Anschluss an das Wasserversorgungsnetz an, nebst Errichtung von Wasserklosetts. Das ersparte den Gang zum Brunnen und fand daher hohen Anklang in der Bevölkerung. Damit stieg die Belastung der Abwasserrinnen über die Maßen an, es kam zu Überschwemmungen der Straßen, was natürlich Geruch und Hygiene auf das Negativste beeinflusste. Es ist anzunehmen, dass auch die Brunnen in Mitleidenschaft gezogen wurden, denn in den Abtrittsgruben versickerten die Abwässer und verunreinigten wahrscheinlich das nicht sehr tief fließende Grundwasser und damit die Brunnen.

Es dauerte immerhin noch acht Jahre nach der Einrichtung der Wasserversorgung, bis die bedrohlichen Missstände ein Handeln nach sich zogen. So erging 1860 seitens des zuständigen Ministeriums an den Geheimen Baurat Friedrich Wiebe der Auftrag, einen Entwurf für die Lösung der Probleme zu erstellen. Dieser begab sich im gleichen Jahr auf eine Reise in die Städte Hamburg, Paris und London, wo er die dortigen Kanalisationssysteme untersuchte. Die Ergebnisse fasste er in folgenden Punkten zusammen, die hier in verkürzter Form wiedergegeben werden sollen:

• Keine Abtrittsgruben in der Stadt, keine Aufbewahrung der Abtrittsgrubeninhalte in Haus und Hof, kein Transport derselben durch die Straßen
• Beseitigung aller offenen Abwasserkanäle
• Keine Einleitung in die Spree oder andere Flüsse/Kanäle innerhalb des Stadtgebietes
• Vermeidung von Überschwemmungen, Entwässerung tiefer Keller
• Lösungsvorschläge: Wasserklosetts, unterirdisches Abwasserrohrsystem, Erstellung von Leitungen, Behältern, Pumpwerken, Notauslasskanälen und Spülvorrichtungen.

Das System sah die Sammlung der Abwässer in einer Reihe von Zulaufrohrleitungen vor, deren Wasser in Hauptleitungen gesammelt werden sollte. Die geplante Hauptabflussrichtung entsprach der Fließrichtung der Spree, d. h. die gesammelten Abwässer sollten unterirdisch Richtung Charlottenburg fließen. Oberhalb der Spreebögen sollte alles zusammenfließen und von einer dort installierten Pumpe bis zum nördlich von Charlottenburg gelegenen Rohrende in die Spree gepumpt werden. Aufgrund der geographischen Lage ergab sich ein sehr geringes Gefälle von eins zu 2.400 für die Hauptleitungen. Das bedeutet: ein Millimeter Gefälle auf 2,4 Meter! Die Abwässer wussten mit anderen Worten kaum, in welche Richtung sie zu fließen hatten, und es ist nicht verwunderlich, dass sich Wiebe besonders intensiv mit der Spülvorrichtung der Kanalisation auseinander setzte. Dies sollte mit dem Wasser der Spree geschehen, was technisch wohl auch möglich war. Weiterhin ging Wiebe von einer Bevölkerungszunahme von damals 490.000 auf 775.000 und einem Verbrauch von 140 Litern pro Kopf und Tag aus. Die Erstellungskosten wurden mit 13 Millionen Mark, der Aufwand für die Unterhaltung der Anlage mit 400.000 Mark pro Jahr veranschlagt. Alles in allem hatte man, so schien es einigen, mit dem Wiebe-Plan ein sehr gut durchdachtes, bis ins Detail ausgearbeitetes Modell, für dessen Umsetzung vieles sprach. Allein, es gab schwerwiegende Einwände gegen den Plan. Die Abwässer gingen nicht nur als Dungstoffe verloren, sondern verunreinigten auch die Spree oberhalb von Spandau. Weiterhin schien vielen das Gefälle von eins zu 2.400 zu gering, außerdem befürchtete man, dass es beim Bau der Kanäle zu schweren Komplikationen kommen könnte. Befürchtet wurden Schwierigkeiten wegen der teils sehr engen Straßen und das Einstürzen der Häuser wegen der Weichheit des Untergrundes. Derartige Einwände konnten nicht völlig entkräftet werden, und so wurde der Plan am 6. Dezember 1866 von der Stadtverordnetenversammlung abgelehnt.

Was war nun der entscheidende Ansatz, was fehlte Wiebe, warum waren seine Ansätze ungeeignet, der gestellten Aufgabe wirklich Herr zu werden? Sein Nachfolger, der mit dieser Aufgabe betraut wurde, war der Mediziner Virchow. Seine Vorschläge waren die, die 1873 vom Magistrat angenommen und erfolgreich umgesetzt wurden. Aber was hatte Virchow Wiebe voraus? War es nur eine Dekade mehr Erfahrung, konnte Virchow einfach Wiebes Pläne etwas verfeinern, um zum Ziel zu gelangen, oder lag hier ein grundlegend anderes Verständnis bei der Problembehandlung vor? Wiebes Vorgehensweise kann in den Akten studiert werden.

Wie aber ist der Ansatz, den Virchow in die Arbeit einbrachte? Ist der Erfolg ihm zuzuschreiben oder eher günstigeren Arbeitsbedingungen?

Der am 13. Oktober 1821 geborene Virchow wird in Anbetracht seiner Laufbahn von vielen Biographen als überdurchschnittlich begabter Mensch angesehen. Eine sehr bildliche Zusammenfassung dessen, was Virchow in medizinischer und archäologischer Forschung, in der Lehre und der Politik geleistet hat, findet sich beispielhaft in der Virchow-Biographie von H. Schipperges. Virchow trat schon früh dafür ein, die Medizin auf naturwissenschaftlichen Grund zu stellen. Mit der wissenschaftlichen Genauigkeit scheint es damals nicht weit her gewesen zu sein. So schrieb er an seinen Vater anlässlich des Angebots, eine Festrede zu halten: „Es ist aber eine wahre Danaiden-Arbeit, diese Medizin; nichts ist ordentlich untersucht, alles muss man von vornherein wieder selbst durcharbeiten und das ist soviel, dass man manchmal wirklich den Mut verliert". Die wissenschaftliche Genauigkeit ist jedoch nicht nur zu dieser Zeit prägend für sein Handeln: so äußert er sich in den 1870er Jahren: „Wir verlangen sichere und vollständige Prämissen, Tatsachen, welche durch die sinnliche Betrachtung, durch Autopsie und Experimente erkannt und geprüft worden und mit allen Bürgschaften glaubhafter, zuverlässiger Gewährsmänner umgeben sind." Er stellt sich gegen alles Theoretisieren, das nicht auf breitem wissenschaftlichem Fuß steht, d. h. nicht durch Experimente belegt ist.

Eine weitere Eigenart kommt sehr deutlich in der Arbeit zum Ausdruck, die Virchow 1848 über die Fleckentyphusepidemie in Oberschlesien anfertigte. Als Arzt sollte er seine medizinischen Erkenntnisse über die Ausbreitung von Epidemien in einem Bericht niederlegen. Er schrieb diesen Bericht, doch beließ er es nicht bei einer rein medizinischen Abhandlung. Vielmehr schilderte er zunächst die allgemeinen Umstände, Land und Geologie, ging dann zur Bevölkerung über, ihrer Geschichte, Wirtschaft, Ernährung usw. und schreibt dann zu dem Verlauf der Epidemie: „Monat auf Monat verging nach dem Ausbruche der Epidemie, ohne dass die höheren Staatsbehörden irgendwie Notiz von ihrem Bestehen genommen hätten. Der Herbst war vorüber, der Winter mit den Schrecken des Hungers und der Kälte rückte vor, – nichts geschah. [...] Endlich begann die Presse durch ganz Preußen und Deutschland die unglaublichen, undenkbaren Dinge zu verbreiten, welche in Oberschlesien vorgingen." Die Epidemie wird in den Gesamtzusammenhang der Entwicklung Oberschlesiens gestellt, was eine weitere Untersuchung auf breiterer Basis ermöglicht. Weiterhin hat Virchow bei seinem Besuch im Krisengebiet auch einen Blick für soziale Verhältnisse. Es fehlt ihm nicht der Mut, diese sozialen Missstände anzuprangern und den in die Pflicht zu nehmen, der es versäumt hat, diese zu bekämpfen, und sei es wie im vorliegenden Fall die preußische Obrigkeit.

Virchow hatte sich schon während seiner Zeit in Würzburg mit dem Problem der hohen Sterblichkeit in den Städten am Beispiel Würzburgs beschäftigt und führte nach seiner Rückkehr nach Berlin seine Untersuchungen auf Berlin bezogen fort. Er untersuchte die Sterblichkeit bezogen auf Alter, Jahreszeit und Jahr und erfasste diese Daten in Tabellen. Die deutlich zu Tage tretende, erschreckend hohe Kindersterblichkeit in den Sommermonaten führte er nicht vorschnell auf eine höhere Geburtenrate oder auf das Geschlecht der Kinder zurück. Vielmehr kam er zu dem Ergebnis, dass nur Verunreinigung von Luft und Wasser bzw. Lebensmittelprobleme entscheidende Auslöser der hohen Sterblichkeitsrate der Stadt waren. Er fragte nicht, wie viel die Erstellung einer unterirdischen Entwässerungsanlage kosten würde, sondern wie die extrem hohe Sterblichkeitsrate zu mindern wäre. Das Problem waren nicht nur die 6.174 Menschen, die 1866 der Cholera zum Opfer fielen, sondern auch die Tatsache, dass jedes Jahr mehr Kinder in Berlin starben als geboren wurden.

Im Jahr 1867 wurde eine gemischte Deputation aus Mitgliedern des Magistrats und der Stadtverordnetenversammlung ins Leben gerufen, die die offen gebliebenen Fragen des Wiebe-Plans klären sollte. Virchow führte in dieser Deputation den Vorsitz, die technische Leitung hatte der Baurat Hobrecht. Zu Beginn der Arbeit verwies Virchow 1868 in einem Gutachten mehrmals auf die Unvollständigkeit der bisherigen Erhebungen. Die Deputation untersuchte nun in fünfjähriger aufwendiger Arbeit sämtliche Faktoren, die in dem besagten Arbeitsgebiet von Bedeutung sein könnten. So wurde – teils in Unterdeputationen unter der Leitung entsprechender Fachleute – eine vollständige Hydrographie des Spree-Havelgebietes entwickelt, mit Berücksichtigung der Beschaffenheit des Fluss-, Brunnen- und Grundwassers von Berlin, mitsamt einer chemischen Analyse. Außerdem wurden die geologischen Verhältnisse des Berliner Raums gründlich untersucht, bis hin zu

Reinigung und Entwässerung Berlins.

General-Bericht
über die
im Auftrag des Magistrats der Königl. Haupt- und
Residenzstadt Berlin ausgeführte
Geologische Untersuchung des städtischen Weichbildes,
unter Benutzung der Vorarbeiten des Dr. A. Kunth

erstattet

von

K. A. Lossen,
Dr. ph., Königl. Landesgeolog und Docent an der Friedrich-Wilhelms-Universität
und der Berg-Akademie.

Heft XIII.
Mit 3 Holzschnitten und vielen Tabellen im Text
und
einer Geologischen Karte der Stadt Berlin nebst 4 Profiltafeln im Atlas.

Berlin, 1879.
Verlag von August Hirschwald.
N.W. Unter den Linden 68.

Reihentitel des Hefts XIII (K. A. Lossen, Der Boden der Stadt Berlin, Berlin 1879, mit der ersten „Geologischen Karte der Stadt Berlin") aus dem ab 1873 publizierten General-Bericht der unter Virchows Vorsitz arbeitenden Deputation zu Fragen der Reinigung und Entwässerung Berlins. Museumspädagogischer Dienst Berlin

Fragen der Ausfällbarkeit der Fäkalstoffe, der Desinfektion der Abtrittseinrichtungen usw. Schließlich wurden diverse Arbeiten zu diesem Themenkomplex aus allen Teilen Europas zusammengetragen. Eine wichtige Grundlage bildete trotz des Misserfolgs auch die Arbeit von Wiebe, in der wesentliche Prämissen enthalten waren.

Virchows Arbeits- und Argumentationsweise kommt in dem General-Bericht sehr deutlich zum Ausdruck, der 1873 die Arbeit der Deputation zusammenfassend darstellte. Die herausragende Prämisse, die Virchow zunächst aufstellte, ist die Überordnung der sanitären Frage, d. h. der Volksgesundheit, über alle anderen, auch über die finanzielle.

Die erste zentrale Veränderung gegenüber dem Wiebe-Plan war die Aufteilung der Stadt in unabhängig voneinander zu entwässernde Bereiche (Radialsysteme). Diese Variante ermöglichte ein stärkeres Gefälle der Abflussrohre, als es in Wiebes Vorschlag möglich war. Der zweite zentrale Punkt war die Erstellung der Rieselfelder zur Reinigung der Abwassermassen. Zu diesen Ergebnissen war die Deputation gekommen, nachdem die Abfuhr insbesondere der menschlichen Exkremente mit einem geregelten Tonnenabfuhrsystem als nicht durchführbar erkannt wurde. Zwei wesentliche Gründe waren, dass erstens alle Häuser der Stadt hätten umgebaut werden müssen, um die Sammlung sämtlicher Exkremente eines Hauses in jeweils einer Tonne zu ermöglichen, dass zweitens dieses System allein durch die Existenz der Wasserklosetts torpediert wurde, da sich die anfallenden Wassermassen natürlich nicht in einer Tonne unterbringen ließen. Außerdem hatte man in langwierigen Versuchsreihen festgestellt, dass eine Desinfektion der Abwasser, d. h. eine Wasserreinigung durch chemisches Ausfällen der Fäkalien, keine vollständige Reinigung ergab und die Masse der benötigten Ausfällmittel zu teuer wäre. So stellte sich die Frage nach der Verrieselung. Virchows Analyse der Verrieselung hielt sich aus gegebenem Anlass zunächst an die englischen Vorbilder. Hier fand er viele aktuelle Beispiele von Städten, die sich mit dem Für und Wider von Kanalisation, Abfuhr, Verrieselung, Einleitung der Abwässer in Flussläufe u. ä. schon seit Jahren oder Jahrzehnten beschäftigt hatten. Auch gab es hier die ersten Berechnungen, welche monetären Vorteile sich aus einer Verringerung der Sterblichkeit ergaben, womit man ein wichtiges Mittel für die Gegenüberstellung der Kosten hatte. Ein direktes Vorbild waren für ihn die Arbeiten des englischen Chemikers Frankland, einem Verfechter von Kanalisation und Verrieselung.

Doch Virchow wäre nicht Virchow gewesen, hätte er die erfolgreiche Abwasserentsorgung Franklands blind kopiert. Vielmehr waren noch einige Fragen zu klären. Das größte Problem war die Winterverrieselung, die im milden Klima Englands keine Probleme bereitete, im kontinentalen Klima Berlins jedoch problematisch hätte werden können.

So beschrieb Virchow in dem Generalbericht die Ergebnisse, die auf einer Versuchsfläche am Fuße des Kreuzbergs von der Deputation durchgeführt worden waren, um in dieser Frage Klarheit zu gewinnen. Diese ergaben, dass die Reinigung von Abwassern auch im Winter möglich war. Weiterhin stellte Virchow fest, dass es zwar durch die Verrieselung zu einer Verunreinigung des anliegenden

Grundwassers kam. Diese Tatsache ist von Belang, da im Gegensatz zu England, wo die Verrieselung auf lehmigem Boden geschah, in Brandenburg viele sandige Ackerflächen existieren, die die eingeleiteten Abwässer viel schneller und damit weniger gefiltert ableiten. Doch es wurde hier auch festgestellt, dass erstens die Verunreinigung des Grundwassers temporär war, d. h. nach einigen Wochen das Grundwasser gereinigt und besser als fast alle Brunnenwasser der Stadt Berlin war, und dass zweitens jede Gefahr vermieden werden konnte, indem die Flächen so gewählt würden, dass das Grundwasser nicht in Richtung der Berliner Brunnen floss.

Wie wurden all diese Ergebnisse, deren Umsetzung ab 1875 in den Straßen Berlin sichtbar wurde, in der Öffentlichkeit aufgenommen?

Die Diskussion um den Themenkomplex der Stadtentwässerung und der Rieselfelder entfachte schon bei Bekanntmachung des Wiebe-Plans eine leidenschaftliche Diskussion in Fachkreisen, in der Presse und beim Publikum, die einige Jahre andauerte. So äußerte sich der Königliche Bauinspektor G. Assmann in einem Vortrag vor dem Architekten-Verein, der 1864 im Druck erschien. Er plädierte für eine schnellst mögliche Umsetzung des Wiebe-Plans. Zum anderen liegt aus dem Jahr 1866 ein gesundheitliches Gutachten des Stadtverordneten Dr. Fr. J. Behrend vor, der Mitglied der Deputation war, die zur Überprüfung des Wiebe-Plans eingesetzt wurde. Er plädierte für Abfuhr statt Kanalisation. Ein Jahr später, 1867, begann die gemischte Deputation unter Rudolf Virchow ihre Arbeit am Entwässerungsprojekt. Diese Arbeit wurde mit viel Aufwand über fünf Jahre betrieben, und man erarbeitete den Plan, der ab 1874 zur praktischen Umsetzung gelangte. Doch damit war die Diskussion längst nicht abgeschlossen. So erschien 1882 eine Schrift mit dem Titel *Die Canalisation und die Rieselfelder oder Die Schraube ohne Ende*. Der Untertitel lautete: *Eine Studie für Stadtverordnete, von einem Berliner Steuerzahler*. Der Autor blieb anonym. Vermuten könnte man, dass er vielleicht auch Hausbesitzer war, den die Abgaben für die Hausentwässerung an die Stadt drückten. Der Autor bezeichnete das Entwässerungssystem als zu teuer und rechnete ausführlich die Neuverschuldung Berlins vor, die zur Deckung der Unkosten für Radialsystem und Rieselfelder nötig sei. Er stützte diese Angaben auf den Bericht des städtischen Kämmerers vom 29. Mai 1882. Er kam jedoch zu dem Schluss, dass

das eigentliche Übel die Rieselfelder seien, da sie zu teuer seien und eine Gefährdung darstellten, da die Abwässer unter Umständen in die Panke eingeleitet würden und diese verschmutzen könnten. In Andeutungen stellte er ein neues „Verfahren zur Niederschlagung der Fäkalstoffe und zur Reinigung der Canalisationswässer" vor, welches ein Mitbürger erfunden habe. Dies ermögliche, „aus den Fäkalstoffen einen werthvollen künstlichen Guano herzustellen, die Canalisationswässer so weit zu reinigen, dass das Spreewasser daneben schmutzig" erscheine.

Welche Antworten finden sich nun zu den anfangs gestellten Fragen? Blickt man auf das Berlin des 19. Jahrhunderts, so fällt auf, dass das Wachstum der Stadt und das Voranschreiten der Industrialisierung Fakten schuf, deren Bewältigung einen langen Lernprozess erforderte. Die hygienischen Zustände waren mindestens seit Beginn des 19. Jahrhunderts unzumutbar, d. h. der Lernprozess dauerte mindestens 75 Jahre.

Was aber hatte man gelernt, als man reagierte und die Probleme gelöst hatte? Hatte man begriffen, was eine Großstadt, eine hochindustrialisierte Millionenmetropole ist? Virchow war, das ist deutlich geworden, an die gestellte Problematik mit dem, was wir heute „wissenschaftliche Genauigkeit" zu nennen pflegen, herangegangen. Er löste die Probleme, indem er sich sozusagen die Zeit nahm, alle Möglichkeiten genau zu studieren, bis er eine Lösung fand. Diese Gründlichkeit lässt sich bei Wiebes Vorschlägen nur teilweise finden. Virchow versuchte den menschlichen Organismus zu ergründen, indem er ihn mit naturwissenschaftlichen Methoden erforschte. Da er ebenso mit den Problemen der Stadt Berlin verfuhr und Erfolg hatte, stellt sich die Frage nach Parallelen.

Kann man die Stadt auch als einen Organismus ansehen, der nach logischen Grundmustern funktioniert, die man erkennen muss, um sie zu beherrschen? Vielleicht machte Virchow nicht nur aus der Medizin eine Naturwissenschaft, sondern auch aus der Stadtplanung? Bei einem Dorf oder einer Kleinstadt mag es nicht so ins Gewicht fallen, ob die Abwässer nun im Fluss, auf dem Acker oder in der Sickergrube entsorgt werden. Man hat hier noch Freiraum, Platz für subjektives Handeln. Mögen die Bewohner einer Großstadt auch nicht immer objektiv handeln, so fällt doch dieser Freiraum für jede Form der Willkür in der Organisation einer Großstadt völlig weg. Die große Masse auf engem Raum, die Komplexität des Gebildes

**„Auf dem Karlsplatz, den die Luisen-
straße berührt, erhebt sich seit 1910
ein Denkmal für Rudolf Virchow
(† 1902), aus Muschelkalkstein, von
Fr[itz] Klimsch: auf antikisierendem
Unterbau, mit dem Medaillonbildnis
des Forschers, eine symbolische
Gruppe, die Wissenschaft im Kampf
mit der Krankheit; hinten zeigt ein
Bronzerelief den Gelehrten im Kreise
seiner Fachgenossen." (Karl Baedeker,
Berlin und Umgebung. Handbuch für
Reisende, 17. Aufl. Leipzig 1912,
S. 160).- Postkarte, um 1912.
Museumspädagogischer Dienst
Berlin**

erlaubt keine Eventuali-
täten mehr.

Diese Tatsache ist bei
Virchow nirgendwo nachzu-
lesen, mag aber der mög-
liche Ansatz gewesen sein.
Der publizierte Ansatz war
ein anderer. Als Mediziner
lag ihm die sanitäre Frage,
die Volksgesundheit, am
Herzen. Die Problematik,
die sich aus den Industrie-
abwässern ergab, mag
Virchow noch nicht durch-
schaut haben, auch der
gesamte Bereich der Bak-
teriologie hat ihm nicht zur
Verfügung gestanden.
Doch er fand heraus, dass
es zu seiner Zeit keine
Alternativen zu Radial-
system und Rieselfeld gab.
Anders als in der Geisteswissenschaft, die forscht,
um Fragen zu entwickeln,
und deren hervorragende
Eigenschaft es ist, falsche
Annahmen zu erkennen,
d. h. zu falsifizieren, musste
in Berlin ein Ergebnis erzielt
werden. Ein Ergebnis ent-
spricht in der Geisteswissenschaft einer These.
Wollte man versuchen, diese Arbeit ähnlich ergeb-
nisorientiert abzuschließen, so wäre zu sagen: Eine
moderne Großstadt ist ein hochkomplexes Gebilde,
dessen Einrichtung und Organisation nur auf der
Grundlage wissenschaftlicher Genauigkeit und
Erkenntnis funktionieren kann.

Der 26. Jahrgang des Berliner Statistischen Jahrbuchs
für das Jahr 1899 nebst Teilen von 1900, einschließlich der Volkszählung, ist dem 80. Geburtstag
von Virchow gewidmet, wörtlich „ihm zu Füßen
gelegt" worden. Die Ehrung mit einem Werk von
750 Seiten muss als außergewöhnlich bezeichnet
werden und weist anderseits auf die Bedeutung,
die die Zeitgenossen und die Stadt dem Werk
Rudolf Virchows beimaßen. Die Würdigung hebt
insbesondere die Verdienste Virchows bei der
Statistik der Todesursachen hervor; es wird darauf
verwiesen, dass Virchows Absicht darin lag,
wissenschaftliche Ergebnisse zu gewinnen, die
die weitgehende Analyse der menschlichen

Lebensverhältnisse zum Ziel hatten. Moderner formuliert: Es ging Virchow darum, gesicherte Daten
über die Lebensverhältnisse der Großstadtbevöl-
kerung zu erhalten, um von ihnen aus direkt und
unmittelbar in die Kommunalpolitik eingreifen zu
können – eine heute übliche und täglich gehand-
habte Praxis, damals gänzlich neu.

Eine Antwort sei noch versucht, die sich an die eingangs
zitierte Bemerkung von Karl Marx anschließen soll:
War Virchow ein Revolutionär? Im Sinne von Marx
muss dies verneint werden. Am 3. August 1893
hielt Virchow als Rektor der heutigen Humboldt-
Universität eine Rede über die Gründung dieser
Lehranstalt. Hier lernen wir einen anderen Virchow
kennen. Nach dem gedruckten Text der Rede könnte man meinen, hier spreche ein Royalist. Auch
dieser Eindruck ist falsch. Virchow gehörte zu
den Persönlichkeiten des Berliner Lebens, die
mit rechtlichen, ingenieurtechnischen, wissenschaftlichen, stadthygienischen und stadttechnischen Vorgehensweisen den Organismus einer
modernen Großstadt schaffen wollten, in der es
sich lohnt zu leben. Im übertragenen Sinne war
das seinerzeit umstürzlerisch, im modernen
Sinne richtungsweisend.

**Der Verfasser ist Gastprofessor am
Institut für Geschichtswissenschaften
der Humboldt-Universität zu Berlin.**

gegenwart museum

Eine Schriftenreihe, herausgegeben vom
Museumspädagogischen Dienst Berlin

Kunstszene Berlin (West) [19]86–[19]89. Erwerbungen des
Senats von Berlin. Ankäufe der Künstlerförderung im
Besitz der Berlinischen Galerie, des Neuen Berliner
Kunstvereins und des Kupferstichkabinetts
Staatliche Museen Preußischer Kulturbesitz, Berlin.
Hrsg.: Berlinische Galerie/Referat Bildende Kunst der
Senatsverwaltung für Kulturelle Angelegenheiten
Berlin/MD Berlin. Berlin 1990

Berliner Kunststücke. Die Sammlung der Berlinischen Galerie
zu Gast im Museum der bildenden Künste Leipzig und
in der Neuen Berliner Galerie des Zentrum für Kunst-
ausstellungen der DDR im Alten Museum, Berlin.
Hrsg.: Berlinische Galerie/MD Berlin.
Stuttgart-Bad Cannstatt 1990

Johannes Niemeyer. Architekt und Maler.
Hrsg.: Berlinische Galerie/MD Berlin. Berlin 1990

Berlin! The Berlinische Galerie Art Collection Visits Dublin 1991.
Hugh Lane Municipal Gallery of Modern Art.
Hrsg.: Berlinische Galerie/MD Berlin. Berlin 1991

Herwarth Walden. 1878–1941. Wegbereiter der Moderne.
Hrsg.: Freya Mülhaupt für die
Berlinische Galerie/MD Berlin. Berlin 1991

Iwan Puni. Synthetischer Musiker.
Hrsg.: Berlinische Galerie/MD Berlin. Berlin 1992

Nichts ist so einfach wie es scheint.
Ostdeutsche Photographie 1945–1989.
Hrsg.: Ulrich Domröse/MD Berlin. Berlin 1992

Thomas Heyden: Die Bauhauslampe –
Zur Karriere eines Klassikers.
Hrsg.: Bauhaus-Archiv, Berlin/MD Berlin. Berlin 1992

Heinz Schudnagies – Architekt.
Hrsg.: Berlinische Galerie/MD Berlin. Berlin 1992

Jahreslabor. Ein Bericht. Photographie-Stipendiat(inn)en
der Künstlerförderung der Berliner Senatsverwaltung
für kulturelle Angelegenheiten von 1988–1991.
Hrsg.: Berlinische Galerie/MD Berlin. Berlin 1992

George Rickey in Berlin. 1967–1992.
Die Sammlung der Berlinischen Galerie.
Hrsg.: Jörn Merkert/Ursula Prinz. Berlin 1992

Ingeborg Becker: Henry van de Velde in Berlin.
Hrsg.: Bröhan-Museum/MD Berlin. Berlin 1993

Carl-Heinz Kliemann. Arbeiten auf Papier.
Hrsg.: Berlinische Galerie/MD Berlin. Berlin 1994

Rolf Sachsse: Lucia Moholy, Bauhaus Fotografin.
Hrsg.: MD Berlin/Bauhaus-Archiv Berlin. Berlin 1995

Leitbilder für Volk und Welt.
Nationalsozialismus und Photographie.
Hrsg.: Ulrich Domröse/MD Berlin. Berlin 1995

100 [Einhundert] Zeichnungen. Ausgewählt aus der Graphischen
Sammlung der Berlinischen Galerie.
Hrsg.: Freya Mülhaupt. Berlin 1996

Anne Ratkowski. Eine vergessene Künstlerin
der Novembergruppe.
Hrsg.: Berlinische Galerie/MD Berlin. Berlin 1996

Fünfmaldrei. Arbeiten auf Papier von 15 Künstlern.
Ankäufe aus Spendenmitteln der Deutschen Bank.
Hrsg.: Berlinische Galerie/MD Berlin. Berlin 1996

Katharina Sykora: Weiblichkeit, Großstadt, Moderne.
Hrsg.: MD Berlin/Brücke-Museum. Berlin 1996

Hans Laabs. Photographien 1960–1972.
Hrsg.: Janos Frecot/MD Berlin. Berlin 1997

Issai Kulvianski. 1892–1970.
Malerei, Arbeiten auf Papier, Skulpturen.
Hrsg.: Berlinische Galerie/Freundeskreis
Willy-Brandt-Haus e.V., Berlin. Berlin 1998

Scharfrichter der bürgerlichen Seele. Raoul Hausmann
in Berlin 1900–1933. Unveröffentlichte Briefe,
Texte, Dokumente aus den Künstler-Archiven
der Berlinischen Galerie.
Hrsg.: Eva Züchner. Berlin 1998

Otto Dix. Das graphische Werk. Aus der Schenkung
Karsch/Nierendorff an die Berlinische Galerie.
Hrsg.: Freya Mülhaupt. Berlin 1999

» ... Schaut auf diese Stadt«.
Die Geschichte Berlins im Märkischen Museum.
Hrsg.: Stiftung Stadtmuseum/MD Berlin. Berlin 1999

Kunst ist ein Spiel, das Ernst macht.
Eberhard Roters: Briefe und Texte 1949–1994.
Hrsg.: Eva Züchner unter Mitarbeit von
Hanna Roters für die Berlinische Galerie/Akademie
der Künste, Berlin. Köln 1999

Sergius Ruegenberg. Architekt zwischen
Mies van der Rohe und Hans Scharoun.
Hrsg.: Eva-Maria Amberger. Berlin 2000

Janos Frecot: Von Gärten und Häusern,
Bildern und Büchern. Texte 1968–1996,
Hrsg.: Ulrich Domröse/MD Berlin. Berlin 2000